PSICOPATOLOGIA
DA VIDA COTIDIANA

OBRAS INCOMPLETAS DE **SIGMUND FREUD**

Freud

PSICOPATOLOGIA
DA VIDA COTIDIANA

Sobre esquecimentos, lapsos verbais,
ações equivocadas, superstições e erros

2ª reimpressão

TRADUÇÃO
Elizabeth Brose
REVISÃO DE TRADUÇÃO
Maria Rita Salzano Moraes
Pedro Heliodoro
POSFÁCIO
Vera Iaconelli

autêntica

7 **Apresentação**
"A ordinária desordem do sujeito comum"
Gilson Iannini e Pedro Heliodoro

Psicopatologia da vida cotidiana
- 19 I O esquecimento de nomes próprios
- 27 II O esquecimento de palavras estrangeiras
- 37 III O esquecimento de nomes e sequências de palavras
- 73 IV Sobre lembranças da infância e lembranças encobridoras
- 85 V Lapsos verbais
- 153 VI Lapsos de leitura e de escrita
- 189 VII O esquecimento de impressões e intenções
- 225 VIII A ação equivocada
- 265 IX Ações sintomáticas e casuais
- 299 X Erros
- 315 XI Atos falhos combinados
- 327 XII Determinismo, crenças no acaso e na superstição – considerações

379 **Posfácio**
Vera Iaconelli

Apresentação

"A ORDINÁRIA DESORDEM DO SUJEITO COMUM"

Gilson Iannini

Pedro Heliodoro

"E [...] é a decisão de *um* homem de lançar uma invasão totalmente injustificada e brutal do Iraque... ops, digo... da Ucrânia..." A declaração foi feita pelo ex-presidente dos Estados Unidos da América, George W. Bush, em 19 de maio de 2022. O discurso era dirigido a uma audiência formada basicamente por correligionários. O evento ocorreu no Instituto Bush Center, na Universidade do Texas. Não se tratava de um público hostil, muito menos de um discurso improvisado: o ex-presidente tinha diante dos olhos um texto escrito. Nada disso impediu a ocorrência. Quando percebe o "erro", Bush cerra os olhos firmemente, solta um sorriso embaraçado e emenda: "Tenho 75 [anos]", provocando risos aqui e ali na plateia. A declaração viralizou de imediato, alcançando rapidamente mais de 3 milhões de visualizações só no Twitter. No mesmo dia, do outro lado do globo, a emissora árabe Al Jazeera qualificou o episódio como um "ato falho freudiano" ("*a freudian slip*", literalmente "um deslize freudiano"). Ainda no mesmo dia, Pouya Alimagham, um professor de História moderna do Oriente Médio no Instituto de Tecnologia do Massachusetts cravou: "Uau, a única vez em que Bush disse a verdade sobre a invasão do #Iraque". Não por acaso, Andrew Stroehlein, o diretor da sucursal europeia da Human Rights Watch, qualificou como o "ato falho do século".[1]

Nada disso teria sido como foi sem que Freud tivesse publicado, no início do século XX, sua *Psicopatologia da vida cotidiana*. Todos nós cometemos "erros". Todos nós trocamos uma palavra por outra quando falamos, quando escrevemos, quando lemos ou quando ouvimos alguém falar; todos nós, mais cedo ou mais tarde, iremos esquecer o que íamos fazer assim que chegarmos a determinado lugar; todos nós já esquecemos o nome de alguém ou perdemos um compromisso importante por um lapso de memória, ou nos esquecemos de onde deixamos a chave, os ingressos, o celular; todos nós já fizemos – ou iremos fazer – uma trapalhada como derrubar um copo no colo da pessoa ao lado ou quebrar "sem querer" este ou aquele objeto de valor na casa do vizinho ou do familiar. A máquina humana – ou o animal humano, como quisermos – erra, se equivoca, comete pequenos ou grandes deslizes. Podemos fazer como Bush, quer dizer, podemos nos corrigir, sorrir e atribuir à nossa idade, ou ao cansaço, ou ao estresse, ou à distração, ou ao excesso de trabalho. Tudo isso é verdade. Realmente, todos esses fatores podem nos predispor a "erros", de variados tipos. Mas o embaraço súbito diante do erro, o riso insosso, a repercussão imediata e mundial, e, principalmente, a

---

[1] A ocorrência é amplamente noticiada por jornais do mundo todo, do *Washington Post* à Al Jazeera. As informações aqui veiculadas foram checadas em diversos jornais, de diversas línguas e tendências políticas. O vídeo completo do trecho em que o ato falho ocorre está disponível em: acesse.one/x0Oiw. A notícia da Al Jazeera está disponível no link: l1nq.com/voS3b.

percepção amplamente difundida de que o deslize não era apenas um deslize banal, mas uma confissão involuntária de algo que não deveria ser dito, tudo isso se deve, sem sombra de dúvidas, ao gênio e à coragem de Sigmund Freud.

Qualquer pessoa, mesmo que nunca tenha ouvido falar de Freud ou da psicanálise, imediatamente percebe que aquilo que foi dito no lugar de outra coisa revela algo que não deveria ter sido revelado, ou expressa um desejo não admitido, ou trai uma verdade incômoda. Essa percepção é uma das provas do sucesso inigualável da psicanálise, incorporada em nossa cultura e em nossa maneira de nos percebermos no mundo. Aliás, se quisermos procurar uma explicação alternativa temos que nos esforçar para nos livrarmos da versão freudiana, o que não é simples. Nas últimas décadas, inúmeras pesquisas experimentais nas áreas das neurociências, da psicologia cognitiva e da psicolinguística procuraram investigar fenômenos tais como erros de expressão e similares. Nessas pesquisas, são propostos mecanismos ligados aos limites da capacidade de memória de trabalho, à regulação dos processos atencionais, a efeitos de frequência de ocorrência de palavras, sintagmas e outras construções linguísticas, assim como ao quão recentemente ou não ocorreram essas construções em enunciados produzidos ou compreendidos. Apesar da sofisticação dos modelos explicativos e da riqueza descritiva desses estudos, a maioria deles esbarra em um limite bastante claro, que o ato falho de Bush citado acima ilustra perfeitamente: o ato falho diz algo que não era para ser dito. Algo que era para ser guardado ou escondido, mas que insiste em dizer-se. Em termos técnicos, algo que estaria reprimido, recalcado, suprimido. Mas que retorna, à revelia da vontade consciente do sujeito. Não por acaso, Jacques Lacan gostava de dizer, e o disse em diversas ocasiões, que o ato falho, na verdade, é um ato bem-sucedido.

Não é preciso dominar os conceitos ou a terminologia psicanalítica para afirmar, como fez, por exemplo, o jornalista iraquiano Omar al-Janabi: "o espectro da invasão e da destruição do Iraque assombram Bush Jr. Seu subconsciente [sic] expôs isso ao atravessar sua língua". Se substituirmos o impreciso "subconsciente" pela terminologia correta, o "inconsciente", a frase é perfeita.

A *Psicopatologia da vida cotidiana* trata precisamente dos inúmeros e variados equívocos que produzimos em nosso dia a dia mais corriqueiro. Não apenas pessoas monstruosas ou que sofrem dessa ou daquela doença estão sujeitas a essa incessante mania que o inconsciente tem de se revelar quando menos esperamos. Não apenas nossos sintomas mais resistentes ou nossos sonhos mais absurdos traduzem as artimanhas de nossa vida psíquica inconsciente. Nosso cotidiano está repleto de manifestações dela.

***

Monstro, monstruoso é aquele que se "demonstra" com o apontar dos dedos. É isso que nos ensina a etimologia do latim *monstrum*. E assim se pautava a noção de psicopatologia até Freud. Fosse pelos agentes da Medicina, que apontavam os dedos para a aberração desviante da doença; fosse pelos agentes do Direito, que apontavam para a aberração desviante dos costumes, psicopatológico era o que devia ser excluído do convívio social, por trás dos muros dos manicômios ou das prisões. Curioso observar aqui um paralelo com o primeiro dos *Três ensaios sobre a teoria sexual* de 1905, que Freud intitula "As aberrações sexuais".

Ali, ao tratar dos "aberrantes", o autor vai gradativamente desconstruindo as rígidas muralhas que separariam os comportamentos dos sujeitos ditos perversos daqueles dos sujeitos ditos sadios ou normais, para concluir que nossa sexualidade é "normalmente" perverso-polimorfa. Até Freud, proeminentes médicos de sua época, tais como Richard von Krafft-Ebing, autor de *Psychopathia Sexualis*, elencavam as psicopatologias dos sujeitos "desviantes", e, portanto, "anormais", formulando uma espécie de catálogo de "estranhezas" e "bizarrices". Freud, por seu turno, deixa de apontar o dedo para os "monstros" que deveriam ser encarcerados ou internados, para erguer um vasto espelho diante do cidadão comum e confrontá-lo com uma dura realidade: no humano civilizado, o desvio é a norma.

É preciso dizer que o livro que o leitor tem em mãos pode ser entendido como o segundo de um projeto triádico. Sua primeira versão, publicada ainda em forma de artigos, é antecipada em apenas um ano por *A interpretação do sonho* [*Die Traumdeutung*] (1900), obra inaugural da psicanálise, e seguido de *O chiste e sua relação com o inconsciente* [*Der Witz und seine Beziehung zum Unbewußten*] (1905). Esses três grandes livros oferecem ao leitor a essência da teoria freudiana sobre o inconsciente, apontando nas atividades cotidianas e aparentemente banais (o sonho, os equívocos, o chiste) as formações em que se fazem escutar as contradições de um sujeito clivado entre dois sistemas psíquicos: o inconsciente e o pré-consciente/consciência.

Já na década de 1950, o psicanalista francês Jacques Lacan, aliás, nos apontava esse nexo entre os três livros inaugurais da psicanálise ao desenvolver sua tese de retorno a Freud, enfatizando os aspectos simbólicos, que o fazem formular a célebre assertiva de que o inconsciente seria estruturado como uma linguagem. Nesse sentido, parece que Freud nos oferece aqui uma espécie de gramática para que entendamos a sintaxe e a semântica de uma língua estrangeira que fala em nossos sonhos, gestos e pensamentos.

Tratando em cada um de seus doze capítulos dos diferentes tipos de equívocos, até então concebidos, via de regra, como um mal funcionamento mental ou cerebral, mais do que psíquico, Freud aponta uma curiosa lógica que denuncia um grau de acerto por trás da aparente falha. Equívocos na escrita, na fala, na ação, nas lembranças etc. eram concebidos até então, e em muitos meios ainda hoje o são, como mero mal funcionamento de um aparelho neurocognitivo desprovido de aspectos subjetivos.

Fosse esse simplesmente o caso, por que afinal nos inquietaria tanto o fato de promovermos a mera troca de um nome próprio numa situação de intimidade? Sim, Freud mostra que, ainda que aqui e ali um charuto seja apenas um charuto, interessa perceber as motivações para que um possível erro tenha encontrado sua configuração específica e, nisso, um "acerto" inesperado. Nos chamados *atos falhos* [*Fehlleistungen*], Freud demonstra que, sob o manto de uma aparente falha consciente, algo consegue burlar a barreira do recalque [*Verdrängung*], graças a certas condições de figurabilidade, e manifestar o desejo ou o conflito que não se suportaria admitir conscientemente.

Por falar em "figurabilidade" [*Darstellbarkeit*] cabe aqui destacar um curioso uso da língua alemã, bastante explorado por Freud neste livro. Algo que nenhuma tradução conseguiria preservar. Os capítulos centrais deste livro giram em torno de mecanismos psíquicos – ou diríamos, linguísticos? – cuja familiaridade saltará aos olhos do leitor mesmo que este não conheça nem um pouco de língua alemã. Basta passar os olhos no sumário da edição original para ver a presença maciça de verbos substantivados precedidos pelo prefixo "ver-": *vergessen*, *verlesen*, *verschreiben*, *versprechen*, *vergreifen*. Mesmo o mais desavisado dos leitores ficaria intrigado por tentar descobrir: afinal de contas, o que todas essas palavras têm em comum? Especialmente porque o sumário da tradução brasileira dificilmente poderia preservar essa característica.

O leitor psicanalista, advertido talvez da centralidade dos mecanismos de defesa freudianos, também eles precedidos pela mesma partícula, poderia ficar tentado a ver alguma homogeneidade. Afinal, o mesmo prefixo "*ver-*" aparece também nas clássicas formas da *Verneinung* (negação): *Verdrängung* (recalque, recalcamento), associado majoritariamente às neuroses; *Verleugnung* (recusa, desmentido), associado predominantemente às perversões; e *Verwerfung* (rejeição, forclusão), associado principalmente às psicoses. Da mesma forma, o prefixo nomeia ainda mecanismos oníricos fundamentais, tais como a condensação [*Verdichtung*] e o deslocamento [*Verschiebung*]. Porém, na *Psicopatologia da vida cotidiana*, Freud lida com atividades tais como falar, ouvir, ler, escrever, agir e assim por diante. Mais precisamente, os processos aqui investigados são as *falhas* nessas atividades. O que acontece quando nos equivocamos ao falar, ao ouvir, ao ler, ao escrever, ao agir? O falante da língua alemã tem à sua disposição um recurso extremamente simples para designar quando algo falha, desliza, se transforma em outra coisa. Basta antepor o prefixo "*ver-*" aos verbos correspondentes. Difícil não perceber esse curioso arco semântico que perpassa todos esses vocábulos.

Então, se "falar" é *sprechen*, "equivocar-se ao falar" é, pura e simplesmente, *versprechen* (lapso); se "ler" é *lesen*, "ler errado" é *verlesen* (lapso de leitura). O mesmo vale para *schreiben* (escrever) e *verschreiben* (erro ao escrever), ou *greifen* (segurar, agarrar), de onde deriva o *vergreifen* (lapsos motores, enganos). Como nem tudo na língua são flores da mesma cor e espécie, "*vergessen*" significa, simplesmente, "esquecer".

No português podemos traduzir o prefixo alemão "*ver-*" alternativamente pelos prefixos *des-*, *con-*, *trans-*, o que muitas vezes dificulta percebermos o pertencimento à mesma classe de processos. De toda forma, a prefixação por "*ver-*" sempre indica um processo de *transformação* que incide sobre a ação indicada pelo verbo original. Se, a título de experimento poético, quiséssemos reproduzir em português a mesma estrutura do alemão, poderíamos arriscar o seguinte. Por exemplo, como "*lesen*" significa "ler", "*ver-lesen*" poderia ser, literalmente, uma forma de "des-ler", ou de "contra-ler" ou de "trans-ler", indicando um deslize ou um equívoco na leitura. O que importa é que as *falhas* nas atividades de falar, ler e assim por diante não apontam apenas erros, mas preservam a ambiguidade. As redes semânticas dos verbos examinados – e elevados a estatuto de conceitos amplamente difundidos em nossa cultura – por Freud fazem reverberar, no português, quase sempre a ideia de uma "equi-vocação", como duas ou mais vozes dissonantes que competem entre si numa mesma enunciação. Afinal de contas, "nossas palavras que tropeçam são palavras que confessam. Eles, elas revelam uma verdade detrás. No interior do que chamamos de associações livres, imagens de sonho, sintomas manifesta-se uma palavra que traz uma verdade. Se a descoberta de Freud tem um sentido é este: "a verdade pega o erro pelo cangote, na equivocação" (LACAN, 1986, p. 302).

Estamos diante do inconsciente, em sua mais pura e simples manifestação.

AGRADECIMENTOS

Traduzir Freud é sempre um desafio e um prazer. Este volume em especial apresenta uma série de dificuldades bastante peculiares, especialmente na medida em que exemplos cotidianos são abundantes ao longo do texto. Muitos dos exemplos trazidos são fortemente dependentes seja da cultura, seja da materialidade acústico-gráfica da língua de Freud. O tradutor precisa fazer escolhas quase nunca óbvias, privilegiando este ou aquele aspecto. Uma tarefa desse tipo só poderia ser empreendida com uma lenta e cuidadosa elaboração a várias mãos. A primeira versão desta tradução foi feita por Elizabeth Brose, e a esta versão devemos boa parte das boas soluções encontradas. Como de costume nesta coleção, o texto foi submetido a profunda revisão, primeiramente por Maria Rita Salzano Moraes, que, por já ter traduzido textos fundamentais da coleção, está intimamente familiarizada com nossas diretrizes de estilo e terminologia. O texto final foi estabelecido pelo coordenador de tradução desta coleção, Pedro Heliodoro.

Agradecemos a Vera Iaconelli pela colaboração e pela disposição para acolher nossas obsessões e sugestões. Finalmente, agradecemos a Ricardo Augusto de Souza, por sua disposição e seu conhecimento das abordagens psicolinguísticas contemporâneas.

REFERÊNCIA

LACAN, J. *O seminário, livro I: Os escritos técnicos de Freud*. Rio de Janeiro: ed. Zahar, 1986.

Psicopatologia da vida cotidiana

Sobre esquecimentos, lapsos verbais, ações equivocadas, superstições e erros

(1901 [1904])

Nun ist die Luft von solchem Spuk so voll,
Daß niemand weiß, wie er ihn meiden soll.
[O ar está tão cheio dessas aparições,
que ninguém sabe como evitá-las.]

Fausto, parte II, ato V, cena 5.

I
O ESQUECIMENTO DE NOMES PRÓPRIOS

Em 1898, na *Revista Mensal de Psiquiatria e Neurologia*, publiquei, com o título de "Sobre o mecanismo psíquico do esquecimento", um pequeno artigo, cujo conteúdo vou repetir aqui, tomando-o como ponto de partida para discussões posteriores. Nesse artigo eu submeti à análise psicológica o caso frequente de esquecimento temporário do nome próprio, em um exemplo significativo da minha própria observação, e cheguei ao resultado de que esse acontecimento específico comum e praticamente sem muita importância do impedimento de uma função psíquica – o lembrar – admite um esclarecimento que vai muito além da exploração usual do fenômeno.

Se não estou muito enganado, um psicólogo a quem se pedisse a explicação de como acontece com tanta frequência o fato de não nos ocorrer um nome que acreditamos saber iria contentar-se em responder que os nomes próprios sucumbem mais facilmente ao esquecimento do que o conteúdo de memória de outra espécie. Ele apresentaria as razões plausíveis para esse privilégio dos nomes próprios, mas não suspeitaria de qualquer outra limitação do processo.

Para mim, a oportunidade para uma dedicação mais aprofundada ao fenômeno do esquecimento temporário de nomes foi a observação de certos detalhes que, apesar de não se apresentarem em todos os casos, são clara e suficientemente reconhecidos em alguns. Nesses casos, o nome é não apenas esquecido, mas também *lembrado erroneamente*. No esforço para recuperar o nome que escapou, chegam à consciência outros – *nomes substitutos* – que, apesar de serem imediatamente reconhecidos como incorretos, insistem, porém, em se impor com grande tenacidade. O processo que deve conduzir à reprodução do nome procurado foi, por assim dizer, *deslocado, levando assim a um substituto incorreto. A minha premissa é de que esse deslocamento não é entregue ao arbítrio psíquico, mas segue trilhas* calculáveis e previsíveis. Em outras palavras, suponho que o nome ou os nomes substitutos mantenham uma relação averiguável com o nome buscado, e espero que, se obtiver sucesso em provar esse nexo, então também poderei lançar luz sobre o modo como se dá o esquecimento do nome.

Em 1898, o exemplo escolhido por mim para a análise foi o nome do mestre que pintou os afrescos magníficos das *Últimas coisas*, na catedral de Orvieto, do qual eu me esforçava em vão para lembrar. No lugar do nome procurado – *Signorelli* –, impunham-se a mim dois outros nomes de pintores – *Botticelli* e *Boltraffio* –, que meu julgamento imediata e decididamente rejeitou como incorretos. Quando, a partir de um estranho, fui informado do nome correto, eu o reconheci na hora e sem vacilar. A investigação das influências e dos caminhos associativos pelos quais a reprodução havia se deslocado daquela maneira de *Signorelli* para *Botticelli* e *Boltraffio* conduziu aos seguintes resultados:

a) A razão de o nome *Signorelli* ter sido omitido não deve ser buscada em uma particularidade desse nome nem em uma característica psicológica do contexto em que ele estava inserido. O nome esquecido me era tão familiar quanto um dos nomes substitutos – Botticelli – e bem mais familiar que o outro dos nomes substitutos – Boltraffio –, de cujo portador eu não saberia dizer outra coisa além de sua pertença à Escola de Milão. Mas o contexto em que o esquecimento do nome ocorreu me parece inofensivo e não leva a nenhum outro esclarecimento: eu viajava de trem com um desconhecido de Ragusa, na Dalmácia, para uma estação na Herzegovina. Começamos a conversar sobre viagens pela Itália, e perguntei ao meu companheiro de viagem se ele já havia estado em Orvieto e visto lá os famosos afrescos de ***.

b) O esquecimento do nome se esclareceu apenas quando eu me lembrei do tema imediatamente anterior àquela conversa, e revelou-se como uma *perturbação do novo tema que emergia através do precedente*. Pouco antes de eu perguntar ao meu companheiro de viagem se ele já havia estado em Orvieto, conversávamos sobre os costumes dos turcos que vivem na Bósnia e na Herzegovina. Eu havia contado o que ouvi de um colega que exerceu sua práxis entre essas pessoas, que elas costumam mostrar confiança total no médico e total resignação diante do destino. Quando se tem de anunciar que não há mais ajuda para os doentes, então eles respondem: "*Senhor* [*Herr*], o que se pode dizer quanto a isso? Eu sei que, se fosse possível salvá-lo, você o teria salvado!" – já nessas frases encontram-se as palavras e os nomes: Bósnia, Herzegovina e *Herr*, os quais podem ser inseridos em uma série de associações entre *Signorelli* e *Botticelli – Boltraffio*.

c) Eu suponho que essa série de pensamentos sobre os costumes dos turcos na Bósnia etc. tenha obtido a capacidade de perturbar o próximo pensamento, pelo fato de eu ter subtraído a minha atenção dela antes de ela ter sido levada até o fim. A propósito, eu me lembro de querer contar uma segunda anedota, que estava, na minha memória, próxima à primeira. Esses turcos valorizam o gozo sexual [*Sexualgenuss*] acima de tudo e em caso de distúrbios sexuais entram em desespero, o que contrasta estranhamente com sua resignação diante do perigo de morte. Um dos pacientes do meu colega disse-lhe uma vez: "Sabe, *Herr*, quando isso não funcionar mais, então a vida não terá valor algum". Eu reprimi [*unterdrückte*] a comunicação desse traço característico, porque não queria tocar no tema numa conversa com um estranho. Mas fiz ainda mais: também desviei minha atenção da continuação dos pensamentos, que teriam podido, no meu caso, conectar-se ao tema da "Morte e Sexualidade". Eu estava naquele momento sob o efeito de uma notícia que havia recebido poucas semanas antes, durante uma curta estadia em Trafoi. Um paciente, em quem eu havia me esforçado muito, havia colocado fim à própria vida por causa de uma incurável perturbação sexual. Eu sei com certeza que, nessa viagem para a Herzegovina, esse acontecimento triste e tudo o que se relacionava com ele não me vieram à lembrança consciente. Mas a coincidência entre *Trafoi-Boltraffio* me obriga a supor que essa reminiscência naquele momento, apesar do desvio deliberado da minha atenção, tenha se tornado eficaz em mim.

d) Já não posso mais considerar o esquecimento do nome Signorelli como um acontecimento casual. Tenho de reconhecer a influência de um *motivo* nesse processo. Foram motivos que me levaram a me interromper na comunicação dos meus pensamentos (sobre os costumes dos turcos etc.) e, além disso, influenciaram-me a impedir que se tornassem conscientes em mim os pensamentos ligados a isso que teriam conduzido até a notícia em Trafoi. Portanto, quis esquecer algo, eu tinha *recalcado* [*verdrängt*] algo. É verdade que eu queria esquecer outra coisa, e não era o nome do mestre de Orvieto; mas essa outra coisa conseguiu colocar-se em conexão associativa com seu nome, de modo que meu ato de vontade errou a meta, e esqueci *uma coisa contra a minha vontade*, quando queria esquecer *intencionalmente a outra*. A aversão a lembrar direcionou-se contra um dos conteúdos; a incapacidade de lembrar surgiu no outro. Teria sido evidentemente um caso mais simples, se a aversão e a incapacidade de lembrar dissessem respeito ao mesmo conteúdo. – Além disso, os nomes substitutos também não me parecem tão inteiramente injustificados como antes do esclarecimento; eles me lembram (como uma forma de compromisso) tanto do que eu queria esquecer quanto do que queria lembrar, e me mostram que minha intenção de esquecer algo nem obteve sucesso total nem foi um fracasso completo.

e) Muito notável é a natureza do enlace que se estabelece entre o nome procurado e o tema recalcado (morte e sexualidade etc., em que apareceram os nomes Bósnia, Herzegovina, Trafoi). O esquema aqui novamente incluído, da publicação do ano 1898, tenta figurar esse encadeamento.

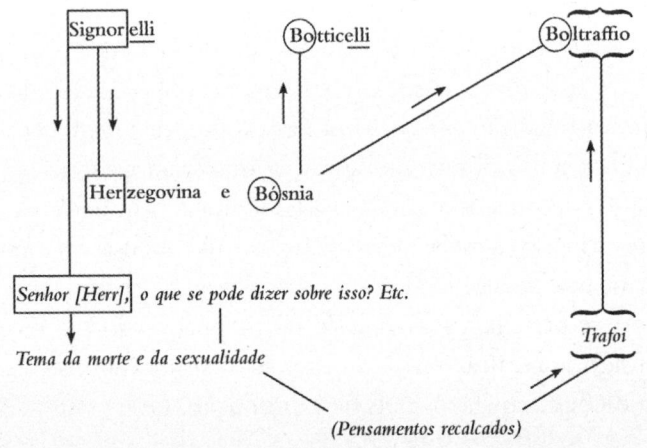

O nome Signorelli está aí dividido em duas partes. Um dos pares de sílabas retornou inalterado em um dos nomes substitutos (*elli*), e o outro ganhou, pela tradução *Signor - Herr*, numerosas e múltiplas relações com os nomes contidos no tema recalcado, mas, por isso, se tornou perdido para a reprodução. Seu substituto se produziu como se tivesse sido empreendido um deslocamento ao longo da conexão de nomes "Herzegovina e Bósnia", sem consideração ao sentido e ao limite acústico das sílabas. Portanto, os nomes foram tratados nesse processo de modo semelhante a figuras de escrita [*Schriftbilder*] de uma frase destinada a se transformar em um enigma em figuras [*Bilderrätsel*] (Rebus). De todo esse percurso que por tais caminhos produziu os nomes substitutos em vez do nome Signorelli, não foi dada nenhuma notícia à consciência. Uma relação entre o tema, em que o nome Signorelli surgiu, e o tema recalcado que o precedeu no tempo, a qual excedesse esse retorno das mesmas sílabas (ou muito mais, sequências de letras), não parece rastreável à primeira vista.

Talvez não seja supérfluo notar que as condições de reprodução e esquecimento aceitas pelos psicólogos, que são buscadas em certas relações e disposições, não são contraditórias com o esclarecimento precedente. Apenas para certos casos, acrescentamos mais um *motivo* [*Motiv*] a todos os fatores há muito reconhecidos, capazes de promover o esquecimento de um nome e, por outro lado, esclarecemos o mecanismo da falha na lembrança. Também para o nosso caso, aquelas disposições são indispensáveis para alcançar a possibilidade de que o elemento recalcado se apodere por via associativa do nome procurado e o leve consigo ao recalcamento. No caso de um outro nome, com condições mais favoráveis de reprodução, talvez isso não acontecesse. É bem provável que um elemento reprimido [*unterdrücktes*] sempre se esforce por prevalecer em algum outro lugar, mas só alcance esse resultado onde encontrar condições apropriadas. Outras vezes sobrevém a repressão [*Unterdrückung*] sem perturbação de função ou, como podemos dizer com razão, sem sintomas.

O resumo das condições para o esquecimento de um nome, acompanhado de falha na lembrança tem como resultado: 1) uma certa predisposição para esquecê-lo; 2) um processo de repressão transcorrido pouco antes; 3) a possibilidade de uma associação *externa* e entre o nome em questão e o elemento reprimido anteriormente. Talvez não se tenha que superestimar essa última condição, já que nas mínimas exigências na associação uma condição como essa pode ser cumprida na imensa maioria dos casos. Uma outra questão e de mais profunda abrangência é saber se uma associação externa como essa pode realmente ser a condição suficiente para que o elemento recalcado perturbe a reprodução do nome procurado, se não seria necessária uma relação mais íntima entre os dois temas. Em uma consideração superficial, tenderíamos a rejeitar essa última exigência e a considerar suficiente a contiguidade temporal, mesmo no caso do conteúdo completamente diferente. Contudo, numa investigação mais aprofundada descobre-se, cada vez com mais frequência, que os dois elementos enlaçados por uma associação externa (o recalcado e o novo) possuem, além disso, um nexo de conteúdo, que também pode ser demonstrado no exemplo de *Signorelli*.

O valor do conhecimento que ganhamos com a análise do exemplo Signorelli, depende naturalmente de que queiramos considerá-lo como um caso típico ou como um acontecimento isolado. Agora tenho que afirmar que o esquecimento do nome com falha na lembrança acontece com extrema frequência, tal como nós revelamos no caso Signorelli. Em quase todas as vezes em que eu pude observar esse fenômeno em mim mesmo, também fui capaz explicá-lo do modo mencionado anteriormente, ou seja, motivado por recalcamento. Preciso ainda fazer valer outro ponto de vista a favor da natureza típica da nossa análise. Acredito que não seja justificável separar, em princípio, os casos de esquecimento de nomes com falhas na lembrança daqueles em que não aparecem os nomes substitutos incorretos. Esses nomes substitutivos surgem espontaneamente em um grande número de casos; em outros casos, quando eles não emergem espontaneamente, podemos forçá-los a emergir com um esforço de atenção, e eles mostram então as mesmas relações com o elemento recalcado e com o nome procurado, como se tivessem surgido de modo espontâneo. Para tornar consciente o nome substituto, dois fatores parecem ser decisivos: primeiro, o esforço de atenção; segundo, uma condição interna, aderida ao material psíquico. Eu buscaria esta última na maior ou menor facilidade com que se estabelece a necessária associação externa entre os dois elementos. Assim, uma boa parte dos casos de esquecimento de nomes *sem* falhas na lembrança filia-se aos casos de formação de nomes substitutos, para os quais vale o mecanismo do exemplo "Signorelli". Mas certamente não irei me atrever a afirmar que todos os casos esquecimento de nomes devam ser incluídos nesse mesmo grupo. Existem, sem dúvida, casos de esquecimento de nomes que são de longe mais simples. Teremos apresentado os fatos com suficiente cautela, se afirmarmos: *Ao lado do simples esquecimento de nomes próprios existe também um esquecimento que é motivado pelo recalque.*

II
O ESQUECIMENTO DE PALAVRAS ESTRANGEIRAS

O vocabulário usual de nossa própria língua parece, dentro da extensão de uma função normal, estar protegido do esquecimento. Sabe-se que isso é diferente com os vocábulos de uma língua estrangeira. A disposição para esquecê-los está presente em todas as classes de palavras, e um primeiro grau de perturbação da função mostra-se na medida desigual com que dispomos do vocabulário estrangeiro de acordo com o nosso estado geral e o grau do nosso cansaço. Esse esquecimento segue, em uma série de casos, o mesmo mecanismo que o exemplo Signorelli nos revelou. Para provar isso, vou expor aqui uma única análise, que, no entanto, é excelente pelo valor de suas particularidades, sobre o caso do esquecimento de uma palavra não substantivada de uma citação latina. Que me seja permitido expor esse pequeno acontecimento de modo amplo e claro.

No último verão, eu renovei – mais uma vez em viagem de férias – meu contato como um jovem homem de formação acadêmica, o qual, como eu logo percebi, estava familiarizado com algumas das minhas publicações psicológicas. Nossa conversa acabou chegando – não sei mais como – à situação social do povo, ao qual nós dois pertencemos, e ele, um ambicioso, passou a se lamentar de que sua geração, segundo sua expressão, estivesse condenada à atrofia, não podendo desenvolver seus talentos nem satisfazer suas necessidades. Ele concluiu sua tocante fala apaixonada com o conhecido verso de Virgílio em que a infeliz Dido confia à posteridade a sua vingança contra Eneias: *Exoriare*..., ou melhor, ele queria muito concluir, pois não conseguiu fazer a citação e procurou encobrir uma evidente lacuna da lembrança com a troca de lugar das palavras: *Exoriar(e) ex nostris ossibus ultor!* Finalmente ele disse, irritado: "Por favor, não me faça essa cara tão debochada como se estivesse se deliciando com o meu constrangimento e, de preferência, ajude-me! No verso falta alguma coisa. Como é, realmente, o verso completo?".

Com prazer, respondi, e fiz a citação completa:
Exoriar(e) aliquis *nostris ex ossibus ultor!*

"Que tolice esquecer uma palavra dessas. E, por falar nisso, o senhor diz que não se esquece nada sem motivo. Eu teria muita curiosidade em saber como cheguei a esquecer esse pronome indefinido ALIQUIS."

Eu aceitei esse desafio de imediato, já que esperava conseguir uma contribuição para minha coleção. Disse então: nós podemos obter isso imediatamente. Eu só tenho de lhe pedir que me comunique *sinceramente* e sem críticas tudo aquilo que lhe ocorrer, quando o senhor estiver dirigindo, sem nenhuma intenção definida, a sua atenção para a palavra esquecida.[1]

---

[1] Esse é, em geral, o caminho para levar à consciência elementos da representação que se escondem. Cf. minha *A interpretação do sonho* (3. ed., p. 71) (*Ges. Werke*, v. II-III).

"Está bem! Ocorre-me a ideia ridícula de dividir a palavra do seguinte modo: *a* e *liquis*."

O que deve ser isso? – "Eu não sei" – O que mais lhe ocorre? – "Isso continua assim: *Reliquien* [relíquias], *Liquidation* [liquefação], *Flüssigkeit* [líquido], *Fluid* [fluido]. O senhor já sabe agora alguma coisa?"

Não, até agora não. Mas continue.

"Penso", prosseguiu sorrindo ironicamente, "em *Simão* de *Trento*, cujas relíquias eu vi há dois anos em uma igreja em Trento. Penso na acusação de derramamento de sangue ritual, que exatamente agora está sendo novamente levantada contra os judeus, e no escrito de Kleinpaul, que vê em todas essas supostas vítimas encarnações, por assim dizer, ou reedições do Salvador."

A ocorrência dessa ideia não está totalmente sem nexo com o tema, sobre o qual conversamos, antes que escapasse do senhor a palavra latina.

"Certo. Além disso, penso em um artigo de jornal de um diário italiano, que eu li há pouco. Eu acho que ele se intitulava: O que Santo Agostinho diz sobre as mulheres. O que o senhor me diz?"

Eu aguardo.

"Agora vem alguma coisa, que está completamente fora do contexto do nosso tema."

Peço-lhe que se abstenha de qualquer crítica e...

"Eu já sei. Eu me lembro de um maravilhoso senhor idoso, que eu encontrei na semana passada durante a viagem. Um verdadeiro *original*. Ele se parece com uma grande ave de rapina. Ele se chama, se o senhor quiser saber, *Benedict*."

Bem, pelo menos uma sequência de santos e padres da igreja: São Simão, Santo Agostinho, São Benedito. Acho que um padre da igreja se chamava Orígenes. Além disso, três desses nomes são também prenomes, como *Paul* no nome *Kleinpaul*.

"Agora me ocorrem o São Januário e seu milagre de sangue — Eu acho que isso vai continuar assim mecanicamente."

Deixe estar; ambos, o São Januário e o Santo Agostinho, têm a ver com o calendário. O senhor não gostaria de me ajudar a lembrar do milagre de sangue?

"Certamente o senhor conhece! Em uma igreja de Nápoles, está guardado em um frasco o sangue de São Januário, sangue que — por obra de um milagre — *se liquefaz* em um determinado feriado. O povo dá muito valor a esse milagre e fica bem agitado quando ele se atrasa, como aconteceu uma vez na época da ocupação francesa. Então o general comandante — ou eu me engano? Foi o Garibaldi? — chamou o padre de lado e deu-lhe a entender, com um gesto bem compreensível aos soldados que estavam lá fora, que ele *esperava* que o milagre acontecesse bem depressa. E ele aconteceu realmente..."

E agora? Continue. Por que parou?

"Agora me ocorreu algo que... mas isso é muito íntimo para comunicar... Além disso, eu não vejo nenhuma conexão e nenhuma necessidade de contar."

Sou eu quem vai se incumbir da conexão. Não posso obrigá-lo a contar o que é desconfortável para o senhor; mas também não exija que eu saiba por qual caminho o senhor esqueceu aquela palavra *aliquis*.

"Realmente? O senhor acredita nisso? Bom, de repente eu pensei em uma dama, de quem eu poderia facilmente ter recebido uma notícia que a nós dois seria bem desagradável."

Que a menstruação dela não teria vindo?

"Como o senhor consegue adivinhar isso?"

Não há mais dificuldade. O senhor me preparou suficientemente o caminho. Pense nos *santos do calendário, na fluidificação do sangue em um determinado dia, na inquietação se esse acontecimento não sobrevém, a clara ameaça de o milagre ter de se realizar, senão...* O senhor elaborou o milagre do Santo Januário em uma magnífica alusão à menstruação da mulher.

"Sem que eu tenha sabido disso. O senhor acha realmente que foi por causa dessa angustiada expectativa que eu não pude reproduzir a palavrinha *aliquis*?"

Isso me parece indubitável. Lembre-se da sua divisão *a-liquis*, e das associações: *Reliquien* (relíquias), *Liquidation* (liquefação), *Flüssigkeit* (líquido).

Eu ainda devo tecer as conexões com São Simão, *sacrificado quando criança* –, a quem o senhor chegou a partir das relíquias?

"Prefiro que o senhor não faça isso. Eu espero que o senhor não leve tão a sério esses pensamentos, se é que eu realmente os tive. Em troca, quero ainda confessar ao senhor que a dama, em cuja companhia também visitei Nápoles, é italiana. Mas isso tudo não pode ser obra do acaso?"

Eu tenho de deixar ao seu próprio julgamento, se o senhor poderá esclarecer todas essas conexões através da suposição do acaso. Eu lhe digo, porém, que cada caso semelhante que o senhor queira analisar vai conduzi-lo a casualidades igualmente estranhas.[2]

---

[2] Essa pequena análise recebeu muita atenção na literatura e provocou discussões animadas. E. Bleuler a tomou como base para entender matematicamente a credibilidade das interpretações psicanalíticas e chegou à conclusão de que ela tem mais valor de probabilidade do que milhares de "reconhecimentos" médicos intacados e que ela só recebe a sua posição excepcional porque ainda não se está

Tenho vários motivos para dar valor a essa pequena análise, por cuja autorização para publicar eu devo agradecimentos ao meu, então, companheiro de viagem. Em primeiro lugar, porque nesse caso me foi permitido beber de uma fonte, que, de outro modo, ter-me-ia sido negada. Na maioria das vezes, sou forçado a extrair da minha auto-observação os exemplos, aqui compilados, de perturbação da função psíquica na vida cotidiana. Procuro evitar o material bem mais rico que os meus pacientes neuróticos me fornecem, porque preciso temer a objeção de que os fenômenos em questão sejam justamente resultados e manifestações da neurose. Portanto, é especialmente valioso para os meus objetivos que se ofereça como objeto de uma investigação como essa uma pessoa estranha e saudável dos nervos. Essa análise é muito significativa para mim em outro aspecto, pois ela ilumina um caso de esquecimento de palavra *sem* lembrança substitutiva e confirma a minha frase formulada anteriormente de que o aparecimento ou a ausência de lembranças substitutivas incorretas não podem justificar uma diferença essencial.³

---

acostumado a contar, na ciência, com probabilidades psicológicas (*O pensamento autístico-indisciplinado na medicina e a sua superação* [*Das autistisch-Undisziplinierte Denken in der Medizin und seine Überwindung*]. Berlim, 1919).

³ Uma observação mais rigorosa restringe um pouco a oposição entre as análises "Signorelli" e "*aliquis*", no que concerne às lembranças substitutas. Também aqui nesse segundo caso o esquecimento parece estar acompanhado de uma formação substitutiva. Quando *a posteriori* formulei ao meu colega a pergunta sobre se, quando de seus esforços para se lembrar da palavra que faltava, não lhe teria ocorrido algo para a substituição, ele me relatou que em princípio havia percebido a tentação de incluir um "*ab*" no verso: *nostris ab ossibus* (talvez o pedaço não conectado de *a-liquis*), e, então, que a palavra *exoriare* se impusera a ele com clareza e insistência. Como

Mas o valor principal do exemplo *aliquis* reside em outra de suas diferenças com o caso Signorelli. No último exemplo, a reprodução do nome é perturbada por um efeito continuado de um curso do pensamento, que começou pouco antes e foi interrompido, cujo conteúdo, contudo, não mantinha nenhuma conexão clara com o novo tema em que se incluía o nome Signorelli. Entre

---

cético, ele acrescentou: certamente porque era a primeira palavra do verso. Quando eu lhe pedi, mesmo assim, que prestasse atenção nas associações de *exoriare*, ele indicou exorcismo [*Exorzismus*]. Posso, portanto, muito bem pensar que a intensificação de *exoriare* na reprodução tenha, na verdade, tido o valor equivalente de uma formação substitutiva desse tipo. Esta teria se estabelecido através da associação: *Exorzismus* [exorcismo], a partir dos nomes dos "*Heiligen*" [santos]. Mas essas são delicadezas, às quais não se precisa atribuir nenhum valor. [Segundo publicação da editora Fischer, as próximas duas frases foram acrescentadas em 1924.] (P. Wilson: *The Imperceptible Obvious* [*O óbvio imperceptível*], *in* Revista de Psiquiatria, Lima, janeiro de 1922, destaca, ao contrário, que a intensificação de *exoriare* adquire um alto valor de esclarecimento, pois exorcismo seria o melhor substituto simbólico para o pensamento recalcado da eliminação do filho indesejado através do aborto. Eu aceito, agradecido, essa correção, que não prejudica o compromisso da análise.) Porém, parece possível que o surgimento de qualquer tipo de lembrança substitutiva seja um sinal constante, talvez apenas caraterístico, e revelador do tendencioso esquecimento motivado pelo recalcamento. Mesmo ali onde falta a emergência de nomes substitutivos incorretos, essa formação substitutiva consistiria no fortalecimento de um elemento bem próximo do esquecido. No caso Signorelli, por exemplo, enquanto o nome do pintor permanecia para mim inacessível, a lembrança visual do ciclo de afrescos e do seu autorretrato no canto de um dos quadros era *absolutamente clara*, de todo modo muito mais intensa do que costumam ser para mim os traços visuais de lembranças. Em outro caso, que também foi comunicado no ensaio de 1898, sobre uma visita que me era incômoda, em uma cidade estranha, eu havia me esquecido irremediavelmente do nome da rua, porém do número da casa, como se fosse por ironia, eu me lembrava de modo absolutamente claro, embora costumeiramente eu encontre a maior dificuldade em me lembrar de números.

o recalcado e o tema do nome esquecido estava apenas a relação de contiguidade temporal; e esta bastou para que ambos pudessem ser ligados por uma associação externa.[4] No exemplo *aliquis*, entretanto, nada se nota sobre um tema como esse, recalcado e independente, que tivesse ocupado o pensamento consciente imediatamente antes e agora ecoasse como perturbação. Nesse caso, a perturbação da reprodução acontece a partir do interior do tema abordado na citação, por elevar-se inconscientemente uma contradição contra a ideia de desejo nela figurada. É preciso construir o andamento da seguinte forma: o falante lamentou que a geração atual do seu povo fosse limitada em seus direitos; uma nova geração, ele profetiza como Dido, assumirá a vingança aos opressores. Ele exprimiu, então, o desejo de descendência. Nesse momento, atravessa-lhe um pensamento contraditório. "Você realmente deseja tão vividamente ter descendência? Isso não é verdade. Quão embaraçoso não seria se agora recebesse a notícia de que você espera descendência daquele lado que você conhece? Não, nada de descendência – mesmo que precisemos dela para a vingança." E então essa contradição consegue fazer-se valer, estabelecendo, como no exemplo Signorelli, uma associação externa entre um de seus elementos de representação e um elemento do desejo objetado; e, dessa vez, de fato, com a mais alta violência por um desvio associativo de aparência artificial. Uma segunda coincidência essencial com o exemplo Signorelli

---

[4] Eu não gostaria de me responsabilizar com plena convicção pela falta de uma conexão interna entre os dois círculos de pensamento no caso Signorelli. Em uma investigação cuidadosa dos pensamentos recalcados sobre o tema da morte e da sexualidade, esbarra-se, afinal, em uma ideia que toca bem de perto no tema dos afrescos de Orvieto.

consiste do fato de que a contradição provém de fontes recalcadas e parte de pensamentos que provocariam um desvio da atenção. – E é isso que tenho a dizer sobre a diferença e o parentesco interno entre os dois paradigmas do esquecimento de nomes. Ficamos conhecendo um segundo mecanismo do esquecimento, a perturbação de um pensamento por uma contradição interna que provém do recalcamento. No decorrer dessas discussões vamos encontrar repetidas vezes esse processo, que nos parece ser o mais fácil de compreender.

III
O ESQUECIMENTO DE NOMES E SEQUÊNCIAS DE PALAVRAS

Experiências, como as mencionadas há pouco, sobre o processo do esquecimento de uma parte de uma sequência de palavras em língua estrangeira despertam o desejo de saber [*Wißbegierde*] se acaso o esquecimento de sequências de palavras na língua materna exige um esclarecimento essencialmente diverso. Na verdade, não costumamos nos surpreender quando uma fórmula aprendida de cor ou um poema não podem ser reproduzidos fielmente, mas com alterações e lacunas. Entretanto, como esse esquecimento não afeta em igual medida o contexto do que foi aprendido, mas, ao contrário, parece desarticular elementos isolados, poderia valer a pena investigar analiticamente alguns exemplos dessa reprodução que se tornou defeituosa.

Em conversa comigo, um colega mais jovem manifestou a suspeita de que o esquecimento de poemas na língua materna poderia ser perfeitamente motivado de modo semelhante ao do esquecimento de elementos isolados de uma sequência de palavras em língua estrangeira, ao mesmo tempo que se ofereceu para ser objeto de investigação. Eu lhe perguntei em que poema ele queria fazer o teste, e ele escolheu "A noiva de Corinto",[5] poema de que ele gostava muito e do qual acreditava saber de cor pelo menos algumas estrofes. No início da reprodução, ele foi tomado por uma insegurança realmente notável. "É 'indo *de* Corinto *para* Atenas', perguntou ele, ou 'indo *para* Corinto *de* Atenas'?" Eu mesmo vacilei por um momento, até perceber, rindo, que o título do poema "A noiva de Corinto" não deixava dúvida alguma sobre o caminho que o jovem percorria. A reprodução da primeira estrofe ia então fluindo sem dificuldade ou, pelo menos, sem qualquer falsificação notável. Por algum tempo, o colega pareceu estar procurando pela primeira linha da segunda estrofe; logo ele retomou e recitou:

> Mas será ele de fato bem-vindo
> Agora, que cada dia traz algo novo?
> Pois ele é ainda, como os seus, também pagão
> E eles, além de cristãos, são batizados.

> [*Aber wird er auch willkommen scheinen,*
> *Jetzt, wo jeder Tag was Neues bringt?*
> *Denn er ist noch Heide mit den Seinen*
> *Und sie sind Christen und – getauft.*]

Antes desse ponto, eu já tinha aguçado os ouvidos, estranhando; ao concluir a última linha, nós dois concordamos que ali havia ocorrido uma desfiguração. Mas, como não conseguimos corrigi-la, corremos à biblioteca, para consultar o poema de Goethe, e descobrimos, para nossa surpresa, que a segunda linha dessa estrofe tinha

---

[5] Poema de Goethe. No presente volume, diferentemente do restante da coleção, as notas de revisão e de tradução serão inseridas no rodapé, a fim de facilitar a consulta, muitas vezes indispensável à compreensão do texto. (N.R.)

um texto totalmente diferente, que foi, por assim dizer, expulso da memória do colega e substituído por algo aparentemente estranho. O correto era:

> mas será ele de fato bem-vindo
> *Se ele não pagar caro por esse favor?*
>
> [*Aber wird er auch willkommen scheinen,*
> *Wenn er teuer nicht die Gunst erkauft?*]

Com *"erkauft"* [pagar], rima *"getauft"* [batizado], e me pareceu curioso que a constelação: pagão [*Heide*], cristão [*Christen*] e batizado [*getauft*] o tivesse ajudado tão pouco na reconstituição do texto.

"O senhor pode me explicar", perguntei ao colega, "como foi que suprimiu tão completamente a linha de um poema que supostamente era tão conhecido pelo senhor, e será que o senhor tem alguma ideia sobre de qual contexto pode ter buscado a substituição?"

Ele conseguiu dar esclarecimentos, embora claramente não o tenha feito de muito bom grado. "A linha: 'Agora, que cada dia traz algo novo?' [*Jetzt, wo jeder Tag was Neues bringt?*] parece-me familiar; eu devo ter usado essas palavras há pouco em referência à minha clínica, com cuja prosperidade, como o senhor sabe, estou atualmente bem satisfeito. Mas como essa frase se encaixou aí? Eu poderia indicar um contexto. A linha 'Se ele não pagar caro por esse favor' [*Wenn er teuer nicht die Gunst erkauft*] realmente não me foi agradável. Ela tem relação com uma proposta de casamento que foi rejeitada na primeira vez, e que agora eu penso em repetir, considerando a grande melhoria da minha situação material. Não posso lhe dizer mais nada, mas, se agora eu for aceito, certamente poderá não ser agradável lembrar que, tanto antes quanto hoje, uma espécie de cálculo fez a diferença."

Isso me pareceu esclarecedor, mesmo sem que eu precisasse saber das circunstâncias com mais detalhes. Mas continuei perguntando: Como foi que o senhor e seus assuntos particulares chegaram a se mesclar com o texto "A noiva de Corinto"? Será que no seu caso existem diferenças de credos religiosos como as que desempenham papel importante no poema?

> (Quando uma nova fé germina,
> amor e fidelidade devem ser arrancados
> como erva daninha.)

> [(*Keimt ein Glaube neu,*
> *wird oft Lieb' und Treu*
> *wie ein böses Unkraut ausgerauft.*)]

Não fiz uma suposição correta, mas foi curiosa a experiência de como uma pergunta bem dirigida fez do homem de repente um adivinho, de modo que ele pôde me dar como resposta algo que, para ele próprio certamente até aquele momento, era desconhecido. Ele me lançou um olhar aflito e contrariado, murmurou para si mesmo uma passagem posterior do poema:

> Olhe bem para ela!
> Amanhã estará grisalha.

> [*Sieh' sie an genau!*
> *Morgen ist sie grau.*][6]

---

[6] O colega, aliás, alterou o belo trecho do poema tanto em seu texto quanto àquilo a que ele se refere. A jovem espectral diz ao seu noivo:

e acrescentou rapidamente: ela é um pouco mais velha que eu. Para não lhe causar mais sofrimento, interrompi a investigação. O esclarecimento pareceu-me suficiente. Mas foi, sem dúvida, bem surpreendente que o esforço para reconduzir ao seu fundamento uma inofensiva falha de memória tocasse, para a pessoa investigada, em assuntos tão remotos, tão íntimos e investidos de um afeto tão penoso.

Vou incluir aqui outro exemplo, de C. G. Jung,[7] de esquecimento da sequência de palavras de um poema conhecido. Nas palavras do autor:

"Um senhor quer recitar um poema conhecido[8]: 'um pinheiro está solitário etc.' [*Ein Fichtenbaum steht einsam usw*]. Na linha: 'Ele está adormecido' [*Ihn schläfert*], ele estancou irremediavelmente, pois tinha esquecido 'com um lençol branco' [*mit weißer Decke*]. Esse esquecimento em um verso tão conhecido pareceu-me surpreendente, e eu o deixei reproduzir o que lhe ocorria em relação a 'com um lençol branco'. Surgiu a seguinte sequência: 'A partir de com um lençol branco pensamos em uma mortalha – um lençol de linho, com o qual se cobre

---

"Meu colar dei a você;
A mecha do teu cabelo levo comigo embora.
Olhe bem para ela!
Amanhã serás grisalho,
e só ali o teu cabelo ainda parecerá castanho."

[*Meine Kette hab' ich dir gegeben;*
Deine Locke nehm' ich mit mir fort.
Sieh sie an genau!
Morgen bist du grau,
Und nur braun erscheinst du wieder dort.]

[7] C. G. JUNG. *Über die Psychologie der Dementia praecox [Sobre a psicologia da demência precoce]*, 1907, p. 64.
[8] HEINE, Heinrich. Lyrisches Intermezzo [Intermezzo Lírico].

um morto – (Pausa) – agora me ocorre um amigo íntimo – seu jovem irmão teve uma morte repentina – ele deve ter morrido de um ataque cardíaco – ele era muito corpulento – meu amigo *também* é corpulento e eu já havia pensando que isso *também* poderia acontecer com ele – provavelmente ele se movimenta muito pouco – quando eu ouvi falar do falecimento, eu senti medo de que isso *também* pudesse acontecer comigo, já que em nossa família nós temos uma inclinação à obesidade, e meu avô também morreu de um ataque cardíaco; eu também me acho corpulento e por isso comecei nesses dias um regime para emagrecer.'

"Esse senhor se identificou de imediato, inconscientemente, com o pinheiro", observou Jung, "que é envolto na mortalha branca."

O próximo exemplo de esquecimento de uma sequência de palavras, que eu devo ao meu amigo Sándor Ferenczi, de Budapeste, refere-se, diferentemente dos anteriores, a uma expressão cunhada pelo próprio falante, e não a uma frase tomada a um poeta. O exemplo também nos apresenta o caso não inteiramente comum em que o esquecimento se coloca a serviço de nosso bom senso, quando este é ameaçado pelo perigo de sucumbir a um apetite momentâneo. Dessa maneira, o ato falho [*Fehlleistung*] adquire uma função útil. Quando recobramos a nossa sobriedade, então damos razão a essa corrente interna, a qual antes só podia se manifestar através de um impedimento – um esquecimento, uma impotência psíquica.

"Em uma reunião surge a expressão '*Tout comprendre c'est tout pardonner*' [tudo compreender é tudo perdoar]. Eu comento que a primeira parte da frase é suficiente; o 'perdoar' seria uma presunção que deveria ser deixada a Deus e aos sacerdotes. Uma pessoa presente acha essa observação muito boa; o que me deixa arrojado, e – provavelmente para garantir a opinião favorável do benévolo crítico – digo que recentemente me ocorreu algo ainda melhor. Mas, quando eu quis contá-lo – não me ocorreu. – Eu me retiro imediatamente e anoto as ocorrências encobridoras [*Deckeinfälle*]. – Primeiro me vem o nome do amigo e o da rua em Budapeste, que eram as testemunhas do nascimento daquela (procurada) ocorrência de pensamento; depois veio o nome de outro amigo, *Max*, que costumamos chamar de *Maxi*. Isso me leva à palavra *Maxime* [máxima] e à lembrança de que se tratava, naquela época (como no caso mencionado no início), de uma modificação de uma máxima conhecida. Curiosamente não me ocorre uma máxima em relação a isso, mas o seguinte: *Deus criou o ser humano à sua imagem* e a sua versão modificada: *o ser humano criou Deus à sua imagem*. Ato contínuo surgiu imediatamente a lembrança do que era procurado: Na época, meu amigo me disse na rua Andrássy: *Nada que é humano me é estranho*, ao que retruquei – aludindo às experiências psicanalíticas –: *você deve prosseguir e reconhecer que nada que é animal é estranho a você*.

"Entretanto, quando eu finalmente obtive a lembrança que procurava, não pude contá-la na reunião em que me encontrava naquele momento. A jovem noiva do amigo a quem eu havia lembrado da animalidade do inconsciente estava entre os presentes, e eu tinha de saber que ela não estava preparada para ficar sabendo dessas perspectivas tão desagradáveis. Através do esquecimento, fui poupado de uma série de perguntas desagradáveis da parte dela e de uma discussão infecunda, e justamente esse deve ter sido o motivo da 'amnésia temporária'.

"É interessante que como ocorrência encobridora surgisse uma frase na qual a divindade é degradada à condição de uma invenção humana, enquanto na frase procurada aludia-se ao animal no ser humano. Portanto, o que há de comum entre elas é a diminuição da capacidade [*capitis diminutio*]. Tudo isso é claramente apenas uma continuação do movimento do pensamento sobre compreender e perdoar, instigada pela conversa.

"Que nesse caso o procurado tenha me ocorrido tão rapidamente talvez se deva à circunstância de eu ter-me retirado imediatamente da reunião em que isso era censurado, para um aposento vazio."

Desde então, eu tenho empreendido numerosas outras análises de casos de esquecimento ou de reproduções defeituosas de uma sequência de palavras e fui inclinado a supor, a partir dos resultados coincidentes dessas investigações, que o mecanismo de esquecimento demonstrado nos exemplos *aliquis* e "A noiva de Corinto" possui uma validade quase universal. Na maioria das vezes, não é muito confortável comunicar essas análises, porque, como as mencionadas anteriormente, elas levam constantemente a coisas muito íntimas e penosas para o analisando; por isso também não vou continuar multiplicando o número de exemplos como esses. O que permanece comum em todos esses casos, sem que o material faça a diferença, é que o esquecido ou o desfigurado entra em conexão, por algum caminho associativo, com um conteúdo do pensamento inconsciente, de onde partiu o efeito que se manifesta como esquecimento.

Volto-me agora novamente ao esquecimento de nomes, do qual até aqui não examinamos exaustivamente nem a casuística nem os motivos. Como às vezes posso observar em mim abundantemente esse tipo de ato falho, não fico constrangido de apresentar exemplos. As leves enxaquecas, das quais continuo padecendo, costumam anunciar-se horas antes por esquecimento de nomes, e no auge desse estado, enquanto ainda não sou forçado a abandonar o trabalho, desaparecem frequentemente todos os nomes próprios. Casos como o meu poderiam justamente dar lugar a uma objeção de princípio contra os nossos esforços analíticos. Acaso não se tem, necessariamente, de concluir dessas observações que a causa do esquecimento e, em especial, do esquecimento de nomes esteja em perturbações da circulação e da função cerebral em geral e, por isso, poupar-se de tentativas de esclarecimentos psicológicos para esses fenômenos? De maneira alguma; isso seria confundir o mecanismo de um processo, semelhante em todos os casos, com os fatores facilitadores do processo, que são variáveis e não necessários. Mas, no lugar de um debate, quero trazer uma analogia para resolver essa objeção.

Digamos que eu tenha sido tão descuidado a ponto de ir passear à noite em uma área despovoada da cidade grande, onde sou assaltado e roubam meu relógio e minha carteira. Na delegacia de polícia mais próxima, apresento então a queixa com as palavras: Eu estive nesta e naquela rua e lá o *isolamento* e a *escuridão* levaram o meu relógio e a minha carteira. Apesar de eu não ter dito nada nessas palavras que não fosse correto, certamente eu correria o risco de considerarem, por causa do texto da minha queixa, que não estou muito bem da cabeça. Essa situação só pode ser descrita de modo correto se dissermos que, *favorecidos* pelo isolamento do lugar e sob a *proteção* da escuridão, *agressores desconhecidos* me roubaram objetos de valor. Ora, então a situação no esquecimento de nomes não precisa ser diferente; favorecida pelo cansaço, por perturbação na circulação e por intoxicação, uma força psíquica desconhecida rouba-me o acesso aos nomes próprios que pertencem à minha memória, a mesma força que, em outros casos, é capaz de produzir o mesmo impedimento à memória quando estamos com saúde e produtividade plenas.

Quando analiso casos de esquecimento de nomes observados em mim mesmo, descubro, quase que regularmente, que o nome retido tem uma relação com o tema, que toca de perto a minha pessoa e é capaz de evocar em mim afetos intensos e frequentemente penosos. De acordo com a prática conveniente e recomendável da Escola de Zurique (Bleuler, Jung, Riklin), posso expressar esse fato dessa forma: o nome subtraído tocou-me em um "complexo pessoal". A relação do nome com a minha pessoa é inesperada, e na maioria das vezes é mediada por uma associação superficial (ambiguidade verbal ou homofonia); ela pode em geral ser caracterizada como uma relação colateral. Alguns exemplos simples vão esclarecer melhor a sua natureza:

1) Um paciente me pede para lhe indicar uma estância de águas na Riviera. Eu sei de um lugar assim bem perto de Gênova, lembro-me também do nome do colega alemão que clinica lá, mas o lugar em si não sei nomear, por mais que acredite conhecê-lo tão bem. Não me resta nada além de pedir para o paciente esperar, ir rapidamente às mulheres da minha família. "Como se chama aquele lugar perto de Gênova, onde o Dr. N. tem o seu pequeno sanatório, em que esta e aquela mulher estiveram em tratamento por tanto tempo?" "Naturalmente, justamente você teve de esquecer esse nome. É *Nervi* o nome do lugar." Com *nervos*, aliás, eu já trabalho o suficiente.

2) Outro fala de uma estância de veraneio e afirma que haveria lá, além das duas conhecidas, uma terceira pousada, que para ele está ligada a certa lembrança; ele me diria o nome logo. Eu contestei a existência dessa terceira pousada e fiz um apelo ao fato de ter me hospedado naquele lugar por sete verões seguidos e, portanto, teria de conhecê-lo melhor do que ele. Estimulado com a objeção, ele já tinha, no entanto, se apoderado do nome. A pousada se chama: *Hochwartner*. Então precisei ceder, vi-me obrigado a confessar que, ao longo de sete verões, eu tinha me hospedado bem próximo dessa pousada, cuja existência foi negada [*verleugneten*] por mim. Por que eu teria nesse caso me esquecido do nome e da coisa? Acho que foi porque claramente o nome soa muito parecido ao de um colega especialista em Viena; de novo tocou-me no complexo "profissional".

3) Em outra vez, quando eu estava prestes a comprar uma passagem na estação ferroviária de Reichenhall, não me ocorre de nenhuma maneira o nome, perfeitamente familiar, da próxima grande estação ferroviária, pela qual eu já havia passado com muita frequência. Tive de procurar com toda seriedade no quadro de horários. O nome era: *Rosenheim* [lar de Rosa]. Sei então, de imediato, através de que associação ele me havia sido perdido. Uma hora antes, eu tinha visitado minha irmã em sua casa bem próxima de Reichenhall; minha irmã se chama *Rosa*, portanto, também um lar de Rosa [*Rosenheim*]. Esse nome me havia sido levado embora pelo "complexo familiar".

4) Posso ilustrar o efeito francamente predador do "complexo familiar" com um grande número de exemplos.

Certo dia veio ao meu consultório um rapaz, irmão mais moço de uma paciente que eu havia visto inúmeras vezes e que eu estava acostumado a chamar pelo primeiro nome. Quando, então, eu quis contar da sua visita, tinha esquecido seu primeiro nome, que eu sabia não ser absolutamente incomum, e não houve nada que me ajudasse a recuperá-lo. Fui então para a rua, para ver os letreiros das lojas, e reconheci o nome do mesmo jeito como me deparei com ele pela primeira vez. A análise me ensinou que eu havia estabelecido um paralelo entre o visitante e meu próprio irmão, que tentava culminar na pergunta recalcada: em um caso igual a esse, teria meu irmão se comportado do mesmo modo ou teria sido muito mais confrontador? A ligação externa entre o pensamento sobre a própria e a outra família foi possibilitada pela coincidência do fato de as mães, nos dois casos, terem o mesmo nome: Amalia. Eu entendi então *a posteriori* [*nachträglich*] os nomes substitutos: Daniel e Franz, que se impuseram a mim, sem esclarecimento. São esses, como também Amália, nomes de *Os bandoleiros* [*Die Räuber*], de Schiller, aos quais se conecta um chiste do andarilho vienense Daniel Spitzer.

5) Numa outra vez, não consegui encontrar o nome de um paciente que fazia parte das minhas relações de juventude. A análise seguiu por um longo desvio antes de me fornecer o nome procurado. O paciente manifestou o medo de perder a acuidade visual; isso evocou a lembrança de um rapaz que, por causa de um tiro, havia ficado cego; e, por sua vez, isso se ligava à imagem de outro jovem, que atirara em si mesmo, e esse último tinha o mesmo nome do primeiro paciente, apesar de não ter com ele nenhum parentesco. Entretanto, só encontrei o nome depois de ter consciência da transferência de uma expectativa angustiada desses dois casos juvenis para uma pessoa da minha própria família.

Dessa maneira, uma corrente contínua de "autorreferências" atravessa meu pensamento, da qual eu geralmente não obtenho nenhum vestígio, mas que me trai através desses esquecimentos de nomes. É como se eu fosse obrigado a comparar tudo o que ouço sobre pessoas estranhas comigo mesmo, como se meus complexos pessoais se ativassem a cada vez que tomo conhecimento de outros. Impossível que isso seja uma característica individual minha; isso deve, antes, conter um indício da maneira como nós entendemos o "outro" de modo geral. Eu tenho razões para supor que, em outros indivíduos, isso aconteça de modo bem semelhante ao meu.

O mais belo desse tipo de exemplo me foi relatado por um senhor de sobrenome Lederer como vivência própria. Ele encontrou, em sua viagem de lua de mel em Veneza, um senhor que conhecia superficialmente, a quem ele precisou apresentar sua jovem esposa. Mas, como ele havia esquecido o nome do estranho, socorreu-se na primeira vez com um murmúrio incompreensível. Quando então ele encontrou o senhor uma segunda vez, como é inevitável em Veneza, ele o levou para o lado e lhe pediu que o ajudasse a sair desse embaraço, dizendo-lhe o seu nome, que ele infelizmente havia esquecido. A resposta do estranho atestou um conhecimento superior sobre o ser humano: "Eu bem posso acreditar que o senhor não tenha assimilado o meu nome. Como o senhor, também me chamo *Lederer*!" – Não se pode evitar uma leve sensação desconfortável quando se depara com o próprio nome em um estranho. Eu a senti de modo nítido recentemente, quando se apresentou a mim em consulta médica um senhor S. Freud. (A propósito, estou registrando a garantia de um dos meus críticos de que, nesse ponto, sua conduta é contraposta à minha.)

6) Reconhece-se o efeito da autorreferência também no seguinte exemplo compartilhado por Jung[9]:

"Um senhor Y se apaixonou, em vão, por uma dama, a qual logo depois se casou com um senhor X. Apesar de o senhor Y conhecer o senhor X de longa data e até manter com ele relações de negócios, esquece repetidamente o seu nome, tanto que ele mais de uma vez precisou informar-se com outras pessoas, quando quis se corresponder com o senhor X."

Na verdade, a motivação do esquecimento nesse caso é mais transparente do que nos anteriores, situados sob a constelação da autorreferência. O esquecimento parece ser aqui uma consequência direta da aversão do senhor Y pelo rival mais afortunado; ele não quer saber nada dele; "ele não deve nem ser lembrado".

7) O motivo para que se esqueça um nome pode ser mais sutil, consistir no que se poderia chamar de ressentimento "sublimado" contra seu portador. Assim escreve uma senhorita I. von K., de Budapeste:

"Eu formulei uma pequena teoria para mim mesma. Observei que pessoas com talento para a pintura não têm sensibilidade musical, e vice-versa. Há pouco tempo, conversei com alguém sobre isso, e disse: 'Minhas observações até agora sempre foram confirmadas, exceto em um caso'. Quando quis me lembrar do nome dessa pessoa, eu o havia esquecido irremediavelmente, apesar de saber que seu portador era um dos meus conhecidos mais íntimos. Quando, depois de uns dias, ouvi por acaso o nome ser mencionado, naturalmente soube de imediato que se tratava do destruidor da minha teoria. O

---

[9] *Dementia praecox* [referência abreviada ao livro de C. G. Jung "Sobre a psicologia da demência precoce"], p. 52.

ressentimento que eu nutria inconscientemente contra ele se expressou através do esquecimento do seu nome, em outras ocasiões, tão comumente tão familiar para mim."

8) Por um caminho um pouco diferente, a autorreferência levou ao esquecimento de um nome no seguinte caso comunicado por Ferenczi, cuja análise se torna particularmente instrutiva pelo esclarecimento das ocorrências substitutivas (como Botticelli-Boltraffio para Signorelli.

"A uma dama, que ouviu falar de psicanálise, não ocorria o nome do psiquiatra Jung [Jovem].

"Em compensação, ocorrem-lhe os seguintes nomes: Kl. (um sobrenome) – *Wilde* – *Nietzsche* – *Hauptmann*.

"Eu não lhe digo o nome e lhe peço para associar livremente o que lhe ocorrer em relação a cada um deles.

"No caso de Kl., ela pensa imediatamente na Sra. Kl., e que ela é uma pessoa cerimoniosa e afetada, mas que, para a sua *idade* [*Alter*], parece muito bem. 'Ela *não envelhece.*' Como conceito abrangente comum a *Wilde* e *Nietzsche*, ela nomeia doença mental [*Geisteskrankheit*]. Então ela diz ironicamente: 'Vocês, *freudianos*, vão procurar por tanto tempo as causas da doença mental até que vocês mesmos fiquem *doentes mentais*'. Em seguida: 'Eu detesto *Wilde* e *Nietzsche*. Eu não os compreendo. Ouvi dizer que ambos eram homossexuais; *Wilde* se ocupava com pessoas *jovens* [*jungen*]'. (Apesar de, nessa frase, ela já ter pronunciado o nome corretamente – mas em húngaro –, ela ainda não consegue se lembrar dele.)

"Para Hauptmann, ocorre-lhe *Halbe*, depois *Jugend* [juventude], e só então, depois que eu lhe chamei a atenção para a palavra *Jugend*, ela sabe que estava procurando pelo nome *Jung*.

"Na verdade, essa dama, que perdeu o marido na idade de 39 anos e não tinha nenhuma perspectiva de se casar novamente, tinha motivos suficientes para evitar qualquer lembrança que a advertisse sobre *juventude* [*Jugend*] ou *idade* [*Alter*]. O que é surpreendente é a pura associação de conteúdo da ideia encobridora para o nome procurado e que faltem as associações sonoras."

9) Um exemplo bem diferente e sutilmente motivado é o do esquecimento de nomes que o próprio sujeito em questão esclarece:

"Quando fiz uma prova de filosofia como disciplina secundária, o examinador interrogou-me sobre a doutrina de *Epicuro*, e então ele continuou perguntando se eu sabia quem havia retomado a sua doutrina nos séculos posteriores. Eu respondi com o nome *Pierre Gassendi*, que ouvi descreverem como discípulo de Epicuro dois dias antes no Café. À pergunta do professor, surpreso com como eu sabia disso, respondi atrevidamente que havia muito me interessava por Gassendi. Disso resultou um *magna cum laude* [com louvor] no boletim, mas, infelizmente, também uma obstinada tendência posterior para esquecer o nome *Gassendi*. Acredito que minha má consciência tenha culpa disso, pois eu agora, apesar de todos os esforços, não consigo guardar esse nome. É que eu também não deveria tê-lo sabido naquela época."

Se quisermos avaliar corretamente a intensidade da aversão do nosso informante contra a lembrança desse episódio do exame, é preciso saber do alto valor que ele confere ao seu título de doutor e das inúmeras outras coisas às quais ele tem de servir de substituto.

10) Intercalo aqui mais um exemplo de esquecimento de nome de uma cidade, o qual talvez não seja tão simples quanto os citados anteriormente, porém parecerá digno de crédito e valioso a quem esteja familiarizado com as pesquisas. O nome de uma cidade italiana

subtrai-se da lembrança em consequência de sua ampla semelhança sonora com um prenome feminino ao qual se ligam diversas lembranças carregadas de afeto, sem dúvida não explicitadas de maneira exaustiva na comunicação delas. S. Ferenczi (Budapeste), que observou em si mesmo esse caso de esquecimento, tratou-o da maneira como se analisa um sonho ou uma ideia neurótica, e certamente com toda razão.

"Hoje eu visitei uma família amiga e veio à conversa o tema das cidades do norte da Itália. Alguém menciona que elas ainda se deixam reconhecer pela influência austríaca. Citam-se algumas dessas cidades; e também eu quero mencionar uma delas, mas seu nome não me ocorre, embora eu saiba que tinha passado ali dois dias muito agradáveis – o que não combina muito bem com a teoria de Freud sobre o esquecimento. – No lugar do nome procurado, impõem-se a mim as seguintes ocorrências: *Capua – Brescia – O Leão de Brescia*.

"Vejo esse 'leão' na forma de uma *estátua de mármore*, parado diante de mim como um objeto, mas eu percebo imediatamente que ele se assemelha menos ao leão do Monumento à Liberdade de Brescia (que eu só conhecia por imagem) do que com aquele outro leão de mármore que eu vi em Lucerna no *Monumento aos Guardas Suíços Caídos nas Tulherias*, e cuja reprodução em miniatura guardo em minha estante de livros. Ocorre-me finalmente o nome procurado: era *Verona*.

"Acabo sabendo também imediatamente quem foi a culpada da minha amnésia. Ninguém menos do que uma antiga empregada da família, em cuja casa estive justamente como hóspede. Ela se chamava *Veronika* – em húngaro, *Verona* – e me era muito antipática por causa de sua fisionomia repulsiva, bem como por causa de sua *voz rouca e esganiçada* e de sua intimidade intolerável (com a qual ela acreditava se justificar pelo longo período de serviço). Também me era insuportável o *modo tirânico* como ela tratava as crianças da casa naquela época. Daí soube também o que significavam as ocorrências substitutivas.

"A partir de *Capua* associo imediatamente *caput mortuum* [cabeça morta/resíduo sem valor]. Muitas vezes eu comparei a cabeça de Veronika com uma *caveira*. – A palavra húngara *kapzi* (ganancioso) certamente proporcionou mais uma determinação para o deslocamento. Naturalmente também encontro aqueles caminhos de associação muito mais diretos, que ligam *Capua* e *Verona* como conceitos geográficos e como palavras italianas com o mesmo ritmo.

"O mesmo vale para *Brescia*, mas aqui também se encontram atalhos entrelaçados da vinculação das ideias.

"Minha antipatia era naquela época tão brutal que eu achava Veronika literalmente nojenta e, mais de uma vez, manifestei meu espanto de que, mesmo assim, ela pudesse ter uma vida amorosa e ser amada; 'beijá-la' – disse eu – 'deve *causar ânsia de vômito [Brechreiz]*!'.[10] E certamente há muito tempo ela poderia ter sido relacionada à ideia dos guardas suíços *caídos*.

"Brescia não é, pelo menos aqui na Hungria, mencionada em relação ao leão, mas, com frequência, a outro *animal selvagem*. O nome mais odiado neste país, como também no norte da Itália, é o do general *Haynau*, chamado, sem rodeios, de: *Hiena de Brescia*. A partir do odiado tirano Haynau, um fio de pensamento leva, portanto, via Brescia, à cidade de Verona, o outro passa

---

[10] Note-se a semelhança de som das primeiras sílabas de "Brescia" e de *"Brechreiz"* (ânsia de vômito/náusea). (N.R.)

pela ideia do *animal com voz rouca que frequenta as tumbas* (que contribui para a emergência de um *monumento* aos mortos) e leva à caveira e à voz desagradável de Veronika, tão maldosamente insultada por meu inconsciente, a qual, naquela época, viveu naquela casa não menos tiranicamente que o general austríaco depois dos combates húngaros e italianos pela liberdade.

"A *Lucerna* conecta-se o pensamento do verão que Veronika passou com os seus patrões junto ao Lago dos Quatro Cantões, *nas proximidades de Lucerna*; à '*Guarda Suíça*', por sua vez, conecta-se a lembrança de que ela sabia tiranizar não apenas as crianças, mas também os membros adultos da família, e agradava-lhe estar no papel de *Guarda Feminina*.

"Faço notar expressamente que essa minha antipatia por V. está – conscientemente – entre as coisas há muito tempo superadas. Nesse meio-tempo, em seu próprio benefício, ela se modificou muito, tanto em sua aparência quanto em suas maneiras, e posso tratá-la (embora eu tenha raras oportunidades para isso) com sincera amizade. Como é habitual, meu inconsciente insiste mais resistentemente nas impressões, ele age '*a posteriori*' [*nachträglich*] e ressentidamente [*nachtragend*].

"As *Tulherias* são uma alusão a uma segunda pessoa, uma dama francesa mais velha que, em muitas ocasiões, realmente '*guardava*' as mulheres da casa, e era respeitada por velhos e jovens, e, sem dúvida, era também um pouco *temida*. Durante algum tempo fui seu *élève* [aluno] em conversação francesa. Sobre a palavra *élève* ocorre-me ainda que, quando eu estive visitando o cunhado do meu anfitrião atual, no norte da Boêmia, tive de rir muito do fato de a população campesina de lá chamar os "*élève(s)*" da escola florestal de '*Löwen*' [leões]. Também essa lembrança engraçada pode ter participado do deslocamento da hiena para o leão."

11) O exemplo[11] que se segue pode mostrar como um complexo pessoal, que domine a pessoa naquele momento, causa o esquecimento de um nome situado em posição remota.

"Dois homens, um mais velho e um mais jovem, que havia seis meses viajaram juntos pela Sicília, trocam lembranças daqueles belos dias. 'Então, como se chamava o lugar', pergunta o mais jovem, 'onde nós pernoitamos para a excursão a Selinunte? *Calatafimi*, não é?' – O mais velho recusa: 'É certo que não, mas eu também esqueci o nome, apesar de me lembrar muito bem de todos os detalhes daquela estadia. Para mim, basta que eu perceba que outro tenha esquecido um nome; logo o esquecimento também é induzido em mim. Não vamos procurar o nome? Não me ocorre nenhum outro que não seja *Caltanissetta*, que com certeza não é o correto'. – 'Não', disse o mais jovem, 'o nome começa com *w* ou contém um *w*.' – 'Mas não existe *w* em italiano', advertiu o mais velho. 'Eu quis dizer *v*, e só falei *w* por ser muito habituado com minha língua materna.' – O mais velho revolta-se contra o *v*. Ele diz: 'Acho que eu de modo geral já esqueci muitos nomes sicilianos; já está na hora de fazer algumas tentativas. Como se chama, por exemplo, o lugar elevado que na Antiguidade se chamava *Enna*? Ah, eu já sei – *Castrogiovanni*'. – No momento seguinte, o mais jovem encontrou novamente o nome perdido. Ele exclama *Castelvetrano*, alegrando-se por poder comprovar o *v* alegado. Durante algum tempo o mais velho ainda sente falta da sensação de reconhecimento; mas, depois de

---

[11] *Zentralblatt für Psychoanalyse* [Folha central de psicanálise], 1, 9, 1911.

ter aceitado o nome, ele teve de informar como o nome lhe escapou. Ele diz: 'Evidentemente porque a segunda metade de *vetrano* soa como – *veterano*. Eu sei muito bem que não gosto muito de pensar no *envelhecimento* e reajo de maneira estranha quando sou lembrado disso. Por exemplo, há pouco tempo utilizei o mais estranho disfarce para repreender um amigo muito estimado, dizendo que 'já havia muito tempo ele tinha se distanciado dos anos da juventude', e isso porque, numa ocasião anterior, em meio a expressões das mais lisonjeiras sobre mim, esse amigo havia afirmado que 'eu já não era mais um homem jovem'. Que no meu caso a resistência tenha-se voltado contra a segunda metade do nome *Castelvetrano* deve-se ao fato de o seu som inicial ter retornado no nome substituto *Caltanissetta*. – 'E quanto ao nome *Caltanissetta?*', perguntou o mais jovem. 'Este sempre me pareceu ser um apelido carinhoso para uma mulher jovem', confessa o mais velho.

"Algum tempo depois, ele acrescenta: 'O nome para *Enna* também era um nome substituto. E agora me ocorre, com a ajuda da racionalização, que o nome que se impôs, *Castrogiovanni*, soa como *giovane* – jovem; assim como o nome perdido, *Castelvetrano*, soa como *Veteran* – velho.

"O mais velho acredita assim ter dado conta de seu esquecimento do nome. Não foi investigado por qual motivo o mais jovem teve o mesmo fenômeno de ocorrência do nome."

Não apenas os motivos, mas também o mecanismo do esquecimento de nomes merece o nosso interesse. Numa grande série de casos, um nome será esquecido não porque ele mesmo evoque tais motivos, mas porque – por meio da homofonia e da semelhança acústica – ele resvala em outro contra o qual esses motivos se orientam. Entenda-se que o relaxamento dessas condições facilita extraordinariamente a ocorrência do fenômeno. É assim, nos próximos exemplos:

12) Dr. Ed. Hitschmann: "O senhor N. quer indicar a alguém o nome da livraria *Gilhofer & Ranschburg*. Por mais que pense, só lhe ocorre o nome Ranschburg, embora a firma lhe seja bastante familiar. Voltando para casa levemente insatisfeito, a coisa se tornou suficientemente importante para perguntar ao seu irmão, que aparentemente já estava dormindo, sobre a primeira metade do nome da firma. O irmão deu o nome sem hesitação. Em seguida, ocorre imediatamente ao senhor N. para 'Gillhofer' a palavra 'Gallhof'. Sobre Gallhof, alguns meses antes, ele tinha dado um passeio memorável na companhia de uma jovem atraente. Como recordação, a moça deu a ele de presente um objeto com o escrito: 'Para lembrar das belas horas em *Gallhof*'. Nos últimos dias antes do esquecimento do nome, esse objeto foi – talvez por acaso – fortemente danificado por N. em um rápido fechar de gaveta, o que ele – familiarizado com o sentido das ações sintomáticas – constatou com sentimento de culpa. Nesses dias, seu estado de espírito estava algo ambivalente em relação à moça, que na verdade ele amava, mas ficava hesitante diante do desejo dela de se casar" (*Internat. Zeitschr. f. Psychoanalyse*, I, 1913).

13) Dr. Hanns Sachs: "Em uma conversa sobre Gênova e seu entorno, um jovem quer nomear o lugar *Pegli*, mas só consegue se lembrar do nome com esforço, através de exaustiva reflexão. No caminho para casa, ele pensa no modo desagradável como lhe escapou esse nome normalmente familiar a si; e, ao fazê-lo, foi levado a uma palavra, *Peli*, de sonoridade bem semelhante. Ele sabe que esse é o nome de uma ilha dos Mares do Sul, cujos habitantes conservaram alguns costumes curiosos.

Ele havia lido sobre isso pouco tempo antes em uma obra de etnologia e se propôs, naquele momento, a utilizar essas informações para uma hipótese própria. Então lhe ocorreu que Peli também era o cenário de um romance, que ele havia lido com interesse e alegria, ou seja, *A época mais feliz de Van Zanten*, de Laurids Bruun. – Os pensamentos, que nesses dias o haviam ocupado quase sem parar, enlaçaram-se em uma carta que ele tinha recebido, naquela mesma manhã, de uma dama que era muito cara para ele; essa carta deixou-o temeroso de ter de renunciar a um encontro já combinado. Depois de ele passar o dia todo no pior dos humores, saiu à noite com a decisão de não mais se afligir com os pensamentos irritantes, mas fruir, o mais serenamente possível, da reunião social que tinha pela frente e que ele valorizava extremamente. É claro que, por meio da palavra *Pegli*, seu propósito poderia ser colocado em risco, já que esta se encontra tão intimamente ligada ao som de *Peli*; Mas, como *Peli* adquiriu a referência ao Eu em virtude do interesse etnológico, não encarna apenas a 'época mais feliz de Van Zanten', mas também o seu próprio 'tempo mais feliz', e por isso também os temores e as preocupações que ele havia alimentado o dia todo. É característico que só tenha chegado a essa simples interpretação depois que uma segunda carta transformou as dúvidas em uma alegre convicção de breve reencontro".

Se esse exemplo faz lembrar um, por assim dizer, avizinhado a ele, e em que não se consegue lembrar o nome do lugar Nervi (exemplo 1), vemos então como o duplo sentido de uma palavra pode ser substituído pela semelhança de sonoridade de duas palavras.

14) Em 1915, quando eclodiu a guerra contra a Itália, pude fazer em mim mesmo a observação de que

um grande número de nomes de localidades italianas aos quais normalmente eu tinha fácil acesso foi de repente subtraído de minha memória. Como muitos outros alemães, eu havia tornado um hábito passar uma parte das férias em solo italiano, e não pude duvidar de que esse maciço esquecimento de nomes fosse a expressão de uma compreensível hostilidade à Itália, que entrava agora no lugar da predileção anterior. Mas, junto a esse esquecimento de nomes diretamente motivado, fez-se notar um indireto, que podia ser reconduzido à mesma influência. Eu me inclinava também a esquecer nomes de lugares não italianos, e encontrei na investigação desses incidentes que esses nomes, de algum modo, estavam ligados aos inimigos desprezados por uma ressonância distante. Assim, um dia me torturei para lembrar o nome da cidade de *Bisenz* [Bizâncio], na Morávia. Quando ele finalmente me ocorreu, soube imediatamente que esse esquecimento devia ser colocado na conta do Palazzo *Bisenzi*, em Orvieto. Nesse palácio, encontra-se o Hotel Belle Arti, onde eu me hospedei em cada uma de minhas estadias em Orvieto. As mais queridas lembranças, naturalmente, foram as mais intensamente danificadas pela posição emocional alterada.

É também conveniente que nos deixemos lembrar, por meio de alguns exemplos, quão diversos são os propósitos a cujo serviço pode colocar-se o ato falho [*Fehlleistung*] do esquecimento de nomes.

15) A. J. Storfer ("Esquecimento de nomes como garantia para uma intenção esquecida" [*Namenvergessen zur Sicherung eines Vorsatzvergessens*]): "Certa manhã, uma dama de Basileia recebe a notícia de que sua amiga de infância, *Selma* X, de Berlim, então em viagem de lua de mel, acabava de chegar a Basileia. A amiga berlinense

deveria passar apenas um dia em Basileia, e a dama de Basileia apressou-se para chegar até o hotel. Quando as amigas se separam, combinam de reencontrar-se à tarde e de permanecer juntas até a partida da berlinense. – À tarde, a dama de Basileia se *esquece* do compromisso. Não sei o que determinou esse esquecimento, mas justamente nessa situação (encontro com uma *amiga de infância recém-casada*) são possíveis diversas constelações típicas que poderiam causar uma inibição contra a repetição do encontro. O interessante desse caso é um ato falho [*Fehlleistung*] mais distante, que representa uma garantia inconsciente para a primeira. No momento em que deveria reencontrar-se com a amiga de Berlim, a dama de Basileia encontrava-se em reunião em outro lugar. Lá, a conversa recaiu sobre o recente casamento da cantora vienense de ópera de sobrenome *Kurz*. A dama de Basileia manifestou-se de modo crítico (!) sobre esse *casamento*, mas, quando quis dizer o nome da cantora, para seu grande constrangimento, não lhe ocorreu o seu *primeiro nome*. (É sabido que há uma tendência especial, justamente no caso de sobrenomes monossilábicos, a se mencionar também o primeiro nome.) A dama de Basileia se irrita ainda mais com a fragilidade de memória, na medida em que ela muitas vezes já havia ouvido a cantora Kurz cantar, e o nome (completo) lhe era bem familiar. Sem que alguém tivesse mencionado antes o nome subtraído, a conversa tomou outra direção. – Na noite desse mesmo dia, encontra-se a nossa dama de Basileia em uma reunião, em parte, idêntica à daquela tarde. Por coincidência, a conversa tornou a recair sobre o casamento da cantora vienense, e a dama menciona o nome '*Selma Kurz*' sem qualquer dificuldade. A isso, seguiu-se também a exclamação: 'Ah! Acaba de me ocorrer: eu esqueci totalmente que hoje à tarde eu tinha um encontro com minha amiga *Selma*!'. Uma olhadela no relógio mostrou que a amiga já devia ter partido" (*Internat. Zeitschr. f. Psychoanalyse*, II, 1914).

Talvez ainda não estejamos preparados para apreciar esse belo exemplo em todas as suas dimensões. Mais simples é o seguinte, no qual, na verdade, não é esquecido um nome, e sim uma palavra de língua estrangeira, e por um motivo contido na situação. (Já podemos observar que estamos lidando com os mesmos processos, quer eles digam respeito a nomes próprios, a primeiros nomes, a palavras de língua estrangeira ou a uma série de palavras.) Nesse caso um jovem rapaz esquece a palavra inglesa para ouro [*gold*], que é idêntica à alemã, para encontrar a ocasião de realizar a ação desejada.

16) Dr. Hanns Sachs: "Um jovem ficou conhecendo em uma pensão uma moça inglesa que lhe agradou. Na primeira noite em que eles se viram, ele conversou com ela na língua materna desta, que ele dominava muito bem, e, quando quer utilizar ali a palavra inglesa para 'ouro', não lhe ocorre o vocábulo, apesar do esforço em procurá-lo. Em troca, impõem-se a ele insistentemente como substitutas a palavra francesa *or*, a latina *aurum* e a grega *chrysos*, de tal modo (insistentes) que ele apenas com esforço foi capaz de rejeitá-las, embora ele soubesse com certeza que elas não tinham nenhum parentesco com a palavra procurada. No fim, ele não encontra nenhum outro caminho para se fazer compreender a não ser tocar em um anel de ouro que a dama tinha na mão; muito envergonhado, ele fica sabendo por ela que a palavra tão procurada para ouro [*gold*] era exatamente igual à alemã, *Gold*. O grande valor de um contato como esse toque, propiciado pelo esquecimento, não reside apenas na

indiscutível satisfação da pulsão de pegar [*Ergreifungstrieb*] ou de tocar [*Berührungstrieb*], que certamente pode ser explorada ativamente por apaixonados em outras ocasiões, mas ainda muito mais no fato de ela possibilitar um esclarecimento das perspectivas da conquista. O inconsciente da dama, especialmente ao se colocar de forma simpática em relação ao parceiro de conversa, adivinharia o objetivo erótico do esquecimento, oculto por detrás da máscara inocente; o modo como ela recebe o contato e admite a motivação pode, assim, tornar-se um meio, inconsciente para ambos, mas muito significativo, de entendimento sobre as chances do flerte recém-iniciado".

17) Compartilho aqui ainda uma interessante observação de J. Stärcke (1916) sobre o esquecimento e a recuperação de um nome próprio que se destacam pela ligação entre o esquecimento do nome e o engano na sequência de palavras de um poema, como no exemplo da "Noiva de Corinto".

"Z., um velho jurista e filólogo, narra em uma reunião que, em sua época de estudante na Alemanha, conheceu outro estudante, que era excepcionalmente bobo, e sobre essa bobeira ele podia contar algumas anedotas. Mas ele não consegue se lembrar do nome desse estudante e acha que esse nome começa com W, o que ele, aliás, reconsidera depois. Ele lembra que esse estudante bobo mais tarde havia se tornado comerciante de vinhos. Depois ele conta mais uma anedota sobre a burrice do mesmo estudante e se espanta por seu nome não lhe ocorrer, e diz então: 'Ele era tão burro que eu ainda não entendo como consegui com repetição inculcar o latim na sua cabeça'. Um instante depois, ele lembrou que o nome procurado terminava em ...*man*. Perguntamos então se lhe ocorria outro nome que terminasse em *man*, e ele disse: '*Erdmann*' [homem da terra]. – 'Quem é esse, afinal?' – 'Esse também era um estudante dessa época.' – Mas sua filha observa que existe também um professor Erdmann. Por meio de uma apuração mais precisa, revela-se que esse professor Erdmann era editor de uma revista e recentemente aceitara publicar apenas em forma resumida um trabalho enviado por Z., do qual discordava em parte etc., e Z. tinha considerado isso bem desconfortável. (Além disso, descobri mais tarde que, há alguns anos, Z. teve em vista ser professor da mesma disciplina lecionada agora pelo professor E., e que também nesse aspecto o nome talvez toque em um ponto delicado.)

"Agora lhe ocorre de repente o nome do estudante bobo: *Lindeman*! Como ele já havia lembrado que o nome terminava em ...*man* (homem), foi, portanto, *Linde* (tília) que permaneceu recalcado por mais tempo. À pergunta sobre o que lhe ocorria ao pensar em *Linde*, primeiro ele disse: 'Não me ocorre nada'. Com a minha pressão de que algo iria ocorrer-lhe em relação a essa palavra, ele disse, olhando para cima e gesticulando com a mão no ar: 'Ora, uma tília [*Linde*] é uma bela árvore'. Nada mais lhe ocorreu. Todos se calaram, e cada um prosseguiu em suas leituras e outras atividades, até que, alguns momentos depois, Z. fez a seguinte citação em tom sonhador:

> Erguendo-se com firmes
> E flexíveis ossos
> Sobre a *terra*,
> Ainda assim não é suficiente
> Para com a tília ou *tileira*
> se comparar, ou à *parreira*.

[*Steht er mit festen
Gefügigen Knochen*

*Auf der Erde,
So reicht er nicht auf
Nur mit der Linde
Oder der Rebe Sich zu vergleichen.*]

"Soltei um grito de triunfo: 'Aí temos o Erdmann [homem da terra]!', eu disse. 'Aquele homem que 'se ergue sobre a terra', esse é o homem da terra, ou *Erdmann*, que não pode erguer-se para ser comparado com a *tília* (*Lindeman*) ou com a *videira* (*o negociante de vinhos*). Em outras palavras: aquele *Lindeman*, o estudante bobo, que mais tarde se tornou comerciante de vinhos, já era um asno, mas o *Erdmann* é um asno muito maior, nem sequer se pode comparar ao Lindeman.' – Uma fala como essa, sarcástica ou zombeteira, mantida no inconsciente é algo bem habitual, por isso pareceu-me que agora se havia encontrado a causa principal do esquecimento do nome.

"Perguntei agora de que poema se originaram as linhas citadas. Z. disse que seria um poema de Goethe, ele acreditava que começasse assim:

> Nobre seja o homem
> prestativo e bom!
>
> [*Edel sei der Mensch
> Hilfreich und gut!*]

e que também continha:

> E ascendente, ele se levanta,
> Os ventos, com ele, brincam assim.
>
> [*Und hebt er sich aufwärts,
> So spielen mit ihm die Winde.*]

"No dia seguinte, procurei esse poema de Goethe, e mostrou-se que o caso era ainda mais bonito (mas também mais complexo) do que pareceu no início.

"a) As primeiras linhas citadas (comparar com citação anterior) soam assim:

> Erguendo-se com firmes
> E *robustos* ossos
>
> [*Steht er mit festen*
> *Markigen Knochen.*]

"*Gefügige Knochen* [ossos flexíveis] seria realmente uma combinação estranha, mas não quero ir mais a fundo nesse ponto.

"b) Os versos seguintes dessa estrofe são (comparar com citação anterior):

> Sobre a *bem-fundada*
> terra *estável*,
> é ele insuficiente,
> para com *o carvalho*
> ou com a parreira
> ser comparado.
>
> [*Auf der wohlgegründeten*
> *Dauernden Erde,*
> *Reicht er nicht auf,*
> *Nur mit der Eiche*
> *Oder der Rebe*
> *Sich zu vergleichen.*]

"Não há, portanto, nenhuma menção a tília no poema inteiro! A substituição de carvalho por tília (em seu inconsciente) só aconteceu para possibilitar o jogo de palavras '*Erde* [terra] – *Linde* [tileira] – *Rebe* [videira]'.

"c) Esse poema se intitula 'Grenzen der Menschheit' [Os limites da humanidade] e contém uma comparação entre a onipotência dos deuses e o poder insignificante dos seres humanos. Mas o poema que começa com:

> Nobre seja o homem,
> prestativo e bom!
>
> [*Edel sei der Mensch*
> *Hilfreich und gut!*]

é outro poema, que se encontra algumas páginas adiante. E se intitula: 'Das Göttliche' [O divino], e contém também pensamentos sobre deuses e seres humanos. Como não se examinou a questão mais a fundo, posso no máximo supor que pensamentos sobre a vida e a morte, sobre o temporal e o eterno, e sobre a própria vida frágil e a morte futura também tenham desempenhado um papel na gênese desse caso."[12]

Em alguns desses exemplos serão consideradas todas as sutilezas da técnica psicanalítica para esclarecer um esquecimento de nome. Quem quiser saber mais sobre esse trabalho, indico uma comunicação de Ernest Jones (Londres), que está traduzido do inglês.[13]

18) Ferenczi observou que o esquecimento de nomes pode aparecer também como um sintoma histérico. Ele mostra então um mecanismo que se distancia, e muito, do ato falho. Como essa diferença é entendida é evidente em sua comunicação:

---

[12] Da edição holandesa desse livro, sob o título: *De invloed van ons onbewuste in ons dagelijksch leven*. Amsterdã, 1916, impressão alemã pela *Internat. Zeitschr. f. Psychoanalyse*, IV, 1916.

[13] Análise de um caso de esquecimento de nome [Analyse eines Falles von Namenvergessen]. *Zeltrallblat für Psychoanalyse*, II, 1911.

"Tenho agora em tratamento uma paciente, uma senhorita de meia-idade, a quem não ocorrem os nomes próprios mais usuais e mais conhecidos, apesar de normalmente ela ter uma boa memória. Na análise, ficou claro que, através desse sintoma, ela quer documentar a sua ignorância. Essa exibição ostensiva de sua ignorância é, na verdade, uma recriminação contra seus pais, que não lhe permitiram receber nenhuma instrução superior. Também sua torturante compulsão por limpeza ('psicose de dona de casa') provém, em parte, dessa mesma fonte. Ela quer dizer com isso mais ou menos: 'vocês fizeram de mim uma serviçal'."

Eu poderia multiplicar os exemplos de esquecimento de nomes e conduzir a discussão para bem mais longe, se não quisesse evitar debater aqui no princípio quase todas as perspectivas a serem consideradas na discussão de temas posteriores. No entanto, posso me permitir resumir os resultados das análises aqui comunicadas:

O mecanismo do esquecimento de nomes (mais corretamente: da fuga, do esquecimento temporário) consiste em que a reprodução pretendida do nome é perturbada por uma sequência de pensamentos estranha e não consciente no momento. Entre o nome perturbado e o complexo perturbador, há uma conexão que existe desde o início, ou ela se estabelece quase sempre por caminhos aparentemente artificiais, através de associações superficiais (externas).

Dos complexos perturbadores, os da autorreferência (os pessoais, familiares e profissionais) comprovam-se como os mais eficazes.

Um nome que, em consequência da multivocidade, pertence a vários círculos de pensamentos (complexos) é frequentemente perturbado no contexto de uma dessas sequências de pensamentos em virtude de seu pertencimento a outro complexo mais intenso.

Entre os motivos dessas perturbações, destaca-se o propósito de evitar que se desperte o desprazer através da lembrança.

Em geral, podem-se distinguir dois casos principais de esquecimento de nomes: quando o próprio nome toca em algo desagradável, ou quando ele se conecta com outro, que tem esse efeito, de tal modo que os nomes podem ser perturbados em sua reprodução por sua própria causa ou por causa de seus vínculos associativos mais próximos ou mais distantes.

Uma visão global dessas proposições gerais nos deixa entender que o esquecimento temporário de nomes é o que se observa com mais frequência entre os nossos atos falhos.

19) Estamos, no entanto, bem longe de ter delineado todas as peculiaridades desse fenômeno. Eu ainda quero assinalar que o esquecimento de nomes é altamente contagioso. Em uma conversa de duas pessoas, muitas vezes é suficiente que uma mencione ter esquecido este ou aquele nome, para que ele também seja subtraído da segunda pessoa. Mas, nos casos em que o esquecimento é induzido, o nome esquecido reaparece de modo mais fácil. Esse esquecimento "coletivo", visto de modo estrito como um fenômeno da psicologia das massas, ainda não se tornou objeto da investigação analítica. Apenas em um caso, mas que é especialmente belo, Theodor Reik conseguiu dar uma boa explicação para esse curioso acontecimento.[14]

---

[14] Sobre o esquecimento coletivo [Über kollektives Vergessen]. *Internat. Zeitschr. f. Psychoanalyse*, VI, 1920. (Também em Reik. *O deus próprio e o deus estrangeiro* [Der eigene und der fremde Gott]. Leipzig, 1923.)

"Em uma pequena reunião de universitários, na qual havia também duas estudantes de filosofia, falava-se sobre as inúmeras questões que a origem do cristianismo suscita à história da cultura e à ciência da religião. Uma das jovens damas que participava da conversa lembrou que, num romance inglês que lera recentemente, ela havia encontrado um quadro interessante das muitas correntes religiosas que se agitavam naquela época. Ela acrescentou que o romance descrevia a vida inteira de Cristo, do seu nascimento até sua morte, mas o nome da obra não lhe ocorria (a lembrança visual da capa do livro e da imagem tipográfica do título estava absolutamente nítida). Também três dos senhores presentes afirmaram conhecer o romance e notaram que também eles, estranhamente, não tinham o nome à disposição..."

Apenas a jovem dama se submeteu à análise para esclarecimento desse esquecimento de nome. O título do livro era *Ben-Hur* (de Lewis Wallace). As suas ocorrências substitutivas foram: *"Ecce homo – Homo sum – Quo vadis?"*. A própria jovem entendeu que havia esquecido o nome "porque ele contém uma expressão que eu e outras jovens meninas – ainda por cima na companhia de rapazes – não gostamos de usar".[15] Esse esclarecimento encontrou, graças a essa análise muito interessante, um aprofundamento ainda maior. Uma vez que já se tocou nesse contexto, a tradução de *homo* [homem], *ser humano* [*Mensch*], adquire também um significado suspeito. E Reik conclui: A jovem dama trata a palavra como se, ao pronunciar o título duvidoso diante de rapazes, tivesse de admitir os desejos que havia rechaçado, por serem

---

[15] A segunda palavra do título, *"Hur"*, remete ao termo alemão *"Hure"* (puta, prostituta). (N.R.)

penosos e não estarem de acordo com a sua personalidade. Em suma: inconscientemente, pronunciar as palavras "Ben-Hur" equivale, para ela, a uma proposta sexual, e o seu esquecimento corresponde, por conseguinte, à defesa diante de uma tentação inconsciente desse tipo. Nós temos motivo para supor que processos inconscientes semelhantes tenham determinado o esquecimento dos rapazes. Seu inconsciente apreendeu o esquecimento da moça em seu significado real e..., por assim dizer, interpretou-o... O esquecimento dos homens figura uma consideração por uma conduta de rechaço como essa... É como se sua interlocutora, por sua repentina fraqueza de memória, tivesse-lhes dado um sinal claro que os homens, inconscientemente, teriam entendido muito bem.

Acontece também um esquecimento continuado de nomes, em que correntes inteiras de nomes são subtraídas da memória. Para reencontrar um nome perdido, apressamo-nos a buscar outros, com os quais esteja firmemente ligado, e não é raro escaparem também esses novos nomes que deveriam servir de ponto de apoio ao nome procurado. Assim, o esquecimento salta de um nome para outro, como se fosse para provar a existência de um obstáculo nada fácil de eliminar.

IV
SOBRE LEMBRANÇAS DA INFÂNCIA E LEMBRANÇAS ENCOBRIDORAS

Em um segundo artigo (publicado em 1899 na *Revista mensal de psiquiatria e neurologia*), pude demonstrar, em lugar insuspeito, a natureza tendenciosa do nosso lembrar. Parti do fato marcante de que as mais remotas lembranças de infância de uma pessoa parecem, muitas vezes, preservar aquilo que é indiferente e secundário, enquanto de impressões importantes, muito intensas e plenas de afeto dessa época (com frequência, mas não em todos os casos) não se encontra nenhum vestígio na memória dos adultos. Já que é bem conhecido que a memória faz uma escolha entre as impressões que lhe são apresentadas, estaríamos aqui diante da suposição de que essa seleção se produz na infância de acordo com princípios inteiramente diferentes daqueles da época da maturidade intelectual. Uma investigação aprofundada mostra, porém, que essa suposição é desnecessária. As lembranças indiferentes da infância devem sua existência a um processo de deslocamento; na reprodução, elas são o substituto de outras impressões realmente significativas, cuja lembrança pode se desenvolver a partir delas por meio da análise psíquica, mas cuja reprodução direta é impedida por uma resistência. Tendo em vista que elas devem sua conservação não ao seu próprio conteúdo, mas a um vínculo associativo de seu conteúdo com outro, recalcado, elas têm direito justificado ao nome "lembranças encobridoras" [*Deckerinnerungen*], com o qual eu as designei. No artigo mencionado, apenas tangenciei as multiplicidades nos vínculos e significados das lembranças encobridoras, sem esgotá-las de modo algum. No exemplo que ali analisei em detalhes, destaquei uma peculiaridade da relação temporal entre a lembrança encobridora e o conteúdo encoberto por ela. O conteúdo da lembrança encobridora pertencia, nesse caso, a um dos primeiros anos da infância, enquanto as vivências de pensamento representadas por ela na memória, e que haviam permanecido quase inconscientes, correspondiam a anos posteriores da pessoa em questão. Nomeei esse modo de deslocamento de *retroativo* ou *retrocedente*. Talvez seja mais frequente encontrar a relação oposta, de que uma impressão indiferente de época mais atual se fixe como lembrança encobridora na memória, impressão que deve essa distinção apenas ao seu vínculo com uma vivência anterior, contra cuja reprodução direta resistências são erguidas. Essas seriam lembranças encobridoras *antecipadoras* ou *progressoras*. O essencial de que se ocupa a memória situa-se, no caso da ordem temporal, *atrás* da lembrança encobridora. Por fim, não podemos nos esquecer do terceiro caso ainda possível, em que a lembrança encobridora se vincula à impressão encoberta não apenas pelo seu conteúdo, mas também pela contiguidade no tempo, portanto, essa seria uma lembrança encobridora *simultânea* ou *contígua*.

Como grande parte do nosso tesouro mnêmico pertence à categoria das lembranças encobridoras e ao papel que lhes cabe em diferentes processos de pensamento neurótico, são problemas em cuja apreciação não entrei no referido artigo nem abordarei aqui. Importa-me apenas enfatizar a similitude entre o esquecimento de nomes próprios com falha na lembrança e a formação das lembranças encobridoras.

À primeira vista, as diferenças entre os dois fenômenos são muito mais evidentes do que suas eventuais analogias. No primeiro, trata-se de nomes próprios; no segundo, de impressões completas, de algo vivenciado na realidade [*Realität*] ou no pensamento; no primeiro, de um impedimento manifesto da função da lembrança; no segundo, de uma operação de lembrança que nos parece estranha; no primeiro, de uma perturbação momentânea – pois o nome que acabou de ser esquecido pode ter sido reproduzido corretamente centenas de vezes antes, e poderá voltar a sê-lo a partir de amanhã; no segundo, de uma posse duradoura e sem perda, pois as lembranças indiferentes da infância parecem poder nos acompanhar por um longo trecho de nossa vida. Nesses dois casos, o enigma parece estar orientado de modo inteiramente diverso. No primeiro é o esquecimento, no segundo é a retenção que agita a nossa curiosidade científica. Depois de algum aprofundamento, percebe-se que, apesar da divergência no material psíquico e da duração, as coincidências entre os dois fenômenos são, de longe, predominantes. Trata-se, no primeiro e no segundo caso, de falhas do lembrar; o que é reproduzido pela memória não é o que deveria ser corretamente reproduzido, mas algo diferente como substituição. No caso do esquecimento de nomes, não está ausente o trabalho da memória na forma de nomes substitutos. O caso da formação de lembranças encobridoras fundamenta-se no esquecimento de outras impressões mais importantes. Em ambos os casos, uma sensibilidade intelectual nos dá notícia da interferência de uma perturbação, só que, a cada vez, em uma forma diferente. No esquecimento de nomes, nós *sabemos* que os nomes substitutos são *falsos*; nas lembranças encobridoras, nós nos *espantamos* por absolutamente as possuirmos. Se a análise psicológica então nos indica que a formação substitutiva se produziu nos dois casos da mesma maneira, por deslocamento ao longo de uma associação superficial, são justamente as diversidades no material, na duração e no centramento dos dois fenômenos que contribuem para intensificar a nossa expectativa de havermos descoberto algo importante e de validade universal. Esse universal afirmaria que o impedimento e a perda da função reprodutiva, bem mais frequentemente do que supomos, indica a interferência de um fator partidário, de uma *tendência* que favorece uma lembrança enquanto ela se esforça em trabalhar contra a outra.

O tema das lembranças da infância me parece tão importante e interessante que eu gostaria de lhe dedicar mais algumas considerações, que vão além dos pontos de vista apresentados até agora.

Até onde na infância as lembranças alcançam? Conheço algumas investigações sobre essa pergunta, como as de V. e C. Henri[16] e de Potwin;[17] elas mostram que há grandes diferenças individuais entre os investigados, pois alguns situam suas primeiras lembranças no sexto mês de vida, outros nada sabem de sua vida

---

[16] Enquetes sobre as primeiras memórias de infância [Enquête sur les premiers souvenirs de l'enfance]. *L'Année Psychologique*, III, 1897.

[17] Estudo sobre as memórias remotas [Study of Early Memories]. *Psycholog. Review*, 1901.

até completarem o sexto ou até oitavo ano de idade. Mas a que se devem essas diversidades na retenção das lembranças da infância, e que significado lhes atribuir? É evidente que não basta compilar o material para essas questões por meio de questionário; é necessário, então, realizar mais uma elaboração do material, da qual tem de participar a pessoa que fornece a informação.

Penso que aceitamos com demasiada indiferença o fato da amnésia infantil, da perda das lembranças dos primeiros anos de nossas vidas; e deixamos de ver nele um estranho enigma. Esquecemos quão grandes são as realizações intelectuais e como são complexas as moções de sentimento de que é capaz uma criança de mais ou menos 4 anos, e deveríamos francamente nos surpreender com o fato de que a memória dos anos mais tardios conservou, via de regra, tão pouco desses processos psíquicos, sobretudo por termos todas as razões para supor que essas mesmas realizações infantis esquecidas não resvalaram pelo desenvolvimento da pessoa sem deixar vestígios, mas terão exercido uma influência determinante sobre todas as épocas posteriores. E, apesar dessa incomparável eficácia, foram esquecidas! Isso aponta para condições de índole bastante especial do lembrar (no sentido da reprodução consciente), que escapam do nosso conhecimento até agora. É muito possível que o esquecimento da infância possa nos fornecer a chave para o entendimento dessas amnésias que, de acordo com as nossas mais novas descobertas, fundamentam a formação de todos os sintomas neuróticos.

Entre as lembranças de infância conservadas, algumas nos parecem perfeitamente concebíveis, e outras, estranhas ou incompreensíveis. Não é difícil corrigir alguns erros em relação às duas espécies. Se submetermos as lembranças conservadas de alguém ao exame analítico, é fácil constatar que não existe uma garantia para a sua exatidão. Algumas das imagens da lembrança estão certamente falseadas, incompletas ou deslocadas no tempo ou no espaço. É evidente que os dados da pessoa investigada, tais como sua primeira lembrança provir do segundo ano de vida, não são confiáveis. Além disso, logo são descobertos motivos que tornam compreensíveis a desfiguração e o deslocamento do que foi vivenciado, mas que também comprovam que a causa desses erros na lembrança não pode ser uma simples infidelidade da memória. Forças poderosas de fases posteriores de vida modelaram a capacidade de lembrar vivências da infância, provavelmente as mesmas forças responsáveis por, em geral, termos nos afastado tanto da compreensão dos anos de nossa infância.

Como se sabe, o lembrar dos adultos acontece em uma diversidade de material psíquico. Alguns lembram com imagens visuais; suas lembranças têm caráter visual; outros indivíduos mal conseguem reproduzir na lembrança os mais indispensáveis contornos do que foi vivenciado; chamamos essas pessoas de auditivas e motoras, por oposição às visuais, de acordo com a sugestão de Charcot. Nos sonhos desaparecem essas diferenças, nós todos sonhamos predominantemente em imagens visuais. Mas esse desenvolvimento muda igualmente no caso de lembranças infantis; estas são plasticamente visuais mesmo naquelas pessoas em cujo lembrar posterior está ausente o elemento visual. O lembrar visual preserva, consequentemente, o tipo do lembrar infantil. No meu caso, as mais remotas lembranças da infância são as únicas de caráter visual; são cenas elaboradas de modo absolutamente plástico, comparáveis somente às representações no palco. Nessas cenas da infância, quer elas se comprovem verdadeiras, quer falsas, a própria pessoa costuma se ver como criança, com seus contornos e suas roupas. Essa circunstância deve, necessariamente, causar estranheza; os adultos visuais já não veem mais a sua pessoa[18] em suas lembranças de vivências posteriores. Além disso, contradiz todas as nossas experiências supor que a atenção da criança em suas vivências estaria dirigida a si mesma em vez de exclusivamente às impressões do exterior. Assim somos pressionados por diversos lados a suspeitar de que, nas assim chamadas mais remotas lembranças de infância, não possuímos o traço mnêmico verdadeiro, mas uma elaboração posterior dele, uma elaboração que talvez tenha experimentado as influências de múltiplas forças psíquicas posteriores. Dessa maneira, as "lembranças de infância" dos indivíduos avançam, de modo bem geral, para o significado de "memórias encobridoras", e ganham com isso uma notável analogia com as lembranças de infância dos povos, consignadas nas lendas e nos mitos.

Quem investigou psicologicamente certo número de pessoas com o método da psicanálise compilou com esse trabalho exemplos abundantes de todo tipo de lembranças encobridoras. Mas comunicar esses exemplos é extraordinariamente dificultado pela já discutida natureza das relações das lembranças de infância com a vida posterior; para que uma lembrança da infância seja apreciada como lembrança encobridora, seria necessário quase sempre trazer toda a história de vida da pessoa em questão para a exposição. Só raramente é possível, como

---

[18] Faço essa afirmação a partir de algumas investigações recuperadas por mim.

no belo exemplo a seguir, destacar uma única lembrança encobridora do seu contexto para a comunicação.

Um homem de 24 anos conservou a seguinte imagem de seu quinto ano de vida. Ele está sentado no jardim de uma casa de veraneio, em uma cadeirinha ao lado da tia, que se empenha em lhe ensinar as letras do alfabeto. A distinção entre o *m* e o *n* lhe traz dificuldades, e ele pede à tia que lhe diga como se reconhece qual é uma e qual é a outra. A tia o faz notar que o *m* tem todo um pedaço a mais que o *n*, um terceiro traço. – Não se encontrou nenhuma razão para questionar a fidelidade dessa lembrança de infância; no entanto, ela só adquiriu seu significado mais tarde, quando ela se mostrou adequada para assumir a representação simbólica de outra curiosidade do menino. Pois, assim como na época ele queria saber a diferença entre *m* e *n*, mais tarde ele se esforçou para saber a diferença entre menino e menina, e certamente teria concordado que justamente essa tia se tornasse sua mestra. Ele descobriu também que a diferença era semelhante, que o menino, por sua vez, tinha um pedaço inteiro a mais do que a menina, e à época desse reconhecimento ele despertou a lembrança de sua correspondente curiosidade infantil.

Outro exemplo dos anos posteriores da infância: um homem severamente inibido em sua vida amorosa, agora com mais de 40 anos, é o mais velho de nove filhos. Na época do nascimento do irmãozinho caçula, ele tinha 15 anos, mas ele afirma categoricamente que nunca havia notado uma gravidez da mãe. Sob a pressão de minha incredulidade, surgiu-lhe a lembrança de ter visto, certa vez, na idade de 11 ou 12 anos, a mãe *desatando* o *vestido* diante do espelho. A isso ele acrescentou, agora sem pressão, que ela estaria chegando da rua e inesperadamente foi acometida pelas dores do parto. O *desatar* [*Aufbinden*] do vestido, por sua vez, é uma lembrança encobridora do *parto* [*Entbindung*]. Em outros casos ainda vamos encontrar a utilização de tais "pontes verbais".

Em um único exemplo, eu gostaria ainda de mostrar que sentido pode ganhar uma lembrança de infância por meio da elaboração analítica, quando antes parecia não ter nenhum. Quando, em meus 43 anos, comecei a voltar meu interesse para os restos de lembrança da minha própria infância, ocorreu-me uma cena que há muito tempo – eu achava que era desde sempre – de tempos em tempos vinha à consciência, e que, de acordo com os bons indícios, eu poderia situar antes dos meus 3 anos completos. Eu me via em pé, exigindo alguma coisa e chorando diante de uma caixa cuja tampa meu meio-irmão, 20 anos mais velho, mantinha aberta, e então, de repente, linda e esguia, minha mãe entrou no quarto, como se estivesse voltando da rua. Com essas palavras, eu havia apreendido a cena vista plasticamente, mas com a qual eu não sabia o que fazer. Se meu irmão queria abrir ou fechar a caixa – na primeira tradução da imagem o nome era "armário" –, por que eu estava ali chorando e o que a chegada de minha mãe tinha a ver com isso me eram obscuros; fiquei tentado a me dar a explicação de que se tratava da lembrança de uma provocação do irmão mais velho, que foi interrompida pela minha mãe. Não são raros esses mal-entendidos de uma cena da infância preservada na memória; lembramo-nos de uma situação, mas ela não está focada, e não se sabe sobre qual elemento dela deve ser colocado o acento psíquico. O esforço analítico conduziu-me a uma interpretação inteiramente inesperada da imagem. Eu estava sentindo falta da minha mãe e passei a suspeitar de que ela estivesse trancada nesse armário ou caixa, e por isso pedia ao meu irmão que destrancasse a caixa. Quando ele cedeu e eu me convenci de que a mãe não estava na caixa, comecei a gritar; esse era o aspecto que a lembrança reteve, ao qual seguiu-se o aparecimento da mãe, que apaziguou a minha preocupação ou saudade [*Sehnsucht*]. Mas como foi que essa criança chegou à ideia de procurar a mãe ausente na caixa? Alguns sonhos da mesma época apontavam obscuramente para uma babá, de quem também haviam sido conservadas outras reminiscências, como a de que ela costumava exortar-me conscienciosamente para que eu lhe entregasse as moedinhas que eu recebia de presente, um detalhe que pode tornar a reclamar para si o valor de uma lembrança encobridora posteriormente. Foi assim que eu decidi então dessa vez facilitar a tarefa de interpretação e perguntar para a minha mãe, agora idosa, sobre aquela babá. Eu fiquei sabendo de todo tipo de detalhes, incluindo que essa pessoa esperta, mas desonesta, durante a semana do puerpério de minha mãe, tinha praticado grandes furtos na casa, e que, por iniciativa de meu meio-irmão, foi levada ao tribunal. Essa informação me deu a compreensão da cena de infância como se fosse uma espécie de iluminação. O desaparecimento repentino da babá não me tinha sido indiferente; eu tinha justamente me voltado a esse irmão com a pergunta sobre onde ela estaria, porque provavelmente eu havia percebido que lhe cabia um papel no desaparecimento dela, e ele, de maneira evasiva e com jogos de palavras, como era do seu jeito de sempre, respondeu que ela estava "trancada" [*eingekastelt*]. Essa resposta eu entendi de maneira infantil, mais deixei de perguntar porque não havia mais nada para saber. Quando, pouco tempo depois, minha mãe se ausentou, suspeitei de que o irmão malvado tivesse feito com ela o mesmo que fizera com a babá, e o obriguei a abrir a caixa para mim. Agora também compreendo por que, na tradução da cena visual infantil, está acentuada a silhueta esbelta da mãe, que deve ter-me chamado a atenção como recuperada. Eu sou dois anos e meio mais velho do que minha irmã nascida naquela época, e quando eu fiz 3 anos de idade chegou ao fim o convívio com meu meio-irmão.[19]

---

[19] Quem se interessar pela vida psíquica desses anos de infância vai facilmente adivinhar o condicionamento [*Bedingtheit*] mais profundo da exigência dirigida ao irmão maior. A criança, que ainda não tinha nem 3 anos de idade, tinha entendido que a irmãzinha recém-nascida havia crescido dentro da barriga da mãe. Ela não estava nem um pouco de acordo com esse crescimento [da família] e desconfiava de que a barriga da mãe pudesse ocultar ainda outras crianças. O armário ou caixa era para ele um símbolo da barriga da mãe. Portanto, ele exige olhar dentro dessa caixa, e para isso volta-se ao irmão maior, que, como se constata por outro material, passa a ser o rival do pequeno, em lugar do pai. Contra esse irmão, dirige-se – além da bem fundamentada suspeita de que ele havia "encaixotado" a babá desaparecida – também a de que, de algum modo, ele havia introduzido a criança recém-nascida na barriga da mãe. O afeto de desapontamento quando a caixa foi encontrada vazia provém então da motivação superficial da exigência infantil. Em relação à aspiração mais profunda, o afeto está em lugar errado. Por outro lado, a grande satisfação pela esbelteza da mãe que retorna só pode ser completamente entendida a partir dessa camada mais profunda.

V
LAPSOS VERBAIS

Quando o material usual da nossa fala na língua materna parece protegido contra o esquecimento, seu uso sucumbe, com frequência bem maior, a outra perturbação, conhecida como "lapso verbal" [*Versprechen*]. O lapso verbal observado em pessoas normais dá a impressão de ser uma etapa preliminar das chamadas "parafasias",[20] que surgem sob condições patológicas.

Nesse caso, encontro-me excepcionalmente na posição de poder apreciar um trabalho anterior. Em 1895, Meringer e C. Mayer publicaram um estudo sobre "Lapsos verbais e de leitura" [Versprechen und Verlesen], cujos pontos de vista se encontram muito distantes dos meus. De fato, um dos autores, que é porta-voz do texto, é filólogo [*Sprachforscher*[21]] e, por seus interesses linguísticos,

---

[20] Cf. FREUD, Sigmund, *Sobre a concepção das afasias: um estudo crítico*, nesta coleção, p. 31-32: "Parece-nos apropriado considerar a parafasia, em sua abrangência mais ampla, um sintoma puramente funcional, um indício de capacidade menos acurada de desempenho do aparelho associativo de linguagem. Isso não exclui o fato de que ela possa ocorrer, em sua forma mais típica, como sintoma orgânico focal". (N.R.)

[21] *Sprachforscher* é o "pesquisador da língua". (N.T.)

foi levado à investigação das regras a partir das quais os lapsos verbais se produzem. Ele esperava poder inferir dessas regras a existência de "certo mecanismo mental em que os sons de uma palavra, de uma frase e mesmo das palavras entre si encontram-se ligados e entrelaçados de maneira muito peculiar" (p. 10).

Os autores agrupam os exemplos de "lapsos verbais" compilados por eles em pontos de vista puramente descritivos como: *permutações* (por exemplo, a Milo de Vênus em vez de a Vênus de Milo); *pré-sonâncias* ou *antecipações* (por exemplo, "peitava tanto no meu... pesava tanto no meu peito" [*es war mir auf der Schwest... auf der Brust so schwer*]; *pós-sonâncias* ou *posposições* (por exemplo, "Eu os convido a arrotar [*aufzustoßen*] à saúde do nosso chefe" em vez de "brindar" [*anzustoßen*]); *contaminações* (por exemplo, "Ele se coloca sobre a parte traseira da cabeça" [*Er setzt sich auf den Hinterkop*], resultante de: "Ele é um cabeça-dura" [*Er setzt sich einen Kopf auf*] e de "Ele se coloca sobre as pernas traseiras" [*Er stellt sich auf die Hinterbeine*]); e *substituições* (por exemplo, "Eu coloco o preparado na caixa-postal" [*Ich gebe die Präparate in den Briefkasten*], em vez de incubadora [*Brütkasten*]), a cujas categorias principais são inseridas ainda algumas menos importantes (ou menos significativas para os nossos objetivos). Não faz diferença para esse agrupamento se a mudança de lugar, a desfiguração, a fusão etc. digam respeito a sons isolados de uma palavra, a sílabas ou a palavras inteiras da frase intencionada. Para explicar os tipos observados de lapsos verbais, Meringer afirma um valor psíquico para os sons da língua. Quando inervamos [*innervieren*[22]] o primeiro som de uma palavra, a primeira

---

[22] A palavra "*innervieren*" tem duas possibilidades de uso: tanto "inervação", enquanto jargão da área da medicina, quanto "incentivo à

palavra de uma frase, o processo excitatório já se volta aos sons posteriores, às palavras seguintes, e, na medida em que essas inervações sejam simultâneas, elas podem exercer reciprocamente uma influência modificadora. A excitação do som psiquicamente mais intenso o faz soar antes ou se manter e perturba assim o processo de inervação de menor valor. Trata-se, portanto, de determinar quais são os sons de maior valor de uma palavra. Meringer pensa que: "Quando quisermos saber qual o som de maior intensidade de uma palavra, devemos nos observar quando procuramos por uma palavra esquecida, por exemplo, um nome. O primeiro que retorna à consciência é sempre o que teve a maior intensidade antes do esquecimento" (p. 160). "Os sons de maior valor são, portanto, o som inicial da sílaba do radical [*Wurzelsilbe*] e o som inicial da palavra, bem como a vogal ou as vogais acentuadas [*betonten Vokale*]" (p. 162).

Não posso deixar de levantar nesse ponto uma contradição. Se o som inicial do nome pertence ou não a um dos elementos de maior valor da palavra, é certamente incorreto que, no caso de esquecimento de palavra, ele seja o primeiro a regressar à consciência; portanto, a regra formulada acima é inútil. Quando nos observamos à procura de um nome esquecido, com relativa frequência temos necessariamente de externar a convicção de que ele começa com uma determinada letra. Essa convicção comprova-se então, com igual frequência, tanto como

---

criatividade", na área da educação. Rudolf Meringer (1859-1931) foi um filólogo que publicou suas investigações sobre os lapsos de linguagem. Parece que Meringer foi o primeiro pesquisador a estabelecer significado linguístico aos equívocos ou lapsos de fala, segundo o Instituto Max Planck de Psicolinguística. Ao falar da similitude entre sons, ou seja, de rima, talvez possamos hoje admitir essas duas significações para a palavra alemã *"innervieren"*. (N.T.)

infundada quanto como com fundamento. De fato, eu gostaria de afirmar que, na maioria dos casos, anunciamos um falso som inicial. Em nosso exemplo "Signorelli", nomes substitutos haviam perdido o som inicial e as sílabas essenciais; justamente o par de sílabas de menor valor *elli* retornou à lembrança no nome substituto *Botticelli*. Quão pouco os nomes substitutos respeitam o som inicial do nome esquecido o exemplo a seguir vai ensinar:

Um dia, foi-me impossível lembrar o nome do pequeno país cuja capital é *Monte Carlo*. Seus nomes substitutos foram: *Piemonte, Albânia, Montevidéu* e *Colico*. Para Albânia logo veio Montenegro, e então me ocorreu que a sílaba *Mont* (pronunciada *Mon*) estava presente em todos os nomes substitutos, exceto no último. Isso facilitou descobrir, a partir do nome do príncipe Alberto, o nome esquecido, *Mônaco. Colico* imita mais ou menos a sequência de sílabas e o ritmo do nome esquecido.

Quando damos espaço para a suposição de que um mecanismo semelhante ao demonstrado no esquecimento de nomes também poderia participar dos aparecimentos do lapso verbal, somos levados a uma avaliação mais profundamente fundamentada dos casos de lapso verbal. A perturbação na fala que se manifesta no lapso verbal pode ser causada, em primeiro lugar, pela influência de outro componente da mesma fala, portanto, por antecipação do som ou ressonância, ou por uma segunda formulação no interior da frase ou do contexto que se pretende enunciar – aqui se incluem todos os exemplos acima, tomados de Meringer e Mayer; em segundo lugar, porém, a perturbação poderia produzir-se de maneira análoga à do processo do caso "Signorelli", por meio de influências vindas de fora dessa palavra, dessa frase ou daquele contexto, ou seja, de elementos que não se pretende pronunciar e de cuja excitação só chegamos a ter notícia justamente através da perturbação. Na simultaneidade da excitação residiria o que há em comum; e na posição dentro ou fora da mesma frase ou contexto residiria o diferencial dos dois modos de surgimento de lapsos verbais. À primeira vista, a diferença não parece não ser tão grande quando é considerada em relação a certas consequências da sintomatologia dos lapsos verbais. Está claro, no entanto, que só no primeiro caso há a perspectiva de inferir dos fenômenos dos lapsos verbais um mecanismo que vincule sons e palavras para que se influenciem reciprocamente em sua articulação uns com os outros, portanto, chaves, como o filólogo esperava obter do estudo dos lapsos verbais. No caso de perturbação por influências externas à própria frase ou ao contexto da fala, tratar-se-ia, sobretudo, de chegar a conhecer os elementos perturbadores, e então surgiria a questão de saber se também o mecanismo dessa perturbação pode revelar as leis a serem presumidas da formação da fala.

Não se pode alegar que Meringer e Mayer tenham negligenciado a possibilidade de as perturbações da fala ocorrerem por "influências psíquicas complicadas", por elementos externos à mesma palavra, frase ou à mesma sequência de fala. Eles tiveram de notar que a teoria da desigualdade de valor psíquico dos sons, rigorosamente, só é suficiente para esclarecer as perturbações do som, bem como as antecipações e posposições de sons. Nos casos em que as perturbações da palavra não podem ser reduzidas a perturbações dos sons, como nas substituições e contaminações de palavras, eles não hesitaram em procurar a causa para o lapso verbal *fora* do contexto pretendido e em provar esse procedimento com alguns belos exemplos. Cito a seguir os trechos:

"Ru. narra processos que em seu íntimo ele considera 'porcarias' [*Schweinereien*]. Mas ele busca uma forma mais suave e começa: 'Então certos fatos vieram a *pré-porcaria...*' [*zum Vorschwein gekommen...*]. Mayer e eu estávamos presentes, e Ru. confirmou que ele havia pensado em 'porcarias' [*Schweinereien*]. Que a palavra pensada 'aparecer' [*Vorschein*] tenha sido traída por 'pré-porcaria' [*Vorschwein*], que se tornou repentinamente eficaz, encontra uma explicação satisfatória na semelhança das palavras" (p. 62).

"Nas substituições, bem como nas contaminações, e provavelmente em grau muito mais alto, as imagens verbais 'flutuantes' ou 'vagantes' desempenham um grande papel. Mesmo estando abaixo do limite da consciência, mas ainda em uma proximidade eficaz, elas podem ser facilmente convocadas por uma semelhança com o complexo a ser falado e provocam então um descarrilamento ou cruzam o trem das palavras. Como foi dito, as imagens verbais 'flutuantes' ou 'vagantes' são frequentemente os retardatários de processos de linguagem que acabaram de transcorrer (posposições de som)" (p. 73).

"Um descarrilamento também é possível por meio de semelhança, quando, abaixo do limiar da consciência, mas próxima dele, encontra-se outra palavra semelhante, *sem que ela estivesse destinada* a *ser falada*. Esse é o caso das substituições. – Espero assim que minhas regras venham a se confirmar quando forem verificadas. Mas, para isso, é necessário (se é um outro que fala) *que se saiba* com *clareza* tudo *o que o falante tenha pensado.*[23] Eis um caso instrutivo. Li., um diretor de escola, disse em conversa conosco: 'A mulher iria me anexar medo' [*Die Frau würde*

---

[23] O grifo é meu.

mir Furcht einlagen]. Fiquei espantado, porque o *L* me pareceu inexplicável. Eu me permiti chamar a atenção do falante para o seu erro, 'anexar' [*einlagen*] em vez de 'assustar' [*einjagen*], ao que ele logo respondeu: 'Sim, isso vem do fato de eu ter pensado: eu não estaria na posição' [*in der Lage*] etc." (p. 97).

"Outro caso. Eu pergunto a R. v. Schid. como estava indo seu cavalo doente. Ele respondeu: 'Sim, isso *drua...* dura, talvez, ainda um mês' [*Ja, das draut... dauert vielleicht noch einen Monat*]. Esse 'drua' com *r* não me era compreensível, pois era impossível que o *r* de 'dura' [*dauert*] tivesse produzido esse efeito. Chamei a atenção de R. v. S. para isso, ao que ele explicou: 'essa é uma história *triste*' [*das ist eine* traurige *Geschichte*]. O falante tinha, portanto, duas respostas em mente, e elas se misturaram."

Não se pode deixar de reconhecer claramente o quanto se aproxima das condições de nossas análises a decisão de considerar as imagens verbais "vagantes", que estão abaixo do limiar da consciência e não estão destinadas a serem faladas, bem como a demanda de se inquirir sobre tudo o que o falante teria pensado. Também nós procuramos material inconsciente, e até pelo mesmo caminho, só que, para partir das ocorrências do interrogado até chegar à descoberta do elemento perturbador, temos de percorrer um caminho mais longo, através de uma série complexa de associações.

Vou me deter ainda em outra ação interessante, atestada pelos exemplos de Meringer. De acordo com a visão do próprio autor, é uma espécie de semelhança entre uma palavra da frase pretendida e outra palavra não pretendida que permite a esta última impor-se à consciência, causando uma desfiguração, uma formação mista, uma formação de compromisso (contaminação):

| caçar [*jagen*] | dura [*dauert*] | vir à luz [*Vorschein*] |
| anexar [*lagen*] | triste [*traurig*] | ...porco [*schwein*] |

Pois bem, em meu escrito sobre a *Interpretação do sonho*,[24] mostrei qual a participação do trabalho de *condensação* na formação do chamado conteúdo manifesto do sonho a partir dos pensamentos oníricos latentes. Qualquer tipo de semelhança das representações de coisas ou representações de palavra entre dois elementos do material inconsciente é, no caso, tomado como ocasião para criar um terceiro elemento, que é uma representação mista ou de compromisso, a qual, no conteúdo do sonho, representa seus dois componentes e que, em consequência dessa origem, será muitas vezes dotada de características contraditórias. A formação de substituições e contaminações que ocorre nos deslizes da fala é, portanto, um início daquele trabalho de condensação que encontramos na mais entusiasmada atividade na construção do sonho.

Em um pequeno artigo, destinado a um círculo mais amplo (*Neue Freie Presse*, de 23 de agosto de 1900: "Como podemos cometer lapsos verbais" [*Wie man sich versprechen kann*]), Meringer considerou existir uma importância prática especial para certos casos de trocas de palavras, aqueles nos quais a palavra é substituída por outra de sentido oposto. "Ainda nos lembramos, com efeito, do modo, não faz muito tempo, como o presidente da Câmara de Deputados do Parlamento austríaco *abriu* a sessão: 'Membros da Casa! Constato a presença de tantos e quantos senhores e, portanto, declaro encerrada

---

[24] *Die Traumdeutung*. Leipzig; Wien, 1900, edição de 1930. (*Ges. Werke*, v. II-III).

a sessão!'. Só a risada geral lhe chamou a atenção, e ele corrigiu o erro. Nesse caso específico, a explicação foi, sem dúvida, que o presidente *desejou* já estar em posição de encerrar a sessão, da qual havia pouco de bom para se esperar, mas – um fenômeno frequente – esse pensamento colateral irrompeu ao menos parcialmente, e o resultado foi 'encerrada' em vez de 'aberta', portanto, o contrário do que se pretendia dizer. Mas numerosas observações me ensinaram que em geral é muito frequente trocar entre si palavras de sentido contrário; elas já estão justamente associadas em nossa consciência linguística, encontram-se muito juntas uma da outra e é fácil evocá-las por engano."

Não é em todos os casos de troca pelo oposto que será fácil, como nesse exemplo do presidente, tornar provável que o lapso verbal ocorra em consequência de uma objeção que, no íntimo do falante, levanta-se contra a frase expressa. Nós encontramos o mecanismo análogo na análise do exemplo *aliquis*; neste, a objeção interna manifestou-se no esquecimento de uma palavra, não em uma substituição por seu contrário. Queremos notar, contudo, para aplainar a diferença, que a palavrinha *aliquis*, na verdade, não é capaz de ter um oposto, como ocorre com "abrir" e "encerrar", e que "abrir" não pode ser submetida ao esquecimento, pois é parte integrante de nosso vocabulário usual.

Se os últimos exemplos de Meringer e Mayer nos mostram que a perturbação na fala tanto pode surgir por uma influência da antecipação ou da posposição de sons e palavras da mesma frase, destinados a ser falados, quanto pelo efeito de palavras externas à frase pretendida, *cuja excitação não se revelaria de outro modo*, o que queremos saber em seguida é se essas duas classes de lapsos verbais podem ser nitidamente separadas, e de que modo um exemplo de uma classe pode ser distinguido de um caso de outra classe. Mas nesse ponto da discussão é preciso considerar as manifestações de Wundt, que, em sua ampla elaboração das leis do desenvolvimento da linguagem (*Psicologia dos povos* [*Völkerpsychologie*], v. 1, parte 1, p. 371 ss., 1900], também aborda os fenômenos do lapso verbal. De acordo com Wundt, o que nunca falta nesses fenômenos e em outros a eles correlatos são certas influências psíquicas. "A eles pertence, em primeiro lugar, como condição positiva, o fluxo desinibido das associações de *sons* e palavras, incitadas pelos sons falados. A isso se soma como fator negativo a supressão ou o relaxamento dos efeitos inibidores da vontade sobre esse fluxo, assim como da atenção, que, nesse ponto, reafirma-se como função da vontade. Quer esse jogo de associação se manifeste pela antecipação de um som vindouro, ou pela reprodução de sons precedentes, ou pela intercalação de um som habitualmente pronunciado, ou, finalmente, pela repercussão de palavras inteiramente diferentes sobre os sons pronunciados, por terem com eles um vínculo associativo – tudo isso indica apenas diferenças na direção e, no máximo, no âmbito das associações acontecidas, e não em sua natureza geral. Também pode ser duvidoso, em alguns casos, a que forma se deva atribuir uma determinada perturbação, ou se não deveríamos atribuí-la, com direitos mais amplos segundo o *princípio da complicação das causas*,[25] a uma reunião de vários motivos" (p. 380 e 381).

Considero essas observações de Wundt plenamente justificadas e muito instrutivas. Talvez pudéssemos enfatizar, com mais determinação do que Wundt, que o fator positivo mais favorável ao erro na fala – o fluxo desinibido

---

[25] Grifo meu.

de associações – bem como o negativo – o relaxamento da atenção inibidora – produzem, regularmente, um efeito conjugado, de modo que ambos os fatores tornam-se apenas determinações distintas do mesmo processo. Com o relaxamento da atenção inibidora, entra em atividade o fluxo desinibido das associações; dito de maneira menos duvidosa: *em consequência* desse relaxamento.

Entre os exemplos de lapsos da fala que eu mesmo compilei, dificilmente encontro um em que eu tenha necessariamente de reconduzir a perturbação na fala única e exclusivamente ao que Wundt chama de "efeito de contato dos sons". Além disso, quase regularmente descubro uma influência perturbadora que provém de algo *externo* à fala pretendida, e esse perturbador ou é um pensamento único que permaneceu inconsciente, que se manifesta por meio do lapso verbal e com frequência só pode ser estimulado à consciência através de uma análise detalhada, ou é um motivo psíquico mais geral que se volta contra a fala inteira.

1) Minha filha fez uma cara feia ao morder uma maçã e eu quis citar estas linhas:

> O macaco é realmente engraçado,
> especialmente quando ele come maçã.

> [*Der Affe gar possierlich ist,*
> *Zumal wenn er von Apfel frisst.*]

Mas comecei: *Der Apfe...* [a maç..]. Isso parece uma contaminação de *"Affe"* [macaco] e *"Apfel"* [maçã] (uma formação de compromisso), ou também pode ser concebido como uma antecipação de *"Apfel"*, pronta para ser pronunciada. Entretanto, os fatos aconteceram da seguinte maneira: eu já tinha começado essa citação antes e na primeira vez não cometi o deslize. Ele só ocorreu na repetição, que se mostrou necessária porque a interpelada, absorta em outra coisa, não me escutou. Preciso incluir essa repetição à impaciência a ela ligada para me livrar daquela frase entre os motivos do lapso verbal, que se apresentou como uma operação de condensação.

2) Minha filha disse: "Eu estou escrevendo para a Sra. Schresinger...". Essa senhora se chama Schlesinger. Esse erro na fala está, sem dúvida, relacionado com uma tendência a facilitar a articulação, porque é difícil pronunciar o *l* depois de um *r* repetido [*Ich schreibe der Frau Schlesinger*]. Mas tenho de acrescentar que esse lapso verbal da minha filha aconteceu poucos minutos depois de eu dizer "*Apfe*" no lugar de "*Affe*". Acontece que o lapso verbal é altamente contagioso, assim como o esquecimento de nomes, peculiaridade notada por Meringer e Mayer. Não sei informar um motivo para esse contágio psíquico.

3) "Eu me fecho como um *Tassenmescher*",[26] diz uma paciente no começo da sessão, trocando os sons, e por isso a dificuldade de articulação ("*Wiener Weiber Wäscherinnen waschen weisse Wäshe*" [as lavadeiras de Viena lavam a roupa branca] – "*Fischflosse*" [barbatana] e outros trava-línguas semelhantes) pode novamente lhe servir de desculpa. Alertada para o erro de fala, ela retrucou prontamente: "Sim, isso é só porque o senhor disse que hoje a coisa seria 'chéria' [*ernscht*]". Eu realmente a tinha recebido com a fala: "Hoje a coisa vai ser séria [*ernst*] mesmo" (porque seria a última sessão antes das férias) e, brincando, eu

---

[26] A palavra "*Tassenmescher*" é um lapso de fala e tem a composição parecida com "*Taschenmesser*" (faca de bolso, canivete), que, por sua vez, é composta por duas palavras: "*Tasche*" (bolso, bolsa) e "*Messer*" (faca). (N.T.)

tinha ampliado o *"ernst"* para *"ernscht"*. No decorrer da sessão, ela comete outros lapsos verbais repetidamente, e notei por fim que ela não estava apenas me imitando, mas que ela tinha um motivo especial para se deter, no inconsciente, na palavra *"Ernst"*[27] como nome próprio.[28]

4) "Eu estou tão resfriada que não consigo *nespirar pelo rariz*" [*durch die* Ase natmen] [*durch die Nase atmen* – respirar pelo nariz], aconteceu outra vez com a mesma paciente. Ela entende de imediato como chegou a esse erro de fala. "Todos os dias eu pego o bonde na rua *Hasenauer*,[29] e hoje cedo, enquanto eu o esperava, ocorreu-me que, se eu fosse francesa, eu pronunciaria *Asenauer*, pois os franceses sempre deixam fora o *H* aspirado no início de palavra." Ela traz então uma série de reminiscências de franceses que ela conheceu e, depois de longos rodeios, chega à lembrança de que, com 14 anos, interpretou o papel de Picarda na pequena peça *O brandenburguês e a picarda* [*Kurmärker und Picarde*] e de, naquela época, ter falado um alemão truncado. A coincidência de ter chegado à sua pensão um hóspede de Paris despertou toda essa série de lembranças. A troca de sons, portanto, foi consequência da perturbação por

---

[27] Em alemão, as palavras *"ernst"* (sério) e *"Ernst"* (Ernesto) têm as mesmas grafia e pronúncia. (N.T.)

[28] Ela estava, como se mostrou, sob a influência de pensamentos inconscientes sobre gestação e contracepção. Com as palavras: "fechar-se como um canivete", que ela apresentou como queixa consciente, ela queria descrever a posição da criança no ventre materno. A palavra "Ernst" na minha abertura a havia lembrado do nome próprio (S. Ernst), uma firma vienense conhecida na Rua Kärntner que costumava se anunciar como estabelecimento de venda de meios de proteção contra a concepção.

[29] Na palavra *"Hasenauer"*, o "h" é pronunciado de modo semelhante ao inglês *"hotel"* ou *"house"*. (N.T.)

um pensamento inconsciente, a partir de um contexto completamente estranho.

5) Semelhante é o mecanismo do lapso verbal de outra paciente que, em meio à reprodução de uma lembrança infantil desaparecida há muito tempo, é abandonada por sua memória. Que parte do corpo a mão lasciva e indiscreta de outra pessoa tinha tocado a memória não quer comunicar a ela. Imediatamente depois ela visita uma amiga e com ela conversa sobre apartamentos de veraneio.[30] Perguntada, então, sobre onde ficava a sua casinha em M., ela responde: na *Berglende* [anca da montanha], em vez de *Berglehne* [encosta da montanha].

6) Outra paciente, a quem eu pergunto depois do fim da sessão como vai seu tio, ela responde: "Eu não sei. Agora eu só o vejo *in flagranti* [em flagrante]". No dia seguinte, ela começa dizendo: "Eu fiquei bastante envergonhada por ter-lhe dado uma resposta tão tola. Naturalmente o senhor deve me tomar por uma pessoa inteiramente inculta, que vive confundindo palavras estrangeiras. Eu quis dizer *en passant*". Na época nós ainda não sabíamos de onde ela havia tomado as palavras estrangeiras que usou. Mas na mesma sessão ela trouxe, como prosseguimento do tema da véspera, uma reminiscência em que ser pega *in flagranti* desempenhava o papel principal. Portanto, o erro na fala do dia anterior tinha antecipado a lembrança que, na época, ainda não havia se tornado consciente.

7) Em relação a outra paciente, em certo momento da análise, tive de manifestar a minha suspeita de que, na época que estávamos considerando, ela estava

---

[30] De verão ou veraneio, e veraneio tem relação com o verbo "veranear". (N.T.)

envergonhada de sua família e teria feito ao seu pai uma repreensão ainda desconhecida para nós. Ela não se lembra disso e o declara improvável. Contudo, ela prossegue com a conversa com observações sobre sua família: "É preciso admitir algo sobre eles: são, de fato, pessoas especiais. Todos eles têm *Geiz* [avareza] – eu quis dizer *Geist* [inteligência, espírito elevado]". Essa era na verdade a repreensão que ela havia recalcado de sua memória. É frequente o acontecimento em que, no lapso verbal, a ideia que se quer guardar para si seja justamente aquela que se impõe (comparar com o caso de Meringer: *zum Vorschwein gekommen* [veio a *pré-porcaria*]). A diferença é apenas que a pessoa, no caso de Meringer, quis guardar para si o que lhe era consciente, enquanto minha paciente não sabia o que estava sendo retido ou, como também se pode dizer, não sabia que estava retendo algo nem o que era.

8) Também é sobre uma retenção proposital o próximo exemplo de lapso verbal. Eu me encontrei uma vez nas Dolomitas com duas damas que estavam vestidas como turistas. Eu as acompanhei ao longo de um trecho e conversamos sobre os deleites, mas também sobre as dificuldades do modo de vida de turista. Uma das damas admitiu que esse modo de passar o dia tinha muitos desconfortos. "É verdade", disse ela, "que não é nada agradável, quando se anda o dia inteiro debaixo de sol e se fica com a blusa e a camisa inteiramente suadas." Nessa frase, ela teve de superar uma pequena hesitação. Então ela prosseguiu: "mas, quando se chega a *calça/calcinha* [*nach Hose*][31] e se pode se trocar...". Penso que não haja necessidade de nenhum exame para esclarecer esse lapso

---

[31] "*Nach Hause*" – "para casa", e não "*nach Hose*" seria o desfecho esperado. (N.R.)

verbal. É evidente que a dama tinha tido a intenção de manter uma enumeração mais completa e dizer: blusa, camisa e calça/calcinha [*Hose*]. Mencionar essa terceira peça de roupa foi reprimido por ela então por motivos de decoro. Mas, na frase seguinte, de conteúdo independente, opôs-se a palavra reprimida, contra a sua vontade, como uma desfiguração da expressão semelhante "*nach Hause*" [para casa].

9) "Quando o senhor quiser comprar tapetes, vá ao Kaufmann [sobrenome que também significa comerciante], na *Matthäusgasse* [Rua Mateus]. Acho que posso dar-lhe uma recomendação", disse-me uma dama. Eu repito: "Então, na *Matthäus*...... no *Kaufmann*, quero dizer". Parece ser consequência de distração que eu repita um nome no lugar do outro. A fala dessa senhora havia realmente me distraído, pois ela tinha guiado minha atenção para algo diferente, que me era de longe mais importante do que os tapetes. É que fica na rua Matthäus a casa em que minha mulher tinha morado quando era noiva. A entrada da casa era em outra rua, e percebi então que eu havia esquecido seu nome e só consegui torná-lo consciente precisando fazer um desvio. Portanto, o nome Matthäus, no qual me detive, era para mim um nome substituto do nome da rua esquecido. Ele se adequava melhor para esse fim do que o nome Kaufmann, pois Matthäus é exclusivamente um nome próprio de pessoa, o que Kaufmann não é, e a rua esquecida também leva o nome próprio: *Radetzky*.

10) Eu poderia muito bem colocar o próximo caso entre os "erros" que serão discutidos mais tarde, mas eu o apresento aqui por serem as relações sonoras, em virtude das quais se segue a substituição de palavras, particularmente nítidas. Uma paciente me contou seu

sonho: uma criança tinha decidido se matar com uma mordida de cobra. E ela cumpre essa decisão. Ela a vê se contorcendo em convulsões etc. Agora ela deve encontrar o vínculo diurno para esse sonho. Ela se lembra imediatamente de, na noite anterior, ter assistido a uma palestra popular sobre os primeiros socorros em caso de mordida de cobras. Se um adulto e uma criança tiverem sido mordidos ao mesmo tempo, deve-se tratar primeiro do machucado da criança. Ela se lembrou também das prescrições para o tratamento oferecidas pelo palestrante. Dependeria muito, disse ele, da espécie de cobra pela qual se foi mordido. Nesse ponto eu a interrompo e pergunto: Mas ele não disse que nós só temos muito poucas espécies venenosas em nossa região, e quais são as mais temíveis? "Sim, ele destacou a cascavel" [Klapper*schlange*]. Meu riso chamou-lhe então a atenção para o fato de que ela tinha dito algo incorreto. Agora, porém, ela não corrige o nome, mas desdiz a sua afirmação. "Sim, sim, essa não existe entre nós, ele falou da víbora. Como foi que eu cheguei à cascavel?". Desconfiei que tivesse sido através da interferência dos pensamentos que se escondiam por trás do sonho. O suicídio por mordida de cobra dificilmente pode ser outra coisa a não ser uma alusão à linda Cleópatra [Kl*eo*patra]. A ampla semelhança sonora entre as duas palavras, a coincidência nas letras, *Kl...p...r*, na mesma sequência e no *a* acentuado não podem ser subestimados. Essa boa relação entre os nomes Klapper*schlange* e *Kleopatra* produz nela uma limitação momentânea do julgamento, em consequência do qual ela não se chocou com a afirmação de que o palestrante instruiu seu público em Viena acerca do tratamento de mordidas de cascavel. Aliás, ela sabe tão bem quanto eu que essa cobra não faz parte da fauna da nossa terra. Não queremos levá-la a mal por tampouco ter se preocupado em mover a cascavel para o Egito, pois estamos acostumados a jogar no mesmo saco tudo o que é não europeu e exótico, e eu mesmo tive de refletir um momento antes de formular a afirmação de que a cascavel pertence apenas ao Novo Mundo.

Outras confirmações surgem com o prosseguimento da análise. No dia anterior, a sonhadora tinha visitado pela primeira vez o monumento a Marco *Antônio* de Strasser,[32] que ficava nas imediações de sua casa. Esse foi, portanto, o segundo motivo do sonho (o primeiro foi a palestra sobre mordida de cobra). Na sequência do seu sonho, ela embalava uma criança em seus braços, a cuja cena lhe ocorre Gretchen, do *Fausto*, de Goethe. Outras ocorrências trazem reminiscências de *Arria e Messalina*. A emergência de tantos nomes de peças teatrais nos pensamentos oníricos já permite suspeitar que havia na sonhadora em anos anteriores uma paixão secreta pela profissão de atriz. O começo do sonho: "Uma criança havia decidido terminar com sua vida por meio de uma mordida de cobra" realmente não significava outra coisa a não ser: que ela resolveu, quando criança, tornar-se um dia uma atriz famosa. Do nome *Messalina* ramificou-se, finalmente, o curso dos pensamentos, que leva ao conteúdo essencial do sonho. Certos acontecimentos dos últimos tempos haviam despertado nela a apreensão de que seu único irmão pudesse contrair um casamento socialmente inadequado, uma *mésalliance* com uma não *ariana*.

11) Quero reproduzir agora um exemplo completamente inocente, ou cujos motivos talvez não tenham

---

[32] Em Viena, há um monumento a Marco Antônio feito pelo escultor austríaco Artur Straßer. (N.T.)

sido suficientemente esclarecidos, porque ele permite distinguir um mecanismo transparente:

Um viajante alemão na Itália precisou de uma correia [cinta, *Riemen*] para amarrar sua mala danificada. O dicionário indica para correia [*Riemen*] a palavra italiana "*coreggia*". "Acho que vou lembrar essa palavra facilmente", pensou ele, "já que eu pensarei no pintor (*Correggio*)". Ele vai então a uma loja e pede: *una* ribera.

Aparentemente, ele não conseguiu substituir em sua memória a palavra alemã pela italiana, mas seu empenho não foi inteiramente sem sucesso. Ele sabia que precisava ficar atento ao nome de um pintor, e assim ele não chegou ao nome daquele pintor que soava como a palavra italiana, mas no daquele outro que se aproximava da palavra *Riemen*. É evidente que eu teria podido incluir esse exemplo tanto no esquecimento de nomes como aqui no lapso verbal.

Quando eu colecionava experiências de lapsos verbais para a primeira edição deste escrito, meu procedimento era submeter à análise todos os casos que podia observar, portanto, mesmo os menos impressionáveis. Desde então, muitos outros submeteram-se ao trabalho divertido de colecionar e analisar lapsos verbais, e assim me colocaram em posição [*in den Stand gesetzt*] de fazer uma escolha a partir de um material mais rico.

12) Um jovem disse para sua irmã: rompi completamente com os D., já nem os cumprimento mais. Ela respondeu: "Eles são absolutamente uma bela *Lippschaft*" [palavra inexistente]. Ela queria dizer *Sippschaft* [ralé], mas no erro de fala ela comprimiu mais duas coisas, a de que seu próprio irmão certa vez tinha começado um flerte com a filha dessa família, e a de que se dizia que esta teria se envolvido nos últimos tempos em uma séria e ilícita *Liebschaft* [relação amorosa].

13) Um jovem aborda uma moça na rua com as palavras: "Se me permite, senhorita, eu gostaria de 'acom-fender'" [*begleit-digen*]. É claro que ele pensou que gostaria de *acompanhá-la* [*begleiten*], mas temia que sua proposta a *ofendesse* [*beleidigen*]. Que essas duas moções afetivas conflitantes encontrem expressão em uma palavra – justamente no lapso verbal – indica que os verdadeiros propósitos do jovem não eram, afinal, os mais puros, e a ele mesmo pareciam ofensivos para com a senhorita. Mas, enquanto ele justamente procura esconder isso de si mesmo, seu inconsciente lhe prega a peça de trair sua verdadeira intenção, por meio do que, por outro lado, ele antecipa a resposta convencional da dama: "Mas o que é que o senhor está pensando de mim, como pode me *ofender* [*beleidigen*] assim, afinal?". (Comunicado por O. Rank.)

Recolho alguns exemplos de um artigo de W. Stekel, intitulado "Confissões inconscientes" [*Unbewusste Geständnisse*], do *Berliner Tageblatt* de 4 de janeiro de 1904.

14) "O exemplo que se segue revela uma parte desagradável de meus pensamentos inconscientes. Quero dizer de antemão que, na qualidade de médico, nunca me preocupo com o meu ganho e sempre só tenho em vista o interesse do doente, o que é natural. Encontrava-me com uma paciente a quem eu estava prestando assistência médica em sua etapa de convalescença após uma doença grave. Passamos juntos dias e noites difíceis. Estando feliz por encontrá-la melhor, descrevo-lhe as delícias de uma estadia em Abbazia e, para isso, utilizo o complemento: 'Se a senhora, como espero, *não* deixar a cama em breve –'. Obviamente isso brotou de um motivo egoísta do inconsciente, ou seja, poder tratar ainda por mais um tempo dessa paciente abastada – um desejo que é

completamente estranho à minha consciência de vigília e que eu teria rejeitado com indignação."

15) Outro exemplo (W. Stekel). "Minha mulher admite uma francesa para trabalhar durante as tardes e, depois de terem combinado sobre as condições, quer ficar com as recomendações dela. A francesa lhe pede permissão para ficar com elas e indica o motivo: *Je cherche encore pour les après-midis, pardon, pour les avant-midis* [Eu ainda estou procurando trabalho para as tardes, perdão, para as manhãs]. Obviamente, ela tinha a intenção de ainda procurar em outro lugar e talvez conseguir melhores condições – uma intenção que ela de fato realizou."

16) (Dr. Stekel:) "Tive de passar um sermão em uma senhora, e seu marido, por cuja solicitação isso acontecia, fica ouvindo atrás da porta. No fim do meu sermão, que tinha causado visível impressão, eu disse: 'Encantado, estimado senhor!'. Com isso, eu tinha delatado a qualquer pessoa bem atenta que as palavras estavam endereçadas ao marido e que foi por causa dele que eu as tinha pronunciado."

17) O Dr. Stekel relata sobre si próprio que durante certo tempo tinha em tratamento dois pacientes de Trieste e que sempre costumava cumprimentá-los trocando os nomes. "Bom dia, senhor Peloni", dizia a Askoli, – "Bom dia, senhor Askoli", a Peloni. No começo, ele não estava inclinado a atribuir a essa confusão nenhuma motivação mais profunda, mas a explicá-la pelas muitas coisas em comum entre os dois senhores. Mas ele se convenceu facilmente de que, nesse caso, a troca dos nomes correspondia a uma maneira de vangloriar-se, pois assim ele dava a entender a cada um de seus pacientes italianos que ele não era o único triestino a vir a Viena à procura de seu conselho médico.

18) O próprio Dr. Stekel em uma tumultuada assembleia: Agora vamos *brigar* [*streiten*] (em vez de vamos *passar* [*schreiten*]) ao item quatro da pauta.

19) Um professor em sua aula inaugural: "Não estou *geneigt*" [disposto] (em vez de *geeignet* [apto/qualificado]) "a descrever os méritos do meu muito estimado antecessor."

20) O Dr. Stekel a uma dama, que ele suspeitava estar com a doença de Graves: "Na altura, a senhora tem um[a] *Kropf* [bócio] (em vez de *Kopf* [cabeça]) maior do que sua irmã".

21) O Dr. Stekel relata: Alguém quer descrever a relação de dois amigos, um dos quais deve ser caraterizado como judeu. Ele diz: eles viviam juntos como *Castor* e *Pollak* [em vez de Pólux, irmão mítico de Castor]. Isso não foi de modo algum um chiste, o próprio falante não tinha percebido o lapso verbal e só o fez quando eu chamei a atenção para ele.

22) Ocasionalmente, um lapso verbal substitui uma caracterização detalhada. Uma jovem senhora que dá as ordens em casa conta-me sobre seu marido adoentado que ele havia estado no médico para consultá-lo sobre uma dieta propícia. O médico, porém, disse que isso não teria importância. "Ele pode comer e beber o que *eu* quiser" [*Er kann essen und trinken, was* ich *will*].

Os dois próximos exemplos de Theodor Reik (*Internation. Zeitschr. f. Psychoanalyse*, III, 1915) são oriundos de situações em que os lapsos verbais ocorrem de modo especialmente fácil, porque neles muito mais deverá, necessariamente, ser retido do que o que se pode dizer.

23) Um senhor apresenta suas condolências para uma jovem senhora cujo marido havia morrido recentemente, e acrescenta: "A senhora encontrará consolo

ao *enviuvar-se* [*widwen*, em vez de *widmen* – dedicar-se] inteiramente aos seus filhos". O pensamento reprimido apontava para um tipo diferente de consolo: uma *viúva* jovem e bonita [*Witwe*] logo vai desfrutar de novos prazeres sexuais.

24) Em uma reunião social, o mesmo senhor conversa com a mesma moça sobre os grandes preparativos que estavam sendo feitos em Berlim para a Páscoa, e pergunta: "A senhora viu hoje a vitrine do Wertheim?[33] Ela está inteiramente *decotada* [*dekolletiert*, no lugar de *dekoriert*, decorada]". Ele não deveria ter dado expressão em voz alta à sua admiração pelo decote da bela senhora, e eis que se fez valer o pensamento proibido, transformando a decoração [*Dekoration*] de uma vitrine de mercadorias em um decote [*Dekolletage*], em que a palavra *Auslage* [vitrine/exposição] foi usada inconscientemente com duplo sentido.

A mesma condição aplica-se também a uma observação da qual o Dr. Hanns Sachs procurou dar conta detalhadamente:

25) "Uma dama me conta sobre um conhecido comum que, quando ela o viu da última vez, ele estava tão elegantemente vestido como sempre, e calçava, em especial, extraordinariamente belos sapatos baixos [*Halbschuhe*] de cor marrom. À minha pergunta, onde ela o havia encontrado, ela relatou: 'Ele bateu à porta de minha casa e eu o vi pelas persianas baixadas. Mas eu nem abri nem dei qualquer outro sinal de vida, porque eu não queria que ele

---

[33] O Wertheim tem uma história que acompanha os principais fatos da narrativa alemã. Foi o primeiro grande grupo de lojas de departamento da Alemanha pré-guerra; pertencia a irmãos de uma família judaica; passou por processos de desapropriação e de reinvindicação que chegaram até o século XXI. (N.T.)

soubesse que eu já estava na cidade'. Enquanto eu a escutava, pensei que ela estava me escondendo algo, e que o mais provável era que ela não tivesse aberto por não estar sozinha nem estar em trajes de receber visitas. e pergunto com um pouco de ironia: 'Então, através das persianas fechadas a senhora conseguiu admirar-lhe as pantufas [*Hausschuhe*, literalmente "sapatos de casa"] – os sapatos baixos [*Halbschuhe* – literalmente "meios sapatos"]?'. Em '*Hausschuhe*' [pantufa] consegue expressar-se o pensamento retido no comentário sobre seu Haus*kleid* [vestido para ficar em casa³⁴]. Por outro lado, tentou-se afastar a palavra '*Halb*' [metade], porque justamente nessa palavra estava contido o núcleo da resposta proibida: 'A senhora só está me dizendo *meia* verdade [halbe *Wahrheit*] e esconde que estava *meio* vestida [halb *angezogen*]'. O lapso verbal também havia sido promovido pelo fato de, imediatamente antes, termos falado sobre a vida conjugal e a 'felicidade doméstica' do senhor em questão, o que sem dúvida codeterminou o deslocamento para a sua pessoa. Por fim, tenho de admitir que talvez minha inveja tenha influenciado para eu deixar esse senhor elegante andando de pantufas [*Hausschuhen*] pela rua; pouco tempo antes, eu mesmo tinha comprado sapatos baixos [*Halbschuhe*] de cor marrom, que de modo algum eram extraordinariamente belos."

Tempos de guerra como o presente promovem uma série de lapsos verbais cuja compreensão é de pouca dificuldade.

---

[34] "Vestido para ficar em casa" é uma expressão bem comum, que se opõe à roupa que se veste para sair de casa. "*Hauskleid*" refere-se à vestimenta para usar em casa ou no jardim e vai desde a camisola e o vestido simples até os aventais de corpo inteiro.

26) "Em que regimento está o seu filho?", perguntaram a uma senhora. Ela respondeu: "Está no de *matadores* [*Mördern*] do 42°" (ela disse *Mörder* [matadores] em vez de *Mörser* [morteiros]).

27) O tenente Henrik Haiman escreve da frente de batalha: "Eu fui arrancado da leitura de um livro apaixonante para substituir por um momento o telefonista de reconhecimento. No teste de linha do posto da artilharia, reagi dizendo: 'Controle correto, *silêncio* [*Ruhe*]'. Pelo regulamento padrão, deveria ter sido: 'Controle correto; câmbio [*Schluss*]'. Meu desvio se explica por meio da irritação pela perturbação na leitura" (*Internat. Zeitschri. f. Psychoanalyse*, IV, 1916-17).

28) Um sargento instruiu sua tropa para que cada um desse seu endereço correto nas cartas para casa, para que os "Gespeck*stücke*" [*Speckstücke*, "pedaços de bacon", em vez de *Gepäckstücke*, "itens de bagagem"] não fossem perdidos.

29) O excelente exemplo que se segue, importante por seu pano de fundo pesaroso, devo à comunicação do Dr. L. Czeszer, que fez essa observação e a analisou exaustivamente durante sua estada na Suíça neutra no período da guerra. Eu reproduzo a seguir sua comunicação com mínimas omissões:

"Permito-me comunicar um caso de lapso verbal cometido pelo senhor professor M. N., em O., em uma de suas conferências do recém-terminado semestre de verão sobre a *Psicologia das sensações* [*Psychologie der Empfindungen*]. Tenho de começar dizendo que essas conferências se realizavam no auditório da universidade, diante de uma multidão de prisioneiros de guerra franceses internados e, por outro lado, de uma maioria de estudantes suíço-franceses decididamente simpatizantes da Entente.

Em O., como na própria França, a palavra *boche* é usada em geral e exclusivamente para designar os alemães. Entretanto, em manifestações públicas, bem como em palestras e assemelhados, esforçam-se altos funcionários, professores e outras pessoas responsáveis, por motivos de neutralidade, para evitar essa palavra pejorativa.

"O professor N. estava prestes a dissertar sobre a importância prática dos afetos e propôs-se a citar um exemplo de exploração intencionalmente consciente de um afeto, para que um trabalho muscular desinteressante em si mesmo seja carregado de sentimentos prazerosos e se configure mais intensivamente. Portanto, ele narrou em língua francesa, naturalmente, a história que acabava de ser publicada em jornais locais, oriunda de um jornal alemão, sobre um mestre-escola alemão que fazia seus alunos trabalharem no jardim e, para inflamá-los a trabalhar mais intensivamente, pedia que imaginassem que, no lugar de cada torrão de terra, estariam rachando um crânio francês. Durante a palestra sobre sua história, é claro que N. disse, com toda correção, *Allemand*, e não *boche*, a cada vez em que a fala era sobre alemães. Porém, quando chegou o ponto alto [*Pointe*] da história, ele reproduziu assim as palavras do mestre-escola: *Imaginez-vous qu'en chaque* moche *vous écrasez le crâne d'un Français* [Imagine que, em cada *moche*, você esmaga o crânio de um francês]. Portanto, no lugar de *motte* [torrão] – *moche*!

"Vemos claramente como esse erudito escrupuloso se conteve, desde o começo da narrativa, para não ceder ao hábito e, talvez, também à tentação de permitir que uma palavra expressamente proibida por decreto federal fosse proferida na cátedra do auditório da universidade! E, bem no momento em que ele felizmente disse com completa correção pela última vez '*instituteur allemand*' [professor; mestre-escola alemão] e em que, respirando com interno alívio, apressava-se em direção à conclusão sem armadilhas, o vocábulo contido com esforço agarra-se ao mesmo som da palavra *motte* e – aconteceu a desgraça. O medo da falta de tato político, talvez um prazer contido por utilizar, apesar de tudo, a palavra costumeira e esperada por todos, assim como também a indignação desse republicano e democrata de nascença contra qualquer coerção à liberdade de expressão, interferiram no propósito principal, voltado para a correta reprodução do exemplo. A tendência interferente era conhecida pelo orador, e, como não cabe supor de outro modo, ele tinha pensado nela imediatamente antes do lapso verbal.

"O professor N. não percebeu seu lapso verbal, ou pelo menos não o corrigiu, o que se costuma fazer na maioria das vezes quase que automaticamente. Entretanto, o lapso foi recebido com verdadeira complacência pelos ouvintes predominantemente franceses, e ele produziu efeito inteiramente idêntico ao de um trocadilho intencional. Mas eu acompanhei esse episódio, que parecia inocente, com uma verdadeira excitação interior. Pois, se eu tivesse de me impedir, por razões óbvias, de formular ao professor as perguntas exigidas pelo método psicanalítico, mesmo assim esse lapso verbal foi para mim como uma prova decisiva da exatidão da doutrina enunciada pelo senhor sobre o determinismo dos atos falhos [*Fehlhandlungen*] e sobre as analogias e relações profundas entre o lapso verbal e o chiste."

30) Entre as impressões desoladoras da época da guerra, originou-se também o lapso verbal contado por um oficial austríaco, o tenente T., de volta à sua pátria:

"Durante os vários meses que passei como prisioneiro de guerra na Itália, estive, junto a 200 oficiais, alojado em uma pequena vila. Nessa época, morreu de gripe um de nossos camaradas. A impressão causada por esse episódio tornou-se naturalmente muito profunda; pois as condições nas quais nos encontrávamos: a falta de assistência médica, o desamparo de nossa existência na época, tornavam mais do que provável uma propagação da epidemia. – Nós tínhamos colocado o morto em um porão. À noite, depois que um amigo e eu fizemos uma caminhada ao redor da casa, nós dois expressamos o desejo de ver o cadáver. Como eu ia na frente, ao entrar no porão surgiu uma visão que me chocou violentamente; pois eu não estava preparado para encontrar o esquife tão próximo à entrada e ter de contemplar com essa proximidade o semblante desassossegado pelo jogo de luzes projetado pelas velas. Ainda sob o efeito posterior dessa imagem, continuamos a circundar a casa. Em um lugar de onde se oferecia a vista do parque banhado pela Lua cheia, de um prado claramente iluminado e mais adiante de um tênue véu de névoa, expressei a imagem que isso me sugeria: estar vendo uma ciranda de elfos dançando sob a orla do bosque de pinheiros que ali começava.

"Na tarde seguinte, enterramos o colega morto. O caminho de nossa prisão até o cemitério da aldeia vizinha foi-nos igualmente amargo e humilhante; porque uma meninada imberbe e vociferante e uma multidão de aldeões rudes e zombeteiros aproveitaram a ocasião para expressar, sem dissimular, com gritos ásperos e estridentes os seus sentimentos, mescla de curiosidade e ódio. A sensação de, mesmo nessa condição indefesa, não podermos evitar sermos humilhados e a repulsa diante da brutalidade demonstrada dominaram-me amargamente até à noite. Na mesma hora do dia anterior, e com a mesma companhia, tomamos, ainda essa vez, o caminho de cascalho ao redor da habitação; e, passando pela grade do porão atrás da qual o corpo havia ficado, assaltou-me a lembrança da impressão que deixara em mim a visão dele. No lugar em que o parque iluminado voltou a apresentar-se a mim, sob a luz da mesma Lua cheia, eu me detive e disse ao meu companheiro: 'Nós poderíamos nos sentar aqui na *sepultura* [*Grab*]... *grama* [*Gras*] e *afundar* [*sinken*, em vez de *singen* – cantar] uma serenata'. – Só o segundo lapso verbal chamou minha atenção; a primeira vez eu tinha corrigido sem que se tornasse consciente o sentido no erro. Então ponderei e alinhei um ao outro: 'na sepultura – afundar!' [*ins Grab – sinken*]. Rápidas como um relâmpago seguiram-se estas imagens: elfos dançando e flutuando à luz da Lua; o camarada deitado no esquife, a impressão despertada; cada uma das cenas do enterro, a sensação da repulsa vivenciada e da perturbação do luto; a lembrança de algumas conversas sobre a epidemia que havia provocado manifestações de temor de vários oficiais. Mais tarde me lembrei do fato de que esse era o dia da morte de meu pai, o que me pareceu notável, tendo em vista que normalmente tenho péssima memória para datas.

"Na reflexão posterior ficou claro para mim: a coincidência das condições externas das duas noites, a mesma hora e iluminação, o lugar e o companheiro idênticos. Lembrei-me do mal-estar que eu tinha sentido quando foi discutida a preocupação com uma propagação da gripe; mas ao mesmo tempo também com a proibição interna de me deixar assaltar pelo temor. Além disso, tornei-me consciente do significado da posição das palavras 'poderíamos na sepultura afundar' [*wir könnten ins Grab sinken*], bem como ganhei a convicção de que só a correção feita inicialmente de '*Grab*' [sepultura] para

'*Gras*' [grama], que tinha ocorrido quase sem nitidez, teve como consequência o segundo lapso verbal '*sinken*' [afundar] por '*singen*' [cantar], para assegurar ao complexo reprimido o efeito definitivo.

"Acrescento que naquela época sofria de sonhos angustiantes, nos quais, repetidas vezes, eu via como doente uma parente bem próxima, e até uma vez a vi morta. Pouco antes de ser tomado prisioneiro, eu tinha recebido a notícia de que a gripe estava justamente assolando com especial virulência a pátria dessa parente, e eu também lhe expressara os meus intensos temores. A partir daí, eu havia ficado sem contato com ela. Meses depois, recebi a notícia de que ela tinha sido vítima da epidemia duas semanas antes do episódio aqui descrito."

31) O exemplo seguinte de lapso verbal ilumina como um raio um dos dolorosos conflitos que são o destino do médico. Um homem, provavelmente desenganado, mas cujo diagnóstico ainda não havia sido confirmado, chegou a Viena para aguardar a solução do seu enredo e pediu a um amigo da época da juventude, que se tornou um médico conhecido, que assumisse o seu tratamento, ao que ele finalmente aceitou, não sem relutância. O doente deve internar-se em uma casa de saúde, e o médico sugere o sanatório "Hera". Mas essa é uma instituição só para determinados fins (uma maternidade), objetou o doente. Oh, não, apressou-se o médico em retrucar, no "Hera" pode-se *umbringen* [matar]... *unterbringen* [acolher] qualquer tipo de paciente, quero dizer. Ele se defende então violentamente do significado de seu lapso verbal. "Você não vai acreditar que eu tenha impulsos hostis contra você, não é?" Quinze minutos depois, o médico diz à dama que o acompanhava e era responsável pelos cuidados do doente: "Eu não consigo encontrar nada e

continuo a não acreditar nisso. Mas, se for o caso, eu sou a favor de uma boa dose de morfina, e então temos sossego". Acontece que o amigo tinha lhe colocado a condição de que ele abreviasse seu sofrimento por meio de algum medicamento assim que se confirmasse que ninguém mais poderia ajudá-lo. Ou seja, o médico tinha realmente assumido a tarefa de matar seu amigo.

32) Eu não gostaria de renunciar a um exemplo particularmente instrutivo de lapso verbal, apesar de ter acontecido há mais ou menos 20 anos, de acordo com meu informante. "Certa vez uma dama se manifestou em uma reunião social – ouçamos com atenção as palavras que ela produziu com ardor e sob a pressão de todo tipo de moções secretas: 'Sim, a mulher tem de ser bonita, se ela quiser agradar aos homens. Nesse caso, o homem leva a melhor; basta que ele tenha seus *cinco* membros em ordem, de mais ele não precisa!'. Esse exemplo permite-nos uma boa visão do mecanismo íntimo de um lapso verbal através da *condensação* ou de uma *contaminação*. Pode-se supor que aqui se fundiram dois modos de falar de sentido semelhante:

> basta que ele tenha seus *quatro membros em ordem*
> [*wenn er seine vier geraden Glieder hat*]
> basta que ele tenha seus *cinco sentidos* em ordem
> [*wenn er seine fünf Sinne beisammen hat*].

"Ou talvez o elemento *em ordem* [*gerade*] fosse comum a duas intenções de fala que tinham o seguinte teor:

> basta apenas ele ter seus membros *em ordem*
> fazer vista grossa – deixar passar.
>
> [*wenn er nur seine geraden Glieder hat*
> *alle fünf gerade sein lassen.*]

"Isso também não nos impede de supor que *ambos* os modos de falar, o dos cinco sentidos e o de *gerade fünf*, tenham contribuído para introduzir na frase dos membros em ordem em primeiro lugar um número e, depois, o misterioso cinco, em vez do simples quatro. Mas certamente essa fusão não se teria produzido se ela não tivesse um bom sentido próprio como forma resultante do lapso verbal, o sentido de uma verdade cínica que só pode se tornar conhecida de maneira encoberta, sobretudo se advinda de uma mulher. – Por fim, não queremos deixar de chamar a atenção para que a fala da dama, de acordo com a sua formulação, tanto pode significar um excelente chiste quanto um divertido deslize no lapso verbal. Trata-se apenas de saber se ela falou essas palavras com intenção consciente ou – com intenção inconsciente. A conduta da falante em nosso caso por certo refutou a intenção consciente e excluiu o chiste."

A aproximação de um lapso verbal com um chiste pode chegar tão longe como no caso comunicado por O. Rank, no qual a própria autora do lapso acabou por rir dele como um chiste:

33) "Um marido recém-casado, com quem a esposa, preocupada em preservar sua aparência juvenil, só permitia a contragosto as relações sexuais frequentes, contou-me a seguinte história, que, *a posteriori*, ele e sua mulher também achavam altamente divertida: Depois de uma noite em que ele tinha tornado a infringir o mandamento de abstinência de sua mulher, ele se barbeava de manhã em seu dormitório comum, e para isso ele usa – como já tinha feito muitas vezes por comodidade – a *esponja de pó* que estava sobre a mesinha de cabeceira e que pertencia à sua esposa, que ainda permanecia deitada. A dama, extremamente preocupada com a sua

própria pele, já o tinha repreendido muitas vezes por causa disso, e gritou-lhe irritada: 'De novo você está *me* empoando com *sua* esponja [*Quaste*]!'. Com a risada do marido chamando a atenção para o seu lapso verbal, ela finalmente ri com ele (ela quis dizer: você já está *se* empoando de novo com *minha* esponja³⁵ ('empoar' [*pudern*] é uma expressão corrente usada por qualquer vienense para o copular, e a esponja como símbolo fálico é quase indubitável)" (*Internat. Zeitschr. f. Psychoanalyse*, I, 1913).

34) Sobre a intenção de um chiste, também podemos pensar no exemplo seguinte (A. J. Storfer):

A senhora B., que padecia de um sofrimento de origem evidentemente psicogênica, foi repetidas vezes aconselhada a consultar o psicanalista X. Ela sempre recusava com a observação de que um tratamento como esse nunca seria algo correto, pois o médico iria erroneamente remeter tudo para as coisas sexuais. Finalmente ela estava pronta a seguir o conselho e perguntou: "Então está bem, quando *ordinário* esse Dr. X.?" [*Nun gut, wann ordinärt also dieser Dr. X.?* – Ela quis perguntar: *Wann* ordiniert *dieser Dr. X?* – Em que horário ele atende?]

O parentesco entre chiste e lapso verbal também se evidencia no fato de que o lapso verbal frequentemente nada mais é do que uma abreviação:

35) Uma moça, depois de terminar a escola, cedeu às correntes dominantes na época, matriculando-se no curso de Medicina. Depois de poucos semestres, ela tinha trocado a Medicina pela Química. Alguns anos depois, ela narra essa oscilação com a fala a seguir: "No

---

[35] Havia um modelo comum de esponja para pó com haste em cuja ponta era presa a esponja enfeitada com fitilhos. Atualmente há uma grande variedade de pincéis para maquiar o rosto. (N.T.)

geral, eu não me horrorizava nas dissecações, mas uma vez, quando eu tive de arrancar as unhas dos dedos de um cadáver, eu perdi o prazer de toda essa – *química*".

36) Insiro aqui outro caso de lapso verbal cuja interpretação exige pouca arte. "O professor de Anatomia se esforça para explicar as cavidades nasais, que são conhecidamente um capítulo muito difícil da enterologia. Para a pergunta sobre se os ouvintes haviam entendido suas observações, escutou-se um 'sim' geral. Sobre isso comentou o professor, conhecido por sua autoconfiança: Mal posso acreditar nisso, pois as pessoas que entendem de cavidades nasais podem ser contadas, mesmo em uma cidade com milhões de habitantes, como Viena, *em um dedo*, perdão, com os dedos de uma mão, eu quis dizer."

37) Em outra ocasião, o mesmo professor de Anatomia: "No caso dos genitais femininos, tem-se, apesar das muitas *tentações* [*Versuchungen*] – perdão, *tentativas* [*Versuche*]...".

38) Ao senhor Dr. Alf. Robitsek, de Viena, eu agradeço pela indicação de dois casos de lapso verbal registrados por um antigo autor francês, os quais eu reproduzo sem traduzir: Brantôme (1527-1614), *Vies des Dames galantes, Discours second*: "*Si ay-je cogneu une très belle et honneste dame de par le monde, qui, devisant avec un honneste gentilhomme de la cour des affaires de la guerre durant ces civiles, elle luy dit: J'ay ouy dire que le roy a faict rompre tous les c... de ce pays là. Elle voulöit dire les ponts. Pensez que, venant de coucher d'avec son mary, ou songeant à son amant, elle avait encor ce nom frais en la bouche; et le gentilhomme s'en eschauffer en amours d'elle pour ce mot.*

"*Une autre dame que j'ai cogneue, entretenant une autre grand dame plus qu'elle, et luy louant et exaltant ses beautez, elle luy dit après: 'Non, madame, ce que je vous en dis: ce n'est point pour vous adultérer'; voulant dire adulatrer, comme elle le rhabilla ainsi: pensez qu'elle songeoit à adultérer"*.

[*Vidas das damas galantes*, segundo discurso: "Conheci uma muito bela e honesta dama mundana que, conversando com um cavalheiro honesto da corte sobre os assuntos de guerra, durante esses distúrbios civis, disse: 'Eu ouvi dizer que o rei mandou romper todo o c... daquele país. Ela quis dizer pontes. Pode-se supor que, tendo dormido um pouco antes com o marido, ou pensando em seu amante, ela ainda tinha o frescor desse nome em sua boca; e, por essa palavra, o cavalheiro caiu de amores por ela.

"Outra senhora que conheço estava conversando com outra de linhagem mais alta que ela, e, estando a elogiá-la e a lhe exaltar a beleza, disse-lhe depois: 'Não, madame, o que eu estou lhe dizendo não é para *adulterá-la*' [*adultérer*], querendo dizer *adulá-la* [*adulater*], mas, como ela revestiu assim essa palavra, pode-se supor que ela estivesse pensando em adulterar."]

39) Naturalmente há exemplos mais modernos para a origem de ambiguidades sexuais por meio de lapsos verbais: a senhora F. conta sobre sua primeira aula em um curso de línguas: "É muito interessante, o professor é um jovem inglês simpático. Logo na primeira aula, ele me deu a entender, 'através da *blusa*' [*durch die Bluse*] (corrigiu-se, 'através da *flor*' [*durch die Blume*]), que ele preferiria dar-me aulas particulares" (Storfer).

No procedimento psicoterapêutico de que eu me sirvo para a solução e a eliminação de sintomas neuróticos, coloca-se muito frequentemente a tarefa de rastrear, a partir de falas e ocorrências de pacientes produzidas como que por acaso, um conteúdo de pensamento que se empenha em se ocultar, mas que, entretanto, não consegue deixar de se denunciar inadvertidamente de maneiras as mais variadas. A isso os lapsos verbais prestam, com frequência, os mais valiosos serviços, como eu poderia mostrar com os exemplos mais convincentes e, por outro lado, mais bizarros. Os pacientes falam, por exemplo, de sua tia e chamam-na de maneira consequente de "minha mãe", sem notar o lapso verbal, ou então referem-se ao seu marido como seu "irmão". Desse modo, eles me chamam a atenção para o fato de terem "identificado" essas pessoas umas com as outras, de as terem incluído em uma série que significa um retorno do mesmo tipo para sua vida afetiva. Outro exemplo: um jovem de 20 anos se apresenta em meu consultório com as palavras: Eu sou o pai de N., que o senhor tratou. – Perdão, eu quis dizer o irmão; ele é uns quatro anos mais velho do que eu. Entendo que, por meio desse lapso verbal, queira expressar que, assim como o irmão, ele adoecera por culpa do pai; que ele, como o irmão, precisa de tratamento, mas que era o pai quem mais precisaria de tratamento com urgência. Em outras vezes, basta uma coincidência de palavras que soe insólita, um modo de expressão que apareça forçado, para descobrir a participação de um pensamento recalcado na fala do paciente, motivada por outra coisa.

Em perturbações mais grosseiras da fala, assim como nas mais sutis que ainda podem ser subsumidas sob o termo "lapsos verbais", não acho que seja a influência dos efeitos de contato dos sons, mas sim a influência de pensamentos situados fora da intenção da fala que é decisiva para a gênese do deslize dos lapsos de fala e fornece um esclarecimento adequado para o equívoco ocorrido na fala. Não gostaria de colocar em dúvida as leis a partir das quais os sons exercem efeitos de alteração recíproca; mas elas não me parecem ter eficácia suficiente para, por si só, perturbar a enunciação correta da fala. Nos casos que estudei e investiguei rigorosamente, elas representam o mecanismo pré-formado de que se serve por conveniência um motivo psíquico mais distante, mas sem se ligar à esfera de poder dessas relações. *Em uma grande série de substituições, o lapso verbal desconsidera por completo essas leis fonéticas.* Nesse aspecto eu me encontro em pleno acordo com Wundt, que, como eu, presume que as condições dos lapsos verbais são complexas e vão muito além dos efeitos de contato dos sons.

Se considero asseguradas essas "influências psíquicas mais distantes", segundo a expressão de Wundt, não vejo, por outro lado, nenhum impedimento em também admitir que, no caso de uma fala apressada e de uma atenção um pouco distraída, as condições para o lapso verbal possam reduzir-se facilmente à medida definida por Meringer e Mayer. Mesmo assim, para uma parte dos exemplos copilados por esses autores, parece mais provável uma solução mais complexa. Escolho, por exemplo, o caso citado acima:

Peitava tanto no meu... pesava tanto no meu peito.

[*Es war mir auf der Schwest... Brust* so schwer.]

Será que nesse caso simplesmente aconteceu de o *schwe* recalcar o equivalente *Bru* como uma antecipação de som? É difícil negar o fato de que o som *schwe* foi, além disso, habilitado por uma relação especial para essa prioridade. Então esta não poderia ser nenhuma outra a não ser a associação: *Schwester* [irmã] – *Bruder* [irmão], como também: *Brust der Schwester* [peito da irmã], que leva a outros círculos de pensamento. Esse auxiliar invisível por trás da cena empresta ao inocente *schwe* o poder cujo resultado se manifesta como equívoco na fala.

Para outros lapsos verbais, podemos supor que a semelhança de sons em palavras obscenas e significados seja o verdadeiro perturbador. A desfiguração e a distorção deliberadas das palavras e dos modos de falar, tão apreciadas por seres humanos atrevidos [*unartig*], não visam a outra coisa a não ser fazer lembrar [*mahnen*] do que é proibido a partir de uma ocasião inocente, e essa brincadeira é tão frequente que não seria assombroso se ela se estabelecesse também de maneira não intencional e contrária à vontade. Exemplos como: *Eischeißweibchen* [mulherzinha caga-ovos] no lugar de *Eiweißscheibchen* [fatiazinhas de clara de ovo], *Apopos* ["*Popo*" em alemão seria "bumbum"] Fritz em vez de *Apropos* [a propósito], *Lokuskapitäl* [capitel do banheiro] no lugar de *Lotuskapitäl* [capitel de Lotus] etc., e talvez também a *Alabüsterbachse* (*Alabasterbüchse* [caixa de alabastro]) [*Büste* – seios/busto] de santa Madalena talvez pertençam a essa categoria.[36]

---

[36] Em uma das minhas pacientes, o lapso verbal persistiu por muito tempo como sintoma até ser reconduzido a uma brincadeira infantil de substituir a palavra *arruinar* [*ruinieren*] por *urinar* [*urinieren*]. – [Acrescido em 1924:] À tentação de se fazer uso livre de palavras indecorosas e proibidas, pelo artifício do lapso verbal, ligam-se as observações de Abraham sobre atos falhos "*com tendência supercompensadora*" (*Internt. Zeitschrif. f. Psychoanalyse*, VII, 1922). Uma paciente com uma leve propensão a duplicar a sílaba inicial de nomes próprios, gaguejando, alterou o nome de *Protágoras* para Protrágoras. Pouco antes, em vez de Alexandros, ela disse A-*alexandros*. A averiguação revelou que, quando criança, ela tinha uma predileção especial por praticar o atrevimento de repetir as sílabas de som inicial *a* e *po*, uma brincadeira que, não raramente, leva à gagueira nas crianças. Sobre o nome Protágoras, ela sentiu o perigo de omitir o *r* da primeira sílaba e dizer *Po-potágoras*. Para se proteger disso, ela se agarrou firmemente a esse *r* e ainda inseriu mais um *r* na segunda sílaba. Em outra ocasião, de modo análogo, desfigurou as palavras

– "*Ich fordere Sie auf, auf das Wohl unseres Chefs* auf*zustoßen*" [Convido-os a *arrotar* à saúde do nosso chefe] dificilmente é outra coisa além de uma paródia não intencional que faz as vezes de eco a uma paródia intencional. Se eu fosse o chefe, em cuja homenagem o orador contribuiu com esse lapso, eu iria provavelmente pensar na esperteza com que os romanos lidavam com isso, ao permitirem aos soldados do imperador triunfante que expressassem em canções satíricas sua objeção íntima em relação ao homenageado. – Meringer conta sobre si próprio que uma vez, ao saudar uma pessoa que, por ser a mais velha de uma sociedade, era familiarmente tratada pelo título honorífico de "Senexl", ou... velho Senexl", disse: "Saúde, velho Senex [*Senex altesl*]!". Ele próprio ficou chocado com esse erro (p. 50). Talvez possamos interpretar seu afeto se nos lembrarmos de como "*Altesl*" se aproxima do insulto "*alter Esel*" [burro velho]. Quanto à violação do respeito pela idade (ou seja, reduzido à infância: pelo pai), são impostas grandes punições internas.

Espero que os leitores não negligenciem a diferença de valor entre essas interpretações que não se deixam comprovar e os exemplos que eu mesmo compilei e expliquei por meio de análises. Mas, se eu ainda me apego silenciosamente à expectativa de que mesmo os casos aparentemente simples de lapsos verbais poderiam ser reconduzidos a

---

parterre [térreo] e *Kondolenz* [condolências] em *partrerre* e *Kodolenz*, para evitar as palavras que estavam próximas em sua associação *pater* (*Vater*) [pai] e *Kondom* [preservativo]. Outro paciente de Abraham confessou a inclinação de, em vez de *Angina*, dizer toda vez Angora, muito provavelmente porque temia a tentação de substituir *Angina* por *Vagina*. Portanto, esses lapsos verbais se produzem quando, em lugar da tendência desfiguradora, prevalece uma defensiva, e Abraham chama a atenção, com razão, para a analogia desse processo com a formação de sintoma na neurose obsessiva.

uma perturbação por meio de uma ideia semirreprimida, situada *fora* do contexto pretendido, o que me atrai para isso é uma observação de Meringer muito digna de nota. Esse autor diz que é curioso o fato de ninguém querer ter cometido lapsos verbais. Há seres humanos muito sensatos e honestos que se ofendem quando lhes dizemos que eles teriam cometido um lapso verbal. Eu não ouso tomar essa afirmação tão genericamente, tal como supõe o "ninguém" de Meringer. Mas o vestígio de afeto que está aderido à comprovação do lapso verbal, e que evidentemente é da natureza da vergonha, tem sua importância. Ele pode ser comparado ao aborrecimento que sentimos quando não nos lembramos de um nome esquecido e ao espanto com a tenacidade de uma lembrança aparentemente sem importância, e indica em todos os casos a participação de um motivo no surgimento da perturbação.

A torção de um nome equivale a uma ofensa, quando ela acontece de modo intencional, e poderia ter o mesmo significado em toda uma série de casos em que ela aflora como deslize não intencional na fala. Aquela pessoa que, certa vez, segundo o relatório de Mayer, disse "*Freuder*" no lugar de "*Freud*", porque pouco antes pronunciou o nome "*Breuer*" (p. 38), e, outra vez, falou de um método de tratamento *freuer-breudiano* (p. 28) era, provavelmente, um colega não particularmente entusiasmado com esse método. Um caso de desfiguração de nome que certamente não pode se esclarecer de outro modo vou comunicar[37] mais adiante em deslizes na escrita.

---

[37] [Nota adicionada em 1907:] Pode-se notar também que são justamente os aristocratas que, com especial frequência, desfiguram os nomes de médicos que consultaram, de onde se pode concluir que no íntimo eles os menosprezam, apesar da cordialidade com que costumam tratá-los.
– Cito aqui algumas observações pertinentes sobre o esquecimento

Nesses casos, interfere como fator transtornador uma crítica que precisa ser deixada de lado, porque ela justamente não corresponde no momento à intenção do falante. Inversamente, a substituição de um nome por outro, a apropriação de um nome estranho e a identificação por meio do deslize no nome significam um reconhecimento

---

de nomes, provenientes da elaboração inglesa sobre o nosso tema, escrita pelo Prof. Ernest Jones (The Psychopathology of Everyday Life. *American Journal of Psychology*, Oct. 1911), naquele momento em Toronto: "Poucas pessoas podem evitar um ímpeto de raiva, quando elas descobrem que seu nome foi esquecido, especialmente quando tinham a esperança ou a expectativa de que a pessoa em questão teria guardado o nome. Elas dizem a si mesmas imediatamente sem hesitar que a pessoa não teria esquecido o nome, se tivesse sido deixada nela uma impressão mais forte, já que o nome é um componente essencial da personalidade. Por outro lado, há poucas coisas mais sentidas como lisonjeiras do que ser cumprimentado pelo nome por uma alta personalidade, de quem não se esperava. Napoleão, um mestre na arte de lidar com pessoas, deu, durante a infeliz campanha de 1814, uma espantosa prova de sua memória nesse sentido. Quando se encontrava em uma cidade perto de Graonne, lembrou-se de ter conhecido há mais ou menos 20 anos, em um determinado regimento, o prefeito dessa cidade, De Bussy; a consequência foi que o De Bussy encantado dedicou-se ao seu serviço com devoção ilimitada. Portanto, não há meio mais confiável de ofender alguém do que quando se finge que esqueceu seu nome; com isso se insinua que a pessoa lhe é tão indiferente que não precisamos nos dar ao trabalho de guardar seu nome. Esse artifício representa certo papel na literatura. No livro *Fumaça*, de Turguêniev, há o seguinte trecho: 'O senhor ainda acha Baden divertido, senhor... Litvinov?'. Ratmirov costumava hesitar ao proferir o nome de Litvinov, como se ele tivesse primeiro de se lembrar dele. Assim, e também pelo modo arrogante como levantava ao ar o seu chapéu ao cumprimentá-lo, ele queria ferir o orgulho de Litvinov. Em outra passagem de *Pais e filhos*, escreve o mesmo autor: 'O governador convidou Kirsanov e Bazarov para o baile e repetiu o convite alguns minutos depois, no que ele pareceu tomá-los por irmãos, chamando-os de Kisarov'. Aqui, o esquecimento do convite anterior, o erro do sobrenome e a incapacidade de distinguir os dois jovens um do outro constituem, francamente, um acúmulo de fatores ofensivos. A desfiguração de nomes tem o mesmo significado do esquecimento de nomes, constitui um primeiro passo em direção ao esquecimento".

que, no momento, por um motivo qualquer, precisa permanecer em plano de fundo. Uma vivência desse tipo é narrada por Ferenczi, a partir dos seus anos de escola:

"Na primeira série do ginásio, tive de (pela primeira vez em minha vida) recitar publicamente (isso significa: diante da classe inteira) um poema. Eu estava bem preparado e fiquei perplexo logo no início ao ser interrompido por uma explosão de risadas. O professor me explicou então essa recepção excepcional: eu disse corretamente o título do poema, 'Da distância' [*Aus der Ferne*], porém nomeei como autor não o verdadeiro poeta, mas – eu mesmo. O nome do poeta é Alexandre (Sándor) Petöfi. A identificação do prenome com o meu próprio favoreceu a troca; mas a verdadeira causa dessa troca foi certamente o fato de, na época, eu me identificar em meus desejos secretos com o celebrado herói da poesia. Mesmo conscientemente, eu acalentava por ele uma admiração e um amor que beiravam a idolatria. Por trás desse ato falho esconde-se, naturalmente, todo o lamentável complexo de ambição."

Uma identificação semelhante por meio da troca de nomes me foi relatada por um jovem médico que se apresentou de modo acanhado e respeitoso ao famoso Virchow com as palavras: Dr. Virchow. O professor virou-se espantado para ele e perguntou: Ah, o senhor também se chama Virchow? Eu não sei como o jovem ambicioso justificou seu deslize, se ele encontrou a desculpa elegante de que ele se considerava tão pequeno ao lado do grande nome que o seu próprio nome teve de desaparecer, ou se ele teve a coragem de confessar que esperava que algum dia ele se tornasse um grande homem como Virchow e, por isso, pedia ao senhor conselheiro que não o tratasse com tanto desdém por isso. Um desses dois pensamentos – ou talvez ambos concomitantemente – podem ter levado o jovem a se confundir em sua apresentação.

Por motivos profundamente pessoais, tenho de deixar sem decisão se uma interpretação semelhante é também aplicável ao caso que se segue. No Congresso Internacional de Amsterdã, em 1907, a doutrina sobre a histeria sustentada por mim foi objeto de uma discussão acalorada. Parece que, em um discurso inflamado contra mim, um dos meus mais vigorosos opositores tinha repetidamente cometido lapsos verbais, colocando-se em meu lugar e falando em meu nome. Ele disse, por exemplo: Como se sabe, *Breuer* e *eu* demonstramos, quando ele só poderia ter pretendido dizer: *Breuer* e *Freud*. O nome desse opositor não apresenta a mais ligeira semelhança sonora com o meu. Somos advertidos por meio desse exemplo, bem como de muitos outros casos de troca de nomes, de que o lapso verbal pode prescindir inteiramente da facilidade que a semelhança de som lhe proporciona e só pode estabelecer-se com o apoio de encobertas relações de conteúdo.

Em outros casos muito mais importantes, é a autocrítica, a oposição interna à nossa própria manifestação que força o lapso verbal, e até mesmo a substituição pelo contrário, daquilo que se pretendia dizer. Percebemos, então, com espanto, como o texto de uma afirmação anula a intenção dessa afirmação e como o equívoco de fala põe a descoberto a insinceridade interna.[38] Nesse caso, o lapso verbal torna-se um meio de expressão mímica,

---

[38] Por meio de um lapso verbal como esse, Anzengruber, por exemplo, estigmatiza, em *O verme da consciência* [*Der G'wissenswurm*], o hipócrita caçador de heranças.

claro que em muitos casos para a expressão daquilo que não se queria dizer; torna-se um meio de trair a si mesmo. Assim, por exemplo, quando um homem que, em suas relações com a mulher, não prefere o chamado intercurso normal interveio em uma conversa sobre uma moça considerada coquete [*kokett*], com as palavras: Se andasse comigo, logo ela perderia esse hábito de *koëttieren* [palavra inexistente]. Não há dúvida de que uma alteração como essa só possa ser atribuída à outra palavra, *koitieren* [praticar o coito], o efeito sobre a palavra pretendida, *kokettieren* [coquetear]. – Ou no caso a seguir: "Nós temos um tio, que já há meses está muito ofendido, porque nós nunca o visitamos. Nós aproveitamos a ocasião de sua mudança para uma casa nova para aparecermos depois de longo tempo. Aparentemente, ele se alegrou muito conosco e disse na despedida, cheio de emoção: 'De agora em diante, eu espero vê-los ainda *mais raramente* do que antes'".

A complacência do material da língua costuma formar com frequência exemplos de lapsos verbais que produzem o efeito francamente esmagador de uma revelação ou causam todo o efeito cômico de um chiste.

Assim é no caso a seguir, observado e comunicado pelo Dr. Reitler:

"'Esse chapéu novo e encantador foi provavelmente você mesma que o '*aufgepatzt*' [palavra inexistente], no lugar de '*aufgeputzt*' [enfeitou], não é? – disse uma dama para outra em tom de admiração. – Mas a continuação do elogio pretendido teve de ser cancelada; pois a sua crítica silenciosa de que o enfeite do chapéu [*Hutauf*putz] era uma '*Patzerei*' [mistura confusa de várias coisas] tinha sido expressa com demasiada clareza nesse deslize indelicado, de modo que nenhuma das expressões de admiração convencional ainda pudessem parecer convincentes."

Mais leve, porém também sem ambiguidade, é a crítica no exemplo a seguir:

"Uma dama fez uma visita a uma conhecida e foi ficando muito impaciente e cansada com a conversa prolixa e enfadonha da pessoa em questão. Finalmente ela conseguiu parar e se despedir, mas já na antessala a conhecida que a acompanhava voltou a retê-la com uma nova enxurrada de palavras, e então, quando ela já ia saindo, teve de voltar a ouvi-la em pé diante da porta. Por fim, ela interrompeu a anfitriã com a pergunta: 'A senhora vai estar em casa na *antessala* [*Vorzimmer*]?'. Só pela feição atônita ela percebeu seu lapso verbal. Cansada pelo longo tempo em pé na *antessala*, ela queria interromper a conversa com a pergunta: 'A senhora vai estar em casa *de manhã* [*Vormittag*]?', e assim o deslize traiu sua impaciência por causa da nova espera."

O próximo exemplo foi vivenciado pelo Dr. Max Graf e equivale a uma advertência à autorreflexão:

"Na assembleia geral da Associação de Jornalistas 'Concordia', um jovem membro, que estava sempre sem dinheiro, fazia um violento discurso de oposição e, em sua excitação, disse: 'Senhores Vorschuß*mitglieder*' [senhores membros do empréstimo] (no lugar de 'Vorstands*mitglieder*' [membros da Diretoria] ou 'Ausschuß*mitglieder*' [membros da comissão]). É que esses senhores estão autorizados a aprovar empréstimos, e o jovem orador também tinha feito uma solicitação de empréstimo."

Nós vimos no exemplo do *"Vorschwein"* que um lapso verbal pode ocorrer facilmente quando se faz um esforço para reprimir palavras ofensivas. Então se faz um caminho para arejar a cabeça:

Um fotógrafo, que decidiu evitar a zoologia no relacionamento com seus empregados desastrados, diz a um aprendiz, que quer despejar uma grande tigela cheia até a borda e naturalmente derrama a metade no chão: "Mas, *homem*, primeiro *schöpsen* [palavra inexistente que vem no lugar se *schöpfen* (esvaziar), mas remete a *Schöps* (carneiro/pateta)] um pouco disso!". E logo depois, em meio a uma longa reprimenda a uma ajudante, que por seu descuido quase estragou uma dúzia de valiosas chapas: "Mas será que a senhora é tão *chifre queimado* [*hornverbrannt*]..." [remete a *hirnverbrannt* (cérebro queimado/idiota)].

O exemplo a seguir mostra um caso sério de autotraição por meio do lapso verbal. Algumas de suas circunstâncias justificam a reprodução integral do relato de A. A. Brill na *Zentralblatt für Psychoanalyse*, II ano.

"Em uma noite, o Dr. Frink e eu estávamos passeando e discutimos alguns dos assuntos da Sociedade Psicanalítica de Nova York. Encontramos um colega, o senhor Dr. R., que eu não via havia anos e de cuja vida particular eu nada sabia. – Alegramo-nos por nos encontrarmos novamente e ao meu convite fomos a uma cafeteria, onde nos divertimos animadamente por duas horas. Ele parecia saber detalhes de minha pessoa, porque, depois da saudação habitual, perguntou por meu filho pequeno e me explicou que, de tempos em tempos, tinha notícias minhas através de um amigo comum, e se interessou por minha atividade depois de ter lido sobre ela em uma revista médica. – À minha pergunta, se era casado, deu uma resposta negativa e acrescentou: 'Por que deve se casar um homem como eu?'.

"Ao deixarmos a cafeteria, ele se voltou de repente para mim e disse: 'Eu gostaria de saber o que o senhor faria no caso a seguir: eu conheço uma enfermeira que foi citada como cúmplice em um processo de divórcio. A esposa pediu a separação ao marido e citou a enfermeira como cúmplice, e *ele* obteve o divórcio'.³⁹ – Eu o interrompi, dizendo: 'O senhor quer dizer que *ela* obteve o divórcio'. – Ele corrigiu mediatamente: 'Naturalmente, *ela* obteve o divórcio', e continuou narrando que a enfermeira foi tão afetada pelo processo e pelo escândalo que começou a beber, ficou gravemente nervosa etc., e me pediu um conselho sobre como ele deveria tratá-la.

"Tão logo eu tinha corrigido seu erro, pedi que ele o explicasse, mas recebi as costumeiras respostas atônitas: que todo ser humano tem pleno direito de cometer lapsos verbais, que tinha sido apenas um acaso e não havia nada a procurar por trás disso etc. Eu repliquei que todo equívoco na fala tem de ser fundamentado e que eu estaria tentado a acreditar que ele mesmo era o herói da história, se ele não tivesse comunicado antes que era solteiro, porque, nesse caso, o lapso verbal poderia ser explicado por seu desejo de que sua mulher, e não ele, tivesse perdido o processo, para ele não ter de (segundo nossos direitos matrimoniais) pagar pensão alimentícia e poder voltar a se casar na cidade de Nova York. Ele rejeitou obstinadamente minha suposição, mas ao mesmo tempo a reforçou com sua exagerada reação afetiva, com nítidos sinais de agitação e, depois, risadas. Ante meu apelo de que dissesse a verdade pelo interesse da clareza científica, eu recebi a resposta: 'Se o senhor não quiser ouvir uma mentira, o senhor tem de acreditar na minha solteirice, e, portanto, a sua explicação psicanalítica é completamente falsa'. – Ele ainda acrescentou que um ser humano que presta atenção a todas essas insignificâncias

---

³⁹ "De acordo com as nossas leis (norte-americanas), só se pode obter o divórcio se ficar comprovado que uma das partes cometeu adultério, e na verdade o divórcio é concedido apenas à parte enganada."

era decididamente perigoso. De repente, ele se lembrou de outro compromisso e se despediu.

"O Dr. Frink e eu continuávamos convencidos da minha resolução do seu lapso verbal, e eu decidi comprová-la ou refutá-la mediante investigação. – Alguns dias depois, visitei um vizinho, um velho amigo do Dr. R., que pôde confirmar a minha explicação em todos os detalhes. O processo tinha ocorrido há algumas semanas e a enfermeira foi citada como cúmplice. – O Dr. R. está agora firmemente convencido da exatidão do mecanismo freudiano."

A autotraição é também indubitável no seguinte caso, comunicado por Otto Rank:

"Um pai, que não possui nenhum tipo de sentimento patriótico e que quer educar seus filhos de modo a que eles também fiquem livres do que ele considera uma sensação supérflua, censura seus filhos por causa de sua participação em uma manifestação patriótica; e ao protesto dos filhos de que o tio tivera o mesmo comportamento ele retrucou com as palavras: 'Justamente ele vocês não devem copiar; já que é um *idiota*'. O rosto assombrado dos filhos diante desse tom incomum do pai fez com que ele percebesse que havia cometido um lapso verbal, e, desculpando-se, ele acrescentou: 'Naturalmente, eu quis dizer: *patriota*'."

O lapso verbal, que foi interpretado pela própria interlocutora como autotraição, é relatado por J. Stärcke, que adicionou uma observação pertinente, embora ela ultrapasse a tarefa da interpretação.

"Uma dentista combinou com sua irmã que um dia iria verificar se entre os seus dois molares haveria *contato* (melhor dizendo, se as superfícies laterais dos molares se encostavam, de modo a que nenhum resto de alimento pudesse permanecer entre eles). Daí sua irmã se queixou de ter de esperar muito por esse exame e disse de brincadeira: 'Agora ela deve estar tratando de uma colega, mas sua irmã sempre tem de continuar esperando'. – A dentista a examina e encontra, realmente, um buraquinho em um dos molares, e diz: 'Eu não pensei que fosse tão sério; eu achava que você só não tinha *Kontant* [dinheiro vivo] algum...... quero dizer, *Kontakt*'. – 'Você está vendo', anunciou a irmã, rindo; 'que foi só por causa da tua avareza que você me fez esperar por muito mais tempo do que seus pacientes pagantes!'

"(Eu não posso, obviamente, incluir as minhas próprias ocorrências às delas ou daí extrair conclusões, mas, ao me inteirar desse lapso verbal, minha corrente de pensamentos me levou a considerar que essas duas jovens amáveis e espirituosas não são casadas e também saem muito pouco com homens jovens, e eu me pergunto se elas não teriam mais contato com pessoas jovens se tivessem mais dinheiro vivo.)"

Também no exemplo seguinte, comunicado por Theodor Reik, o lapso verbal equivale a uma autotraição:

"Uma moça devia ficar noiva de um rapaz que lhe era antipático. Para que os dois jovens se tornassem mais próximos, seus pais combinaram uma reunião, na qual seriam incluídos também os futuros noivo e a noiva. A moça tinha domínio suficiente sobre si mesma para não deixar que seu pretendente, que se comportava de modo tão galante com ela, percebesse sua aversão. Mas, à pergunta de sua mãe se ela gostava do rapaz, ela respondeu polidamente: 'Sim. Ele é muito *detestável* [*liebenswidrig*, em vez de *liebenswürdig* (amável)]!'."

Não menos revelador é outro, que O. Rank descreve como "lapso verbal chistoso":

"Sobre uma mulher casada que gostava de ouvir anedotas e de quem se afirmava que ela também não seria avessa a relações extraconjugais caso elas fossem amparadas por presentes adequados, narra um jovem que também se candidata aos seus favores, não sem segundas intenções, a seguinte velha história. De dois parceiros comerciantes, um deles se empenha em conseguir favores da mulher, um tanto arisca de seu companheiro; por fim, ela quer conceder os favores em troca de um presente de mil florins. Quando então seu marido quer sair em viagem, seu companheiro lhe pede emprestados mil florins e promete devolvê-los já no dia seguinte para a sua mulher. Naturalmente, ele deu então essa quantia à mulher como uma suposta recompensa de amor, que no fim ainda se acreditou descoberta quando seu marido, ao regressar, pede-lhe os mil florins, e ao seu prejuízo ainda foi acrescentada a afronta. – Quando o jovem chegou ao ponto da narração dessa história em que o sedutor diz ao companheiro: 'Eu vou *devolver* o dinheiro amanhã para a sua mulher', sua interlocutora interrompeu-o com estas palavras reveladoras: 'Diga-me, o senhor já não me – *devolveu* isso? Ah, perdão, eu quis dizer – *contou* isso?' – Dificilmente ela poderia ter dado uma indicação mais clara, sem dizê-lo de maneira expressa, de sua disposição a se entregar sob as mesmas condições" (*Internat. Zeitschrift für Psychoanalyse*, I, 1914).

Um belo caso desse tipo de autotraição com desenlace inofensivo foi relatado por Viktor Tausk sob o título de "A crença dos antepassados" [*Der Glauben der Väter*]. "Como minha noiva era cristã", contou o senhor A., "e não quis se converter ao judaísmo, eu mesmo tive de me converter do judaísmo ao cristianismo, para podermos nos casar. Troquei de confissão religiosa não sem resistência interna, mas o objetivo pareceu-me justificar a mudança de confissão religiosa, tanto mais que minha adesão ao judaísmo tinha sido externa, sem nenhuma convicção religiosa, já que eu nunca tive algo assim. Apesar disso, continuei sempre a me apresentar como pertencente ao judaísmo, e poucos dos meus conhecidos sabem que eu sou batizado. Desse casamento nasceram dois filhos, que foram batizados como cristãos. Quando os meninos alcançaram certa idade, foram informados de sua ascendência judaica, para que as influências antissemitas da escola não se voltassem contra o pai por esse motivo tão supérfluo. – Há alguns anos, eu e meus filhos, que, à época, estudavam na escola primária, hospedamo-nos nas férias de verão em D., na casa da família de um professor. Até que um dia, quando sentamos para o lanche com os nossos anfitriões, a propósito amáveis, a dona da casa, que nada suspeitava da ascendência judaica de seus veranistas, dirigiu alguns ataques muito afiados contra os judeus. Eu deveria ter então esclarecido corajosamente a situação, para dar aos meus filhos o exemplo de 'coragem da convicção' [*Mut der Überzeugung*], mas temi os enfrentamentos desagradáveis que costumam se seguir a esse tipo de confissão. Além disso, eu receava a possibilidade de eventualmente ter de abandonar o bom alojamento que tínhamos encontrado e, desse modo, estragar o já limitado período de férias minhas e de meus filhos, caso o comportamento de nossos anfitriões se tornasse inamistoso porque nós éramos judeus. Entretanto, como eu podia esperar que meus filhos revelassem a momentosa verdade de modo franco e não preconceituoso se eles permanecessem ainda por mais tempo na conversa, decidi afastá-los da nossa companhia, mandando-os ao jardim. 'Vão para o jardim, *judeus* [*Juden*]' – eu disse, e corrigi rapidamente: *'meninos'* [*Jungen*]. Com isso, eu ajudei, portanto, a minha 'coragem da convicção' a se expressar através de um ato falho. Os outros não tinham, de fato, extraído nenhuma consequência desse lapso verbal, porque não atribuíram a ele nenhuma importância, mas eu tive de aprender a lição de que a 'crença dos antepassados não se deixa renegar sem punição, quando se é filho e se tem filhos'" (*Internat. Zeitschr. für Psychoanalyse*, IV, 1916).

De modo algum tem efeito inofensivo o caso a seguir de lapso verbal, que eu não comunicaria se o próprio juiz não o tivesse registrado durante o julgamento para essa coleção:

Um soldado do exército popular culpabilizado por roubo declarou: "Desde então ainda não fui dispensado desse posto *de ladrão* [Diebs*stellung*, em vez de Dienst*stellung* (posto de serviço)], de modo que, por enquanto, ainda pertenço ao exército popular".

Divertido é o efeito do lapso verbal quando é usado como meio para confirmar, no curso de uma contradição, algo que pode ser muito útil para o médico no trabalho psicanalítico. Certa vez, tive de interpretar o sonho de um dos meus pacientes em que aparecia o nome *Jauner*. O sonhador conhecia uma pessoa com esse nome mas, não se conseguia descobrir por que essa pessoa foi tomada no contexto do sonho, e, por isso, arrisquei a suposição de que isso podia ter acontecido meramente por causa do nome, que soava parecido com o insulto *Gauner* [gatuno/trapaceiro]. O paciente o contestou imediata e energicamente, porém cometeu um lapso verbal e confirmou minha suposição, pois ele se serviu da substituição uma segunda vez. Sua resposta foi: "Isso me parece *jewagt* demais" [em vez de *gewagt* (atrevido)]. Quando eu lhe chamei a atenção para o lapso verbal, ele aceitou a minha interpretação. Quando, em um debate sério, acontece a um dos dois debatedores um lapso verbal como esse, que transforma a intenção do discurso em seu oposto, isso o coloca imediatamente em desvantagem em relação ao outro, que raramente perde a oportunidade de tirar proveito de sua melhora na posição.

Desse modo fica claro que as pessoas, de maneira bem geral, dão aos lapsos verbais e a outros atos falhos a mesma interpretação que eu defendo neste livro, mesmo que não se declarem partidárias dessa concepção na teoria, e mesmo que, no que diz respeito à sua própria pessoa, elas não se sintam inclinadas a renunciar à comodidade ligada à tolerância dos atos falhos. A hilaridade e a ironia que esse mal funcionamento da fala provoca com certeza no momento decisivo testemunham contra a convenção, supostamente aceita por todos, de que um lapso verbal seria um *lapsus linguae* sem significado psicológico. Ninguém menos do que o chanceler do Império Alemão, o príncipe Bülow, que tentou salvar, por meio de uma objeção como essa, a situação em que ficou quando o texto de seu discurso em defesa do seu imperador (em novembro de 1907) voltou-se em seu contrário por meio de um lapso verbal.

"Quanto ao presente, a essa nova era do imperador Guilherme II eu apenas posso repetir o que disse há um ano: que seria *despropositado* e *injusto falar sobre um círculo de conselheiros responsáveis em torno do nosso imperador...*" (Gritos entusiasmados: irresponsáveis) "...conselheiros *irresponsáveis*. Perdoem o *lapsus linguae*." (Risos.)

Nesse caso, a frase do príncipe Bülow ficou um tanto obscurecida pelo acúmulo de negações; a simpatia pelo orador e a consideração por sua posição difícil tiveram por efeito que esse lapso verbal não fosse depois usado contra ele. Pior que isso ocorreu um ano depois, no mesmo lugar, com outro que queria exortar a uma manifestação *irrestrita* em apoio ao imperador, e, nisso, um grave lapso verbal o advertiu de que outros sentimentos habitavam seu peito leal:

"Lattmann (Partido Nacional Alemão): Na questão do manifesto apoiamo-nos no regimento do *Reichstag* [Parlamento]. Segundo este, o *Reichstag* tem o direito de dirigir esse manifesto ao imperador. Acreditamos que o pensamento unânime e o desejo do povo alemão consistam em poder fazer uma *manifestação unificada* também nessa oportunidade, e, se nós pudéssemos fazê-lo de uma forma que leve em conta os sentimentos monarquistas, então também devemos fazê-lo *rückgratlos* [sem espinha dorsal]. (Grande animação durante alguns minutos.) "Meus senhores, não era *rückgratlos*, mas *rückhaltlos* [incondicionalmente] (risadas), e essa manifestação incondicional do povo, assim esperamos, haverá de ser também aceita pelo nosso imperador nesses tempos difíceis."

O *Vorwärts* de 12 de novembro de 1908 não perdeu a oportunidade de apontar o significado psicológico desse lapso verbal: "É provável que nunca, em nenhum parlamento, um membro tenha caracterizado tão adequadamente, em involuntária autoacusação, sua atitude e da maioria parlamentar em relação ao monarca, como sucedeu com o antissemita Lattmann, quando, no segundo dia da interpelação, ao falar com solene emoção, escorregou na confissão de que ele e seus amigos queriam dizer sua opinião ao imperador *rückgratlos* [sem espinha dorsal/ irresolutamente]. Uma tempestuosa animação vinda de todos os lados abafou as posteriores palavras do infeliz, que ainda achou necessário balbuciar, desculpando-se expressamente, que na verdade ele queria dizer 'irrestritamente'".

Incluo ainda um exemplo em que o lapso adquiriu o caráter francamente estranho de uma profecia: no começo de 1923, houve uma grande comoção no mundo das finanças internacionais, quando o banqueiro X., homem muito jovem, provavelmente um dos mais novos dentre os "novos ricos" de W., e sem dúvida o mais rico e o mais jovem, obteve, depois de uma breve luta, a posse majoritária das ações do Banco ***, o que então teve como consequência o fato de que, em uma assembleia geral extraordinária, os antigos diretores dessa instituição, financistas da velha escola, não foram reeleitos, e o jovem X tornou-se presidente do banco. No discurso de despedida proferido pelo diretor administrativo, Dr. Y., em homenagem ao velho presidente que não foi reeleito, vários ouvintes notaram um lamentável lapso verbal do orador que se repetiu diversas vezes. Ele falou seguidamente do *falecido* [*dahinscheidenden*] presidente (em vez de *ausscheidenden* [destituído/exonerado]). Aconteceu então que o antigo presidente não reeleito morreu alguns dias depois dessa reunião. Mas ele já tinha ultrapassado a casa dos 80 anos! (Storfer).

Um belo exemplo de lapso verbal, em que a finalidade não é tanto trair o falante, mas dar algo a entender ao ouvinte que se situa fora da cena, encontra-se em *Wallenstein* (*Piccolomini*, ato 1, cena 5) e nos mostra que o poeta que aqui se serve desse recurso estava bem familiarizado com o mecanismo e o sentido do lapso verbal. Na cena anterior, Max Piccolomini tomou, apaixonadamente, o partido do duque de Wallenstein, e, ao fazê-lo, entusiasmou-se com as bênçãos da paz que se revelaram a ele em sua viagem, enquanto acompanhava ao campo a filha de Wallenstein. Ele deixa seu pai e o emissário da corte, Questenberg, profundamente consternados. E então prossegue a quinta cena:

> QUESTENBERG:
> Oh, ai de nós! E vai ficar assim?
> Amigo, e nós o deixaremos partir nesse delírio
> sem chamá-lo de volta imediatamente,
> sem abrir-lhe os olhos agora mesmo?
>
> OCTAVIO (*recobrando-se de uma meditação profunda*):
> Agora, ele abriu os meus,
> E eu vejo mais do que me alegra.
> QUESTENBERG: O que há, amigo?
> OCTAVIO: Essa viagem maldita!
> QUESTENBERG: Por quê? O que há?
> OCTAVIO: Venha! Eu tenho
> De seguir imediatamente a infeliz pista
> Ver com meus olhos – venha – (*quer levá-lo dali*)
> QUESTENBERG: E então? Para onde?
> OCTAVIO (*apressado*): Até ela!
> QUESTENBERG: Até –
> OCTAVIO (*corrige-se*): Até o duque! Vamos! etc.

O pequeno lapso de fala "até ela" em vez de "até ele" deve nos revelar que o pai entendeu o motivo da tomada de partido do seu filho, enquanto o cortesão reclama: "que ele está lhe falando por verdadeiros enigmas".

Outro exemplo de utilização poética do lapso verbal foi descoberto em Shakespeare por Otto Rank. Cito a comunicação de Rank de acordo com a *Zentralblatt für Psychoanalyse*, I, 3:

"No *Mercador de Veneza*, de Shakespeare (ato III, cena 2), encontra-se um lapso verbal que, do ponto de vista poético, possui uma motivação extremamente sutil, além de ser brilhantemente explorado em sua técnica, o qual, como o que Freud mostrou em *Wallenstein*, revela que os poetas conhecem muito bem o mecanismo e o sentido desse ato falho e pressupõem que também o ouvinte vá compreendê-los. Pórcia, compelida pela vontade de seu pai à escolha de um marido por sorteio, escapou até então de todos os seus pretendentes indesejados por obra do acaso. Como, por fim, ela encontrou em Bassânio o pretendente a quem ela realmente se apegou, ela tem de temer que ele também tire a sorte falsa. Ela gostaria muito de dizer-lhe então que, mesmo nesse caso, ele pode estar seguro do seu amor, mas isso lhe é impedido por seu juramento. Nessa cisão íntima, o poeta a faz dizer ao bem-vindo pretendente:

> Não te apresse, eu suplico; espera um ou dois dias
> Antes de tentares a sorte, pois se escolheres mal
> Perco tua companhia; por isso, abstenha-te um pouco.
> Algo me diz (*mas não é o amor*)
> Que não te perderei
> [...]
> Eu te poderia ensinar a escolher bem,
> Mas isso quebraria meu juramento;
> Isso eu não quero; então podes perder-me.
> Mas se o fizeres, levar-me-ei a desejar pecar,
> De ter sido perjura. Malditos sejam teus olhos
> Que tanto me enfeitiçaram e me dividiram!
> *Metade de mim é tua, a outra metade é tua –*
> *Minha, quero dizer*; mas sendo minha, é tua,
> E assim, inteiramente tua.

"Justamente aquilo que ela gostaria de apenas insinuar-lhe levemente, pois na realidade deveria ocultar-lhe absolutamente que mesmo antes da escolha ela já era *inteiramente* sua e o amava, é isso que o poeta deixa abertamente transparecer com admirável e requintada sensibilidade psicológica no lapso, e sabe acalmar por meio desse artifício artístico a intolerável incerteza do amante, bem como a tensão compenetrada do ouvinte sobre o resultado da escolha."

Pelo interesse que merece essa tomada de partido dos grandes escritores pela nossa concepção do lapso verbal, considero justificado incluir um terceiro desses exemplos, que foi comunicado por E. Jones[40]:

"Otto Rank chama a atenção, em um artigo publicado recentemente, para um belo exemplo, no qual Shakespeare faz um de seus personagens, Pórcia, cometer um lapso verbal, em virtude do qual seus pensamentos secretos são revelados a um ouvinte atento. Proponho-me a relatar um exemplo semelhante extraído de *The Egoist*, obra-prima do maior escritor inglês de romances, George Meredith. Segue-se resumidamente a trama do romance: *Sir* Willoughby Patterne, um aristocrata muito admirado em seu círculo, fica noivo de uma certa Srta. Constantia Durham. Ela descobre nele um intenso egoísmo, que ele, no entanto, esconde engenhosamente do mundo, e, para se esquivar do casamento, foge com um certo capitão de nome Oxford. Alguns anos depois, ele fica noivo de uma certa Srta. Clara Middleton. A maior parte do livro é então tomada com a descrição detalhada do conflito que brota na alma de Clara Middleton, quando ela descobre em seu noivo o mesmo traço proeminente de caráter. Circunstâncias externas e seu conceito de honradez a prendem à sua palavra empenhada, enquanto seu noivo lhe parece cada vez mais desprezível. Ela toma parcialmente como confidente o primo e secretário dele, Vernon Whitford (com quem

---

[40] Um exemplo de utilização literária do lapso verbal. *Zentralblatt für Psychoanalyse*, I, 10.

termina por se casar). Este, contudo, mantém-se afastado por lealdade a Patterne e por outros motivos.

"Em um monólogo sobre o seu sofrimento, Clara diz o seguinte: 'Se um nobre homem pudesse me ver como sou, e não medisse esforços para me ajudar! Oh! ser libertada dessa prisão de espinhos e matagal. Não consigo sozinha abrir caminho para mim mesma. Sou uma covarde. Um aceno com um dedo [*Fingerzeig*][41] – eu acredito que me mudaria. Em direção a um companheiro eu conseguiria fugir mesmo rasgada, sangrando e cercada de desprezo e gritaria... Constantia encontrou um soldado. Talvez ela tenha rezado e sua prece tenha sido atendida. Ela não agiu corretamente. Mas, oh, como eu a amo por isso. Seu nome era Harry Oxford... Ela não hesitou e rompeu as amarras; entregou-se ao outro abertamente. Moça corajosa, o que você pensa de mim? Mas eu não tenho nenhum Harry *Whitford*, eu estou sozinha'.

"O súbito reconhecimento de que ela tinha utilizado outro nome para *Oxford* atingiu-a como uma bofetada e tingiu sua face de um vermelho flamejante.

"O fato de os nomes de ambos os homens terminarem em '*ford*' facilita evidentemente a confusão entre os dois, e seria visto por muitos como um motivo suficiente. Mas o verdadeiro e mais profundo motivo foi claramente indicado pelo autor.

"Em outra passagem ocorre o mesmo lapso verbal novamente. Ele é seguido por aquela hesitação espontânea e aquela repentina mudança de tema que nos são

---

[41] "*Fingerzeit*" poderia ser traduzido por "leve aceno", mas o tradutor de Freud para o inglês, James Strachey, ressalta que, ao retirarmos a palavra "*Finger*" (dedo), perderíamos a "sutileza psicológica" do autor. (N.T.)

familiares na psicanálise e na obra de Jung sobre as associações, e que só aparecem quando se toca em um complexo semiconsciente. Patterne diz sobre Whitford em tom paternalista: 'Alarme falso! O bom e velho Vernon não tem a menor condição de fazer algo fora do comum'. Clara responde: 'Mas então, se *Oxford – Whitford...* – seus cisnes vêm singrando o lago; veja como são lindos quando estão indignados! Eu estava justamente para lhe perguntar quando homens que testemunham de uma evidente admiração por outra pessoa, serão naturalmente desencorajados?'. *Sir* Willoughby retesou-se, encontrando uma súbita iluminação.

"Ainda em outra passagem, Clara trai, por meio de outro lapso verbal, seu desejo secreto de ter uma ligação mais íntima com Vernon Whitford. Conversando com um rapaz, ela diz: 'À noite, diga ao Sr. *Vernon* – à noite, diga ao Sr. Whitford etc.'."[42]

A concepção de lapsos verbais aqui defendida mantém-se firme à prova até nos menores detalhes. Tenho podido mostrar repetidas vezes que os casos mais insignificantes e mais óbvios de erro na fala têm seu bom sentido e admitem solução semelhante à dos exemplos mais notáveis. Uma paciente, inteiramente contra a minha vontade, mas dotada de um desígnio próprio muito intenso, empreende uma curta excursão para Budapeste e justifica-se diante de mim dizendo que lá ficaria por três *dias*, mas comete um lapso verbal e diz: por apenas três *semanas*. Ela denuncia o fato de que, apesar de mim, ela preferia permanecer

---

[42] Outros exemplos de lapsos verbais que, de acordo com a intenção do autor, devem ser entendidos como dotados de sentido, e a maioria como autotraição, encontram-se em Shakespeare, *Ricardo II* (II, 2); e em Schiller, *Don Carlos* (II, 8, lapsos verbais de Eboli). Seria certamente fácil completar essa lista.

três semanas, e não três dias, naquela companhia que eu considerava inadequada para ela. – Certa noite eu devia me desculpar por não ter ido buscar minha mulher no teatro e disse: Cheguei ao teatro às 10 *e* 10. Fui corrigido: Você quer dizer 10 *para* as 10. É claro que eu quis dizer *antes das 10*. Depois das 10 horas, não haveria desculpa. Haviam-me dito que no bilhete de ingresso do teatro constava: termina antes das 10 horas. Quando cheguei ao teatro, encontrei o vestíbulo apagado e o teatro vazio. A apresentação tinha justamente terminado mais cedo, e minha mulher não esperou por mim. Quando olhei para o relógio, faltavam ainda cinco minutos para as 10 horas. No entanto, decidi apresentar em casa a minha situação de maneira mais favorável e dizer que ainda faltavam 10 minutos para as 10. Infelizmente o lapso verbal arruinou minha intenção e expôs minha insinceridade, fazendo-me confessar mais do que havia para ser confessado.

Isso nos leva, daqui para frente, àquelas perturbações na fala que não mais são descritas como lapsos verbais, porque não afetam a palavra isolada, mas o ritmo e a realização da fala inteira, como o balbucio e o gaguejo cuja causa é o embaraço. Mas tanto aqui quanto lá é o conflito interno que nos é denunciado pela perturbação da fala. Eu realmente não acredito que alguém cometesse lapsos verbais na audiência com Sua Majestade em uma declaração de amor feita com seriedade, em uma fala em defesa da honra e do nome diante de um júri, em suma, em todos os casos nos quais *se está por inteiro*, assim como dizemos ao caracterizá-los. Até mesmo na apreciação do estilo com que um autor escreve temos o direito e estamos habituados a usar o mesmo princípio explicativo que nos é indispensável para rastrear a gênese de qualquer um dos erros de fala. Uma maneira de escrever clara e inequívoca nos ensina que o autor, no caso, está de acordo consigo mesmo, e, quando encontramos uma expressão forçada e retorcida, que, como se diz tão acertadamente, aponta para mais de um alvo, aí podemos reconhecer a presença de um pensamento não suficientemente elaborado, que tudo complica, ou escutar a voz sufocada da autocrítica do autor.[43]

Desde a primeira publicação deste livro, amigos e colegas de língua estrangeira começaram a voltar sua atenção para os lapsos verbais que puderam observar nos países de sua língua. Como era de se esperar, descobriram que as leis do ato falho são independentes do material da língua e propuseram as mesmas interpretações ilustradas aqui com exemplos de pessoas falantes da língua alemã. Incluo apenas um exemplo em vez dos muitos outros:

O Dr. A. A. Brill (Nova York) relata de si mesmo: Um amigo me descreveu um doente dos nervos e desejou saber se eu poderia ajudá-lo. Observei que acreditava que, com o tempo, poderia remover todos os seus sintomas pela psicanálise, porque se tratava de um caso *durável* [*durable*], querendo dizer "curável" [*curable*]![44]

---

[43] *Ce qu'on conçoit bien*
S'annonce clairement
Et les mots pour le dire
Arrivent aisément

[O que é bem concebido
Se anuncia claramente
E as palavras para dizê-lo
Chegam facilmente]
Boileau. *Art poétique*.

[44] Texto original em inglês: "*A friend described to me a nervous patient and wished to know whether I could benefit him. I remarked, I believe that in time I could remove all his Symptoms by psycho-analysis because it is a durable case wishing to say* 'curable'!" (N.T.)

(Uma contribuição para a *Psychopathology of Everyday Life. Psychotherapy*, v. III, n. 1, 1909.)

Para concluir, para aqueles leitores que não se intimidam em fazer certo esforço e para aqueles que não desconhecem a psicanálise, quero incluir um exemplo a partir do qual se pode ver a que nível de profundeza da alma pode conduzir a investigação de um lapso verbal.

O Dr. Z. Jekels relata: "Em 11 de dezembro, fui interpelado (em polonês) de maneira um tanto desafiadora e arrogante por uma dama de minhas relações, com as palavras: '*Por que foi que hoje eu disse que tenho 12 dedos?*' – A meu pedido, ela reproduz então a cena em que havia ocorrido a observação. Ela tinha se preparado para sair com a filha para fazer uma visita, e pediu à sua filha, que se encontrava em remissão de uma demência precoce, para trocar a blusa, o que ela fez no quarto ao lado. Quando a filha voltou, ela encontrou a mãe ocupada limpando as unhas; e então desenvolveu-se a seguinte conversa:

Filha: 'Ah, está vendo? Eu já estou pronta e você ainda não!'

Mãe: 'É, mas você só tem uma blusa, e eu, *12 unhas*.'

Filha: 'O quê?'

Mãe (impaciente): 'Ora, naturalmente, pois *eu tenho 2 dedos*.'

"À pergunta de um colega que ouvia comigo essa narrativa o que lhe ocorria em relação a *12*, ela respondeu de maneira igualmente rápida e decidida: '*12 não é para mim nenhuma data (importante)*'.

"Para dedo ela forneceu a associação depois de uma leve hesitação: 'Na família de meu marido houve quem nascesse com seis dedos nos pés (em polonês não há uma expressão própria para dedos dos pés). Quando nossos filhos vieram ao mundo, foram imediatamente examinados para ver se eles não tinham seis dedos'. Por motivos externos, não se prosseguiu na análise nessa noite.

"Na manhã seguinte, 12 de dezembro, a dama me visita e me conta, visivelmente agitada: 'Imagine só o que me aconteceu; há cerca de 20 anos, eu felicito o velho tio do meu marido por seu aniversário, que cai no dia de hoje, e sempre lhe escrevo uma carta no dia 11; e, desta vez, eu esqueci e tive que lhe enviar um telegrama'.

"Lembrei-me e lembrei à dama quão decididamente ela havia descartado na noite anterior a pergunta do colega sobre o número 12, que na realidade era muito adequada, para lhe evocar a lembrança do aniversário com a observação de que o 12 não era para ela nenhuma data importante.

"Então ela admite que esse tio de seu marido era um endinheirado com cuja herança ela, na verdade, sempre tinha contado, especialmente na situação de preocupação financeira pela qual estava passando agora.

"Então tinha sido ele, ou melhor, a morte dele, que lhe ocorreu de imediato uns dias antes, quando uma conhecida profetizou pelas cartas que ela receberia muito dinheiro. E lhe passou pela cabeça imediatamente que o tio era o único de quem ela ou seus filhos poderiam conseguir dinheiro; e ela também se lembrou dessa mesma cena instantaneamente que a mulher desse tio já havia prometido dotar suas filhas em seu testamento; mas agora ela morreu sem deixar testamento; talvez ela tenha deixado essa incumbência ao marido.

"É evidente que o desejo de morte contra o tio deve ter surgido com muita intensidade, porque ela tinha dito à dama que profetizou: 'A senhora induz as pessoas a matarem outras'.

"Nesses quatro ou cinco dias transcorridos entre a profecia e o aniversário do tio, ela ficou procurando continuamente no obituário dos jornais do lugar em que o tio residia a notícia de sua morte.

"Não surpreende, portanto, tendo em vista um desejo tão intenso pela morte dele, que o fato e a data do aniversário que ele estava prestes a festejar fossem tão intensamente reprimidos, a ponto não só de fazê-la esquecer um desígnio executado durante anos, mas também de fazer com que nem sequer a pergunta do colega conseguisse trazê-lo à sua consciência.

"No lapso '12 dedos', o reprimido '12' veio à tona e ajudou a determinar o ato falho.

"Penso que ajudou a determinar por que a notável associação com 'dedos' permite-nos vislumbrar ainda outras motivações; ela também nos explica por que o 12 falseou exatamente essa expressão tão inocente dos 10 dedos.

"A ocorrência tinha sido: 'Na família do meu marido, houve quem nascesse com seis dedos nos pés'.

"Seis dedos nos pés são marcas de certa anomalia. Portanto, seis dedos, *um* filho anormal, e 12 dedos, *dois* filhos anormais.

"E de fato esse era o caso.

"Essa senhora, casada muito jovem, recebeu como única herança de seu marido, considerado sempre um homem excêntrico e anormal, que tirou a própria vida pouco tempo depois de casados, duas filhas que os médicos repetidamente definiam como anormais e afetadas com grave carga hereditária pelo lado paterno.

"Pouco tempo antes, a filha mais velha retornou para casa depois de um grave ataque de catatonia; logo depois, a mais nova, agora na puberdade, também adoeceu de uma neurose grave.

"O fato de a anomalia das filhas vincular-se nesse caso ao desejo de morte contra o tio e se condensar com esse elemento muito mais intensamente reprimido e de valor psíquico maior permite-nos supor a existência de um segundo determinante para esse lapso verbal, ou seja, o *desejo de morte contra as filhas anormais*.

"Mas o significado predominante do 12 como desejo de morte é iluminado pelo fato de que, na representação da narradora, o aniversário do tio estava muito intimamente associado com o conceito de morte. Pois o seu marido havia se suicidado no dia 13, portanto, um dia depois do aniversário do mesmo tio, cuja mulher tinha dito à jovem viúva: 'Ontem ele o estava felicitando tão cordial e amável, – e hoje...!'.

"Além disso, ainda quero acrescentar que a dama tinha motivos suficientemente reais para desejar a morte de suas filhas, que não lhe davam nenhuma alegria, apenas tristeza e graves restrições à sua autonomia, e, por amor a elas, ela tinha renunciado a toda e qualquer felicidade no amor.

"Também dessa vez ela fez um esforço extraordinário para evitar qualquer ocasião para aborrecimento da filha, com a qual ela ia fazer uma visita; e bem se pode imaginar que dispêndio de paciência e abnegação são exigidas na demência precoce e quantos impulsos de raiva precisam ser reprimidos aí.

"Consequentemente, o sentido do ato falho seria:

"Que o tio morra, que morram essas filhas anormais (toda essa família anormal, por assim dizer), e que eu fique com o dinheiro deles.

"Esse ato falho possui, segundo a minha visão, mais características de uma estrutura incomum, a saber:

"a) A presença de dois determinantes condensados em um elemento.

"b) A presença de dois determinantes reflete-se na duplicação do lapso verbal (12 unhas, 2 dedos).

"c) É notável que um dos significados do 12, ou seja, os 12 dedos, que expressavam a anormalidade das filhas – represente uma forma de figuração indireta; a anormalidade psíquica é aqui representada pela anormalidade física, e o superior do corpo pelo que é inferior."[45]

---

[45] *Internat. Zeitschrif. f. Psychoanalyse*, I, 1913.

VI
LAPSOS DE LEITURA E DE ESCRITA

Não é de surpreender o fato de que, para os erros na leitura e na escrita, valham os mesmos pontos de vista e observações que adotamos em relação aos erros na fala. Vou me limitar a comunicar aqui alguns exemplos cuidadosamente analisados, e não farei nenhuma tentativa de abarcar a totalidade dos fenômenos.

A) LAPSOS DE LEITURA

1) Em um café, eu folheava um número do *Leipziger Illustrierten*, que eu segurava inclinado diante de mim, quando li a legenda sob uma imagem que se estendia por toda a página: Uma cerimônia de casamento *na Odyssee* [Odisseia]. Com a atenção despertada e admirado, endireito a folha e então corrijo: Uma cerimônia de casamento *no Ostsee* [Mar Báltico]. Como cheguei a esse erro absurdo de leitura? Meus pensamentos voltam-se imediatamente para um livro de Ruths, *Investigações experimentais sobre os fantasmas da música* [*Experimentaluntersuchungen über Musikphantome*], que tinha me ocupado muito nos últimos tempos, porque ele toca de perto em problemas psicológicos tratados por mim. O autor promete para os

próximos tempos uma obra que vai se chamar *Análise e princípios dos fenômenos do sonho* [*Analyse und Grundgesetze der Traumphänomene*]. Não é de admirar que, tendo acabado de publicar uma *Interpretação do sonho* [*Traumdeutung*], eu esteja aguardando esse livro com a maior expectativa. No escrito de Ruths sobre os fantasmas da música, encontrei, no início do índice, o anúncio da detalhada demonstração indutiva de que os mitos e as lendas dos antigos gregos tinham as suas raízes principais em fantasmas da música e do sono, em fenômenos oníricos e também em delírios. Na época, mergulhei imediatamente no texto, para verificar se ele também sabia que a cena em que Odisseu aparece diante de Nausícaa pode ser reconduzida ao sonho comum de nudez. Um amigo tinha me chamado a atenção para o belo trecho da obra de G. Keller *Henrique, o verde* [*Der Grüne Heinrich*] que esclarece esse episódio da Odisseia como uma objetivação dos sonhos do navegante que vagava longe de sua terra natal, e eu tinha acrescentado a relação com o sonho exibicionista da nudez (8. ed., p. 170) (*Ges. Werke*, v. II-III). Em Ruths, não descobri nada sobre isso. Nesse caso, obviamente, eu me ocupava com pensamentos prioritários.

2) Como cheguei um dia a ler no jornal: "*No barril* [*im Faß*] pela Europa", em vez de "*A pé* [*zu Fuß*] pela Europa"? Essa solução causou-me dificuldades por muito tempo. É claro que ocorrências imediatas indicavam: eu devia ter tido em mente a pipa de Diógenes e, não havia muito tempo, tinha lido numa história da arte algo sobre a arte na época de Alexandre. Daí foi fácil pensar na famosa fala de Alexandre: Se eu não fosse Alexandre, gostaria de ser Diógenes. Também me veio uma vaga ideia sobre um certo *Hermann Zeitung*, que tinha se dado a viajar em uma caixa. Mas o nexo não

quis continuar a se restaurar, e não consegui reencontrar a página da história da arte em que aquela observação me havia saltado aos olhos. Só meses mais tarde voltou a ocorrer-me de repente o enigma que eu tinha deixado de lado e, dessa vez, juntamente à sua solução. Lembrei-me da observação em um artigo de jornal sobre os meios curiosos de *transporte* [*Beförderung*] que as pessoas estavam escolhendo naquele momento para chegar à Exposição Internacional em Paris, e lá também, creio eu, era comunicado divertidamente que certo senhor teria tido a intenção de se deixar empurrar por outro senhor em um *barril* [*Faß*] até Paris. Naturalmente essas pessoas não teriam nenhum outro motivo além de chamar atenção por meio dessas tolices. *Hermann Zeitung* era, de fato, o nome daquele homem que havia dado o primeiro exemplo de um meio extraordinário de transporte como esse. Ocorreu-me então que, certa vez, tratei de um paciente cujo medo mórbido diante de jornais [*Zeitung*] se dissolveu como reação contra a *ambição* doentia de se ver impresso em letras e de ser citado como famoso no jornal. Alexandre da Macedônia foi certamente um dos homens mais ambiciosos que já existiram. Chegava a se queixar de que não iria encontrar nenhum Homero para cantar suas façanhas. Mas como eu pude *não pensar no fato* de que outro Alexandre estava mais próximo, de que Alexandre é o nome do meu irmão mais novo! Encontrei, e então, imediatamente, o pensamento chocante teve de ser recalcado em relação a esse Alexandre e sua atual causação. Meu irmão é especialista em coisas relativas a tarifas e *transportes* [*Beförderung*], e, em certa época, devia receber o título de professor por sua atividade docente em uma escola comercial. Há vários anos fui sugerido na universidade para a mesma *promoção* [*Beförderung*], sem tê-la conseguido. Nossa mãe manifestou na época sua estranheza de que seu filho mais novo chegasse a professor antes do mais velho. Assim estavam as coisas na época em que eu não consegui encontrar a solução para aquele erro de leitura. Depois, surgiram dificuldades também para o meu irmão; suas chances de se tornar professor acabaram ainda menores que as minhas. Mas, de repente, ficou-me claro o sentido do lapso de leitura; era como se a redução das chances do irmão tivesse eliminado um obstáculo. Eu tinha me comportado como se tivesse lido a nomeação do irmão no jornal e dito a mim mesmo: Curioso que, por causa dessas bobagens (como as que ele faz na profissão), se possa ser citado no jornal (quer dizer, ser nomeado professor)! Encontrei então, sem dificuldade alguma, a passagem sobre a arte helênica da época de Alexandre, e, para minha surpresa, convenci-me de que, durante a minha busca anterior, eu lia repetidas vezes a mesma página e, a cada vez, saltava a frase em questão, como se estivesse sob o domínio de uma alucinação negativa. Além disso, essa frase não continha nada que me trouxesse um esclarecimento que merecesse ser esquecido. Penso que o sintoma de nada encontrar no livro só tinha sido criado para me desnortear. Eu devia procurar a continuação da ligação entre os pensamentos lá onde foi colocado um obstáculo no caminho da minha investigação, portanto, em alguma ideia sobre o Alexandre da Macedônia, e dessa maneira eu seria desviado com mais segurança do irmão de mesmo nome. E foi perfeitamente o que ocorreu; dirigi todos os meus esforços para reencontrar a passagem perdida naquela história da arte.

Nesse caso, o duplo sentido da palavra *"Beförderung"* [transporte e promoção] é uma ponte associativa entre os dois complexos, o não importante, estimulado pela notícia do jornal, e o mais interessante, mas chocante, que se faz valer aqui como perturbação daquilo que será lido. A partir desse exemplo, percebemos que nem sempre será fácil esclarecer ocorrências como a desse erro de leitura. Ocasionalmente nos vemos forçados a deslocar a solução do enigma para um momento mais propício. Porém, quanto mais difícil se revela o trabalho de solução, com mais certeza se pode esperar que o pensamento perturbador finalmente descoberto será julgado por nosso pensamento consciente como estranho e contrário.

3) Um dia recebi uma carta das imediações de Viena que me comunica uma notícia que me transtornou. Chamo imediatamente minha mulher e solicito a sua participação no fato de *a* pobre Wilhelm M. estar muito doente e ter sido desenganada pelos médicos. Mas algo deve ter soado falso nas palavras com que vesti o meu pesar, pois minha mulher ficou desconfiada, pediu para ver a carta e manifestou sua convicção de que não podia ter sido isso, pois ninguém menciona uma mulher pelo prenome do marido e, além disso, a remetente conhecia muito bem o prenome da mulher. Defendo minha afirmação obstinadamente e remeto aos tão usuais cartões de visita, nos quais uma mulher se designa a si mesma com o prenome do marido. Por fim, tive de pegar a carta, e o que lemos ali realmente foi "*o* pobre W. M.", e até mesmo o que eu tinha negligenciado por completo era: "*o* [*der*] pobre *Dr.* W. M.". Meu lapso visual [*Versehen*] significou, portanto, uma tentativa, por assim dizer, convulsiva de repassar a triste novidade do marido para a mulher. O título inserido entre o artigo, o adjetivo e o nome não se adequavam bem à demanda de que se mencionasse a mulher. É por isso que ele foi eliminado

na leitura. Entretanto, o motivo desse falseamento não foi que a mulher me fosse menos simpática do que o marido, mas que o destino do pobre homem havia despertado minha inquietação com outra pessoa, próxima a mim, que tinha em comum com esse caso uma das condições da doença conhecida por mim.

4) Irritante e ridículo é, para mim, um lapso de leitura [*Verlesen*] que eu cometo muito frequentemente quando, nas férias, passeio pelas ruas de uma cidade estrangeira. Leio então como *Antiguidades* qualquer letreiro de loja que, de algum modo, assemelhe-se a essa palavra. Aqui se manifesta o prazer aventureiro do colecionador.

5) Bleuler relata, em seu importante livro *Afetividade, sugestionabilidade, paranoia* [*Affektivität, Suggestibilität, Paranoia*] (1906), p. 121: "Tive uma vez, enquanto lia, a sensação intelectual de ver meu nome duas linhas abaixo. Para meu espanto, encontrei apenas a palavra 'corpúsculos sanguíneos' [*Blutkörperchen*]. Entre os muitos milhares de lapsos de leitura por mim analisados, tanto do campo visual periférico como do central, esse é o caso mais grosseiro. Toda vez que eu acreditei ver meu nome, a palavra que deu ocasião a isso costumava ser muito mais semelhante a ele e, na maioria dos casos, praticamente todas as letras do nome tinham de estar presentes por perto, para que eu pudesse cometer um erro desses. Nesse caso, porém, o delírio de referência e a ilusão puderam ser explicados muito facilmente: o que tinha acabado de ler era o final de uma observação sobre um tipo de estilo precário de trabalhos científicos, do qual eu não me sentia isento".

6) H. Sachs: "Sobre tudo aquilo que espanta as pessoas, ele passa com seu *pedantismo* [*Steifleinenheit*]". No entanto, essa palavra me chamou a atenção, e, ao

olhar mais perto, descobri que era "sutileza de estilo" [*Stilfeinheit*]. O trecho se encontrava entre eloquentes observações feitas por um autor que eu admirava e que elogiavam um historiador que não me era simpático, porque ele exibia intensamente o tom professoral alemão.

7) O Dr. Marcell Eibenschütz relata, no *Zentralblatt für Psychoanalyse*, I, 5-6, um caso de lapso de leitura no estudo da ciência filológica. "Eu estava empenhado com a tradição literária do *Livro dos mártires*, uma compilação de lendas do período do alto alemão médio, que devo editar nos *Textos alemães da Idade Média*, publicados pela Academia Prussiana das Ciências [Preußischen Akademie der Wissenschaften]. Sobre a obra, que até então ainda não fora impressa, sabia-se muito pouco; havia um único ensaio sobre ela, de autoria de J. Haupt, 'Sobre o livro em alto alemão médio dos mártires' [Über das Mittelhochdeutsche Buch der Märtyrer] – *Wiener Sitzungsberichte*, 1867, v. 70, p. 101 e seguintes. Haupt não fundamentou seu trabalho em um manuscrito antigo, mas em um da nova época, o século XIX, que era uma cópia originada do manuscrito principal C (Klosterneuburg[46]), uma cópia que a biblioteca imperial terá conservado. No final dessa cópia, encontra-se o subscrito a seguir:

"*Anno Domini MDCCCL in vigilia exaltacionis sancte crucis ceptus est iste liber et in vigilia pasce anni subsequentis finitus cum adiutorio omnipotentis per me Hartmanum de Krasna tunc temporis ecclesie niwenburgensis custodem.*

---

[46] Klosterneuburg é o nome tanto de uma pequena cidade austríaca como de seu monastério. Parte do complexo histórico, a biblioteca do monastério contém centenas de milhares de manuscritos da Idade Média e incunábulos, que são os primeiros livros impressos com tipos móveis, em que o tipógrafo deixava uma lacuna no início da frase, para que desenhassem a letra. (N.T.)

[Este livro foi iniciado na véspera do Dia do Ano de Nosso Senhor de 1850 e terminado no sábado de Páscoa do ano seguinte, com a ajuda do Todo-Poderoso, por mim, Hartmann de Krasna, na época sacristão em Klosterneuburg.]

"Haupt cita em seu ensaio essa subscrição, observando que é proveniente do próprio escritor de C, e supõe que C foi escrito em 1350, com um consequente lapso de leitura da data de 1850, escrita em algarismos romanos, apesar de ele ter copiado a subscrição corretamente e de a data ter sido corretamente impressa no trecho citado (ou seja, MDCCCL).

"A comunicação de Haupt gerou em mim uma fonte de embaraços. Em primeiro lugar, como jovem iniciante na ciência acadêmica, eu me encontrava inteiramente sob a autoridade de Haupt, e por longo tempo li na subscrição diante de mim, impressa com perfeita clareza e correção, 1350 em vez de 1850, tal como Haupt. No entanto, no manuscrito principal C usado por mim, não havia nenhum vestígio de algum tipo de subscrição, e, além disso, constatou-se que, em todo o século XIV, não tinha vivido nenhum monge de nome Hartmann em Klosterneuburg. E quando, enfim, caiu a venda dos meus olhos, pude adivinhar toda a situação, e as investigações posteriores confirmaram minha suspeita: a tão mencionada subscrição encontra-se, na realidade, *apenas* na cópia utilizada por Haupt e provém do copista P. Hartmann Zeibig, nascido em Krasna, na Morávia, que foi mestre do coro agostiniano em Klosterneuburg e que no ano 1850, como sacristão do mosteiro, fez uma cópia do manuscrito C, citando-se a si mesmo no fim da cópia, à maneira antiga. A sintaxe medieval e a ortografia antiga da subscrição certamente contribuíram com o *desejo* de

Haupt de conseguir comunicar o máximo possível sobre a obra que estava examinando e, portanto, também de *datar o manuscrito C*, com o resultado de ele sempre ler 1350 em vez de 1850. (Motivo do ato falho.)"

8) Em *Ocorrências engraçadas e satíricas* [*Witzige und Satirische Einfälle*], de Lichtenberg, encontra-se um comentário que, sem dúvida, advém de uma observação e quase que contém a teoria inteira do lapso de leitura: ele tanto havia lido Homero que sempre lia *Agamenon* em vez de *"angenommen"* [suposto].

Em um imenso número de casos é efetivamente a predisposição do leitor que altera o texto e em sua leitura inclui algo que ele admitiu ou com o qual ele se ocupa. O texto mesmo só precisa oferecer ao lapso de leitura alguma semelhança na imagem da palavra, que o leitor possa alterar no sentido que quiser. Não há dúvida de que um olhar apressado, especialmente com um defeito não corrigido no olho, facilita a possibilidade de uma ilusão como essa, mas de modo algum é uma condição necessária para ela.

9) Acredito que a época da guerra, que produziu em nós todos certas preocupações fixas e prolongadas, não favoreceu tanto nenhum outro ato falho quanto o lapso de leitura. Pude fazer um grande número observações desse tipo, das quais, infelizmente, conservei apenas algumas. Um dia, pego um jornal do meio-dia ou o vespertino e encontro lá impresso em letras garrafais: *a paz de Gorízia* [*Der Friede von Görz*]. Mas não, dizia apenas: *os inimigos diante de Gorízia* [*Die Feinde vor Görz*]. Quem justamente tem dois filhos combatendo nesse palco de guerra bem pode equivocar-se assim na leitura. Outro sujeito viu *um velho cartão de racionamento de pão* [*alte Brotkarte*] mencionado num contexto, porém, prestando maior atenção, ele

teve de substituir por *velhos brocados* [*alte Brokate*]. Talvez valha a pena mencionar que, em uma casa em que ele é sempre um hóspede bem recebido, ele costuma agradar a dona da casa, cedendo cartões de racionamento de pão. Um engenheiro, cujo equipamento nunca resistia por muito tempo à umidade que dominava o túnel durante a construção, leu, para seu espanto, um anúncio em que se elogiavam objetos de *"couro de descarte"* [*Schundleder*]. Mas comerciantes raramente são tão sinceros; a compra que se recomendava no caso era *couro de foca* [*Seehundleder*].

A profissão ou a situação atual do leitor também determinam o resultado de seu lapso de leitura. Um filólogo, que por causa de seus últimos exímios trabalhos entrou em uma contenda com seus colegas de profissão, lê *"Sprachstrategie"* [estratégia linguística] em vez de *Schachstrategie* [estratégia de xadrez]. Um homem, que vai passear em uma cidade estrangeira exatamente na hora em que a sua atividade intestinal está regulada para acontecer, em virtude de um tratamento, lê *"Klosetthaus"* [banheiros] em um grande letreiro no primeiro andar de uma grande loja de departamentos; sua satisfação mesclou-se, sem dúvida, com um estranhamento pela localização incomum do benéfico estabelecimento. Entretanto, no momento seguinte, a satisfação desaparece, pois, corretamente, a placa dizia: *Korsetthaus* [casa de espartilhos].

10) Em um segundo grupo de casos, é a participação do texto que é de longe maior no lapso de leitura. Ele contém algo que desperta a defesa do leitor, alguma comunicação ou imposição que lhe é penosa e que, por isso, experimenta, por meio do lapso de leitura, uma correção no sentido de um repúdio ou uma realização de desejo. Nesse caso, é irrefutável supor que o texto foi primeiro corretamente entendido e julgado, antes de

passar pela correção, embora a consciência nada tenha sabido dessa primeira leitura. O exemplo 3, de páginas anteriores, é desse tipo; comunico aqui outro de muita atualidade, seguindo o Dr. M. Eitingon (na época, no hospital militar em Igló, *Internat. Zeitschr. f. Psychoanalyse*, II, 1915).

"O tenente X., que se encontra em nosso hospital com uma neurose traumática de guerra, leu para mim um dia, com visível emoção, o verso final da última estrofe de um poema de Walter Heymann, tão prematuramente abatido:

> Eu pergunto: mas onde está escrito que, de todos,
> Eu deveria sobreviver e outro cair por mim?
> Pois certamente sempre que um de vocês cai, ele morre por mim;
> E devo permanecer? *Por que não?*

> [*Wo aber steht's geschrieben, frag' ich, daß von allen
> Ich übrig bleiben soll, ein anderer für mich fallen?
> Wer immer von euch fällt, der stirbt gewiß für mich;
> Und ich soll übrigbleiben? Warum denn nicht?*]

"Alertado pela minha estranheza, ele volta a ler, um tanto confuso, e o faz corretamente:

> E devo continuar? Por que *eu?*[47]

"Devo ao caso X certa visão analítica do material psíquico dessas 'neuroses traumáticas de guerra',

---

[47] W. Heymann: *Poemas de guerra e cartas postadas do front* [*Kriegsgedichte und Feldpostbriefe*], p. 11, "Aos que partiram" [Den Ausziehenden].

e, apesar das tão pouco favoráveis circunstâncias para a nossa maneira de trabalhar em um hospital militar, com uma intensa sobrecarga e poucos médicos, foi-me possível ver um pouco além das explosões de granadas, tão valorizadas como a 'causa'.

"Nesse caso, também houve os tremores severos que, à primeira vista, conferem aos casos manifestos dessas neuroses uma semelhança notável, bem como ansiedade, tendência ao choro e inclinação a acessos de raiva, com manifestações motoras infantis convulsivas, e a vômitos ('diante das menores excitações').

"Justamente o caráter psicogênico desse último sintoma, sobretudo por estar a serviço do ganho secundário da doença, não podia deixar de ficar evidente a todos: o aparecimento do comandante do hospital, que de tempos em tempos inspecionava os convalescentes na enfermaria, ou a frase de um conhecido na rua: 'Você está mesmo com ótimo aspecto, certamente já sarou', bastavam para a pronta deflagração de um acesso de vômito.

"'Saudável... de novo à ativa... por que eu?'"

11) O Dr. Hanns Sachs comunicou outros casos de lapsos "de guerra" na leitura:

"Um conhecido próximo tinha me explicado repetidas vezes que, quando chegasse a sua vez na fila, ele não iria fazer uso de sua formação profissional, confirmada pelo diploma, mas renunciaria ao direito que isso lhe assegurasse de obter uma utilização correspondente na retaguarda, alistando-se para servir na frente de batalha. Pouco antes da chegada efetiva do seu turno, ele me comunicou um dia, na forma mais sucinta e sem nenhuma justificativa, que ele tinha apresentado as provas de sua formação profissional à autoridade competente e, em consequência disso, ele logo receberia sua alocação para uma atividade industrial. No dia seguinte, encontramo-nos em uma repartição pública. Eu estava diante de um balcão escrevendo; ele entrou, olhou por um momento por cima de meu ombro e então disse: 'Ah! A palavra aí em cima é *"Druckbogen"* [prova tipográfica] – eu tinha lido como se fosse *Drückeberger* [covarde]'" (*Internat. Zeitschr. f. Psychoanalyse*, IV, 1916-17).

12) "Estava sentado no bonde e refletindo sobre alguns de meus amigos da juventude, que sempre eram considerados frágeis e delicados, e que agora eram capazes de suportar os trabalhos mais estafantes, aos quais eu certamente sucumbiria. Em meio e esse fluxo desagradável de pensamentos, li de passagem, com pouca atenção, as grandes letras pretas do letreiro de uma firma: '*Constituição de ferro*' [*Eisenkonstitution*]. Um momento depois, ocorreu-me que essa palavra não era muito adequada para o letreiro de uma empresa comercial; virei-me rapidamente e ainda consegui dar mais uma olhada na inscrição, e vi que, na verdade, ela dizia '*Construção de ferro*' [*Eisenkonstruktion*]" (Sachs, *ibid.*).

13) "Nos jornais vespertinos, havia um despacho da agência Reuters, que nesse meio-tempo foi reconhecido como incorreto, segundo o qual Hughes teria sido eleito presidente dos Estados Unidos. Depois disso, foi publicada uma breve biografia do suposto eleito, e nela me deparei com a informação de que Hughes havia se graduado na Universidade de *Bonn*. Parecia-me fora do comum que essa circunstância não tivesse sido mencionada nos debates jornalísticos de todas as semanas que precederam o dia da eleição. Examinando mais uma vez, revelou-se que só se fazia referência à Universidade *Brown*. Esse caso crasso, em que, para se produzir o lapso de leitura,

foi necessária uma grande violência, explica-se, além da pressa na leitura do jornal, sobretudo por eu considerar desejável que a simpatia do novo presidente pelas potências centrais europeias como base de boas relações futuras se fundamentasse também em motivos pessoais, além dos motivos políticos" (Sachs, *ibid*.).

B) LAPSOS DE ESCRITA

1) Em uma folha de papel com breves registros diários, a maioria de interesse profissional, encontro, para minha surpresa, incluída entre as datas corretas do mês de setembro, a data equivocadamente anotada de "quinta-feira, 20 de outubro". Não é difícil esclarecer essa antecipação, e, na verdade, como uma expressão de um desejo. Eu tinha acabado de voltar de férias alguns dias antes e me sentia disposto para uma atividade médica abundante, mas o número de pacientes ainda era escasso. Quando cheguei, encontrei uma carta de uma paciente anunciando-se para o dia *20 de outubro*. Ao anotar o número do mesmo dia no mês de setembro, é provável que eu tenha pensado: "X já deveria estar aqui; que pena perder um mês inteiro!", e nesse pensamento antecipei a data. Nesse caso, dificilmente se pode chamar o pensamento perturbador de chocante; foi por isso que eu também pude saber a solução do lapso de escrita imediatamente quando o notei. No outono do ano seguinte repeti um lapso de escrita inteiramente análogo e por motivos semelhantes. – Ernest Jones estudou esses lapsos na escrita de datas, e, na maioria dos casos, foi-lhe fácil reconhecer que estavam motivados.

2) Recebo as provas da minha contribuição para o *Boletim Anual de Neurologia e Psiquiatria* [*Jahresbericht*

Neurologie und Psychiatrie] e, obviamente, tenho de revisar com especial cuidado o nome dos autores que, por pertencerem a diferentes nações, costumam causar maiores dificuldades. De fato, ainda encontrei alguns nomes de som estrangeiro a serem corrigidos, mas, curiosamente, o tipógrafo corrigiu um único nome em relação ao meu manuscrito e, aliás, com todo direito. Eu tinha escrito *Buckrhard*, ao passo que o tipógrafo adivinhou que seria *Burckhard*. Eu tinha elogiado como muito meritório o ensaio de um obstetra sobre a influência do parto na gênese das paralisias infantis, não teria nada a dizer contra o seu autor, mas tem o mesmo nome que ele um escritor de Viena que me aborreceu com uma crítica insensata da minha *Interpretação do sonho*. É exatamente como se, ao escrever o nome de Burckhard para designar o obstetra, eu tivesse pensado algo hostil sobre o outro Burckhard, o escritor, pois a distorção de nomes, com bastante frequência, significa insulto, como já mencionei a respeito dos lapsos verbais.[48]

3) Essa afirmação é claramente corroborada por uma auto-observação de A. J. Storfer, em que o autor expõe com uma franqueza louvável os motivos que o fizeram lembrar-se incorretamente do nome de um suposto concorrente e, em seguida, escrevê-lo de maneira desfigurada:

"Em dezembro de 1910, eu vi na vitrine de uma livraria de Zurique o recém-lançado livro do Dr. Eduard

---

[48] Veja-se, por exemplo, o trecho de *Júlio César*, ato III, cena 3:
CINNA: Sinceramente, meu nome é Cinna.
CIDADÃO: Corte-o em pedaços! Ele é um conspirador.
CINNA: Eu sou Cinna, o poeta! Eu não sou Cinna, o conspirador.
CIDADÃO: Não importa; seu nome é Cinna, arranquem-lhe o nome do coração e deixem-no partir.

Hitschmann sobre a doutrina das neuroses, de Freud. Justamente nessa época, eu estava trabalhando no manuscrito de uma conferência que eu iria proferir em uma associação acadêmica, sobre os princípios básicos da psicologia de Freud. Na introdução da conferência, que já estava redigida, eu havia assinalado o desenvolvimento histórico da psicologia freudiana a partir de suas pesquisas em um campo aplicado, certas dificuldades daí decorrentes para se obter uma apresentação resumida de seus fundamentos e também o fato de que ainda não havia se constituído nenhuma exposição geral. Quando vi o livro na vitrine (do autor para mim até então desconhecido), não pensei em comprá-lo naquele momento. Mas, alguns dias depois, decidi fazê-lo. O livro não estava mais na vitrine. Mencionei ao livreiro o livro recém-lançado e indiquei como autor o 'Dr. Eduard *Hartmann*'. O livreiro me corrigiu: 'O senhor quer dizer *Hitschmann*', e me trouxe o livro.

"O motivo inconsciente do ato falho era evidente. Em alguma medida, eu me achei merecedor do crédito por ter resumido os princípios básicos da doutrina psicanalítica, e é evidente que considerava o livro de Hitschmann com inveja e aborrecimento, já que ele era um redutor do meu mérito. A modificação do nome é um ato de hostilidade inconsciente, eu disse a mim mesmo, de acordo com a *Psicopatologia da vida cotidiana*. Na ocasião, dei-me por satisfeito com essa explicação.

"Algumas semanas depois, anotei aquele ato falho. Na ocasião, também levantei a questão: por que eu tinha transformado Eduard Hitschmann em Eduard Hartmann? Será que a mera semelhança dos nomes teria levado ao nome do conhecido filósofo? Minha primeira associação foi a lembrança de uma declaração que uma vez ouvi do professor Hugo v. Meltzl, um entusiasmado apreciador de Schopenhauer, e que dizia aproximadamente o seguinte: 'Eduard v. Hartmann é o Schopenhauer atrapalhado, virado do avesso'. A tendência afetiva que determinou a estrutura substitutiva do nome esquecido foi portanto: 'Ah, provavelmente não haverá grande coisa para esse Hitschmann e sua exposição resumida; ele deve estar para Freud assim como Hartmann, para Schopenhauer'.

"Eu tinha então anotado esse caso como sendo de um esquecimento determinado com ocorrência substitutiva.

"Depois de meio ano, a folha em que eu fiz a anotação chegou a minhas mãos. Percebi então que, em vez de Hitschmann, eu tinha escrito Hintschmann [*Hintsh* – 'doença' ou 'peste'] o tempo todo" (*Internat. Zeitschr. f. Psychoanalyse*, II, 1914).

4) Eis um caso aparentemente mais grave de lapso de escrita que talvez eu pudesse ter classificado com igual direito entre os "equívocos na ação" [*Vergreifen*]:

Eu tinha a intenção de retirar da Caixa Econômica Postal a soma de 300 coroas, que queria enviar para um parente ausente, visando tratamento médico. Percebo que minha conta está com 4.380 coroas e decido diminuí-la agora para a soma redonda de 4.000 coroas, que não deve ser tocada nos próximos tempos. Depois de preencher o cheque corretamente e cortar os números correspondentes à quantia, noto de repente que eu não tinha solicitado 380 coroas, como eu queria, mas exatos 438, e me assustei com a falta de confiabilidade de minhas ações. Logo reconheço que o susto foi injustificado; eu não tinha ficado mais pobre agora do que era antes. Mas vi que precisava meditar por um bom tempo sobre a influência que, sem se anunciar à minha consciência, pôde perturbar a minha primeira intenção. Primeiro, caí em caminhos falsos, quis subtrair 380 de 438, mas então não soube o que fazer com a diferença. Por fim, ocorre-me uma ideia repentina que me mostra o verdadeiro nexo. 438 correspondiam a *10 por cento* do saldo total de 4.380 coroas! 10% de desconto é o que se recebe do *livreiro*. Lembrei-me de que alguns dias antes eu tinha selecionado uma quantidade de obras médicas, que perderam seu interesse para mim, para oferecê-los ao livreiro por exatas 300 coroas. Ele achou o preço muito alto e prometeu dar a resposta definitiva dentro de alguns dias. Se ele aceitasse minha oferta, teria justamente substituído a soma que eu devo desembolsar para o parente doente. Não se pode negar que lamentava por fazer essa despesa. O afeto da percepção do meu erro pode ser mais bem compreendido como temor de me tornar pobre com tais despesas. Mas ambos, o pesar pela despesa e o medo de empobrecer ligado a ele, são completamente estranhos à minha consciência; não senti o pesar quando prometi essa soma, e teria achado sua motivação até risível. E é provável que jamais me atribuísse uma moção como essa, se eu não estivesse bastante familiarizado, pela prática com a psicanálise de pacientes, com o recalcado na vida psíquica, e se não tivesse tido há poucos dias um sonho que exigia a mesma solução.[49]

5) Cito a seguir um caso de acordo com W. Stekel, por cuja autenticidade também posso responder: "Um exemplo francamente inacreditável de lapso de escrita e de leitura ocorreu na redação de um difundido

---

[49] Trata-se daquele sonho que usei como paradigma em um breve artigo: "Sobre o sonho" [Über den Traum] (n. VIII de *Perguntas limítrofes da vida psíquica e nervosa* [*Grenzfragen des Nerven- und Seelenslebens*], ed. Lowenfeld und Kurella, 1901. v. III).

semanário. A direção em questão foi publicamente referida como 'comprável'; era necessário escrever um artigo de repúdio e de defesa. E foi também o que aconteceu – com grande ardor e grande ênfase. O chefe de redação do periódico leu o artigo, o autor o leu, evidentemente várias vezes no manuscrito, e depois novamente na prova tipográfica, e todos estavam muito satisfeitos. De repente, manifesta-se o revisor, assinalando um pequeno erro que escapou à atenção de todos. Lá estava escrito com toda a clareza: 'Nossos leitores nos darão o testemunho de que agimos do modo *mais egoísta possível* para o bem da comunidade'. É claro que deveria ter sido escrito *altruísta*. Mas os pensamentos verdadeiros irromperam com força elementar na fala patética".

6) Uma leitora do *Pester Lloyd*, a Sra. Kata Levy, em Budapeste, percebeu recentemente uma demonstração semelhante de franqueza involuntária publicada no jornal em 11 de outubro de 1918, como telegrama procedente de Viena:

"Indubitavelmente, com base na relação absoluta de confiança que prevaleceu durante a guerra entre nós e nossos aliados alemães, presume-se que as duas potências em todos os casos chegarão a uma decisão por unanimidade. É desnecessário ainda mencionar expressamente que também na fase atual tem havido uma cooperação ativa e *plena de lacunas* [*lückenhaftes*] entre os diplomatas aliados."

Apenas algumas semanas depois, foi possível pronunciar-se com maior franqueza sobre essa "relação de confiança", não mais havendo necessidade de se refugiar em um lapso de escrita (ou de impressão).

7) Um norte-americano residente na Europa, que deixou sua esposa após um desentendimento, acredita

que agora poderia reconciliar-se com ela e pede-lhe que o encontre em uma data específica e que, para isso, atravesse o oceano: "Seria fantástico", ele escreve, "se você, como eu, pudesse vir ao *'Mauretanea'*". Mas ele não se atreve a enviar a folha em que essa frase estava. Ele prefere escrever de novo. Porque ele não quer que ela perceba a correção que foi preciso fazer no nome do navio. Inicialmente, ele tinha escrito *"Lusitânia"* [navio que naufragou].

Esse lapso de escrita não precisa de esclarecimento, é interpretável sem maiores explicações. Mas a graça do acaso permite acrescentar um detalhe: antes da guerra, sua esposa foi pela primeira vez para a Europa, após a morte de sua única irmã. Se eu não me engano, o *"Mauretanea"* é o navio-irmão sobrevivente do *"Lusitânia"*, afundado durante a guerra.

8) Um médico tinha examinado uma criança e agora prescrevia para ela uma receita na qual aparece a palavra *álcool*. Enquanto ele o faz, a mãe o incomoda com perguntas insensatas e supérfluas. Ele se propõe internamente a não se aborrecer com isso, e consegue realizar esse propósito, mas, enquanto era perturbado, cometeu um lapso de escrita. Na receita lê-se *Achol*[50] em vez de *Alcohol*.

9) Por causa da afinidade de conteúdo, anexo aqui um caso que E. Jones contou sobre A. A. Brill. Embora este último seja por hábito totalmente abstêmio, deixou-se induzir por um amigo a beber um pouco de vinho. Na

---

[50] *"Acholie"*, segundo o dicionário *Duden*, é um termo da medicina que significa falta de secreção do líquido biliar no intestino; por exemplo: quando um duto biliar é fechado por cálculos biliares; palavra de origem greco-latina. (N.T.)

manhã seguinte, uma forte dor de cabeça lhe deu a ocasião para lamentar essa fraqueza. Ele tinha de escrever o nome de uma paciente que se chamava *Ethel* e em vez disso escreveu *Ethyl*.[51] É claro que também se deve levar em conta que a senhora em questão costumava beber mais do que lhe fazia bem.

Já que um lapso de escrita cometido pelo médico ao prescrever uma receita exige um significado que vai muito além do costumeiro valor prático dos atos falhos, aproveito a ocasião para relatar em detalhes a única análise publicada até agora sobre esses deslizes de médicos na escrita:

10) Do Dr. Eduard Hitschmann "Ein wiederholter Fall von Verschreiben bei der Rezeptierung" (1913) [Um caso repetido de lapso de escrita na prescrição]): "Um colega contou-me que, no decorrer dos anos, várias vezes lhe aconteceu de se equivocar ao prescrever um determinado medicamento para as pacientes de idade avançada. Em duas ocasiões ele prescreveu a dose 10 vezes maior, e depois viu-se obrigado a anular a receita ao se aperceber disso por uma ocorrência repentina e tomado pelo maior medo de ter prejudicado a paciente e de ter exposto a si mesmo a um grande transtorno. Essa curiosa ação sintomática merece ser esclarecida mediante uma exposição mais precisa de cada um dos casos e por uma análise.

"Primeiro caso: o médico prescreve a uma mulher pobre, no limiar da velhice, supositórios de Belladona 10 vezes mais fortes contra constipação espasmódica. Ele deixa o ambulatório e, mais ou menos uma hora depois, em casa, subitamente lhe ocorre o erro enquanto lia o

---

[51] Álcool etílico.

jornal e tomava café da manhã; assaltado pelo medo, apressa-se primeiramente de volta ao ambulatório, para requerer o endereço da paciente, e de lá foi às pressas para a casa dela, que ficava bem distante. Ele encontra a idosa senhorinha com uma receita ainda não preparada, com o que ele muito se alegrou, e voltou para casa acalmado. Ele desculpa a si mesmo, não sem justificativa, com o fato de o chefe do ambulatório, muito conversador, ter ficado olhando por sobre seu ombro enquanto ele escrevia a receita e tê-lo perturbado.

"Segundo caso: O médico teve de se afastar rapidamente da consulta a uma bela paciente, coquete e provocativa, para fazer uma visita médica a uma senhora mais velha. Ele usou um carro de aluguel, já que não tinha muito tempo sobrando para essa visita; pois em uma determinada hora ele deveria encontrar secretamente uma jovem a quem amava, perto do apartamento dela. Também aqui, havia a indicação de Belladona por causa de queixas análogas às do primeiro caso. É cometido novamente o mesmo erro de receitar o medicamento 10 vezes mais forte. A paciente diz algo interessante que não vem ao caso, mas o médico se deixa trair pela impaciência, mesmo que ele tenha negado com palavras, e, então, deixou a paciente, de modo que conseguiu chegar a tempo ao encontro. Cerca de 12 horas depois, mais ou menos às 7 horas da manhã, o médico desperta; quase ao mesmo tempo, chegam à sua consciência o lapso de escrita e o medo, e ele enviou rapidamente um recado à paciente, na esperança de o medicamento ainda não ter sido retirado da farmácia, e lhe pede que a receita seja devolvida, para poder revê-la. No entanto, ele recebe a receita há pouco aviada e dirige-se à farmácia com certa resignação estoica e o otimismo do experiente, onde é tranquilizado pelo farmacêutico, que, obviamente, cuidou disso (ou talvez também por engano?), preparando o medicamento em uma dose menor.

"Terceiro caso: O médico quer prescrever para sua tia idosa, irmã de sua mãe, a mistura de *Tinct. belladonnae* e *Tinct. opii* em dose inofensiva. A receita é imediatamente levada por uma menina para a farmácia. Pouquíssimo tempo depois, ocorreu ao médico que ele havia escrito '*extractum*' no lugar de '*tinctura*', e logo depois o farmacêutico lhe telefonou, interpelando-o por esse erro. O médico desculpa-se com o falso pretexto de que ele ainda não havia preenchido completamente a receita, que ela tinha sido removida às pressas da mesa, por isso ele não teria tido culpa.

"Os pontos comuns notáveis desses três lapsos de escrita residem no fato de, até aqui, só ter acontecido ao médico com esse único medicamento; e, em todas as vezes, tratava-se de uma paciente feminina e em idade avançada, e a dose era sempre muito forte. Uma análise rápida mostra que a relação do médico com sua mãe deve ter tido uma importância decisiva. De fato, ocorreu-lhe que, certa vez, ele havia prescrito a mesma receita para sua mãe, igualmente idosa – e é altamente provável que isso tenha acontecido antes dessas ações sintomáticas – na dose de 0,03, embora ele estivesse mais familiarizado com a dose mais habitual de 0,02, e isso, como ele pensou, para ajudá-la de maneira radical. A reação da frágil mãe a esse medicamento foi uma congestão na cabeça e uma secura desconfortável na garganta. Ela se queixou com uma alusão, meio de brincadeira, às perigosas consultas que se pode ter com um filho. Também em outras ocasiões, a mãe, aliás, filha de médico, havia feito semelhantes objeções, meio de brincadeira, a medicamentos ocasionalmente recomendados por seu filho médico, e falou de envenenamento.

"Até onde este autor pôde entender as relações desse filho com sua mãe, não há dúvida de que ele é um filho instintivamente amoroso, mas não é nada exagerado em sua avaliação intelectual da mãe ou em relação ao seu respeito pessoal por ela. Vivendo com o irmão um ano mais moço e a mãe na mesma casa, há anos ele sente essa convivência como uma inibição para a sua liberdade erótica, mas sabemos pela experiência psicanalítica que esses argumentos são usados de maneira abusiva como um pretexto para um vínculo interno. O médico aceitou a análise com bastante satisfação pelo esclarecimento, e disse sorrindo que a palavra *Belladonna* = *bela mulher* também poderia significar uma relação erótica. Ocasionalmente ele próprio também já havia utilizado esse medicamento" (*Internat. Zeitschr. f. Psychoanalyse*, I, 1913).

Eu gostaria de concluir que esses atos falhos graves não se produzem de nenhum modo diferente do das de natureza inofensiva, que costumamos investigar.

11) Como particularmente inofensivo consideramos o lapso de escrita a seguir, relatado por S. Ferenczi. Pode-se interpretá-lo como uma operação de condensação resultante da impaciência (veja-se o deslize na fala *"Der Apfe"* – o macaco, acima, p. 93, e caberia sustentar essa concepção, se uma análise detalhada do ocorrido não comprovasse um fator perturbador mais poderoso:

"Isso condiz com a '*Anek*tode'"– escrevi certa vez no meu caderno de anotações. Naturalmente, eu quis dizer *Anekdote* [anedota], e era a do cigano condenado à *morte* [*Tode*], que pediu a graça de escolher ele mesmo a árvore em que seria enforcado. (Ele não encontrou nenhuma árvore adequada, apesar de dedicadas buscas.)

12) Outras vezes, ao contrário, o mais insignificante erro de escrita pode expressar um perigoso sentido secreto. Um anônimo relatou:

"Concluí uma carta com as palavras: 'as mais cordiais saudações à sua esposa e ao filho dela' [*Herzlichste Grüße an Ihre Frau Gemahlin und ihren Sohn*]. Pouco antes de colocar a folha no envelope, percebi o erro na letra inicial de '*ihren Sohn*' e corrigi. No caminho de casa, depois da última visita a esse casal, minha acompanhante notou que o filho parecia notavelmente com um amigo da casa e seria com certeza filho dele."

13) Uma dama dirige à irmã algumas linhas, desejando felicidade por se mudar para uma residência nova e espaçosa. Uma amiga que estava presente nota que a autora da carta colocou nela o endereço errado, e que nem era o da residência recém-abandonada, mas o da primeira em que a irmã havia morado, logo que se casou, e de onde havia se mudado havia muito tempo. Ela chama a atenção da autora da carta para esse fato. "Você tem razão, tenho de admitir, mas como cheguei a isso? Por que fiz isso? A amiga diz: provavelmente você sinta inveja da casa bonita e grande que ela vai ter agora, enquanto você mesma se sente em um espaço apertado, e, por isso, você a colocou de volta na primeira casa, em que ela não estava melhor que você." – "Certamente invejo o novo apartamento dela, confessa a outra com honestidade." E logo acrescenta: "Que pena que se seja sempre tão malvado em coisas como essas!".

14) E. Jones comunica o seguinte lapso de escrita, que foi trazido a ele por A. A. Brill: Um paciente destinou ao Dr. Brill um escrito em que ele se esforçava em atribuir seu nervosismo à preocupação e à irritação com o curso dos negócios durante uma crise do algodão. Nesse escrito, dizia-se que: *my trouble is all due to that damned frigid wave;*

there isn't even any seed [todo o meu problema se deve a essa maldita onda de frio; não há sequer uma semente]. Com *"wave"*, ele quis dizer naturalmente uma onda, uma tendência no mercado financeiro; mas na realidade ele não escreveu *wave* [onda], mas *wife* [esposa]. No fundo do seu coração ele abrigava ressentimentos contra a sua mulher por sua frieza no casamento e sua falta de filhos, e ele não estava longe de reconhecer que a privação imposta tinha uma grande participação na causação de seu sofrimento.

15) O Dr. E. Wagner narra sobre si próprio na *Zentralblatt für Psychoanalyse*, I, 12: "Durante a releitura de um velho caderno do colégio, percebi que, na pressa de fazer as anotações, cometi um pequeno lapso. Em vez de '*Epithel*' [epitélio], eu tinha escrito '*Edithel*'. Acentuando a primeira sílaba, tem-se o diminutivo de um nome de mulher [Edith]. A análise retrospectiva é bastante simples. Na época em que cometi o lapso de escrita, meu conhecimento da portadora desse nome era muito superficial, e só bem mais tarde é que se transformou em um relacionamento íntimo. O lapso de escrita é, portanto, uma bela prova da irrupção de uma inclinação inconsciente em uma época em que eu mesmo ainda não tinha a menor ideia sobre isso, e a forma escolhida do diminutivo caracterizou, ao mesmo tempo, os sentimentos concomitantes".

16) A Dra. v. Hug-Hellmuth: "Um médico prescreve para uma paciente água de *Levítico* em vez de água de *Levico*.[52] Esse erro, que havia dado a um farmacêutico uma boa ocasião para comentários depreciativos, pode facilmente

---

[52] *Levítico* é o nome de um livro da Bíblia. A expressão idiomática de quem dá uma bronca, como "dar sermão", em alemão se traduz literalmente como "ler-lhe o *Levítico*". Levico, por sua vez, é um lago italiano, nos Alpes, em que há água mineral, considerada por seus efeitos medicinais. (N.T.)

admitir uma consideração mais benévola, quando se investigam seus possíveis motivadores inconscientes e se não se negar a eles de antemão certa probabilidade, mesmo que sejam eles também apenas uma suposição subjetiva de alguém distante desse médico. Apesar de recriminar seus pacientes com palavras bastante duras por sua alimentação pouco racional, de dar-lhes sermões [*die* Leviten *lesen*], por assim dizer, esse médico ficava muito contente que sua sala de espera ficasse sempre lotada antes e durante as consultas, o que justificava o desejo do médico de que os pacientes já atendidos se vestissem o mais depressa possível, *vite, vite!* [*rápido, rápido!*, em francês]. Se bem me lembro, a sua esposa nasceu na França, o que justifica até certo ponto a minha hipótese aparentemente muito ousada de que, em seu desejo por mais velocidade de seus pacientes, ele se servisse justamente da língua francesa. Aliás, é um costume comum a muitas pessoas emprestar a esses desejos palavras de línguas estrangeiras, tal como o meu próprio pai, que, nas caminhadas, apressava-nos quando crianças exclamando: '*Avanti gioventù*' [avante, juventude] ou '*Marchez au pa*' [em frente, marche], ao contrário de um médico já bem idoso, com quem estive em tratamento, por uma afecção na garganta quando menina, que tentava inibir meus movimentos, que lhe pareciam rápidos demais, com um tranquilizante: '*piano, piano*' [devagar, devagar]. De modo que eu entendo como plausível que também o outro médico fosse adepto do mesmo hábito, e assim tivesse 'prescrito' Levítico em vez de água de Levico (*Zentralbl. f. Psychoanalyse*, II, 5)."

Vejam-se, nesse mesmo texto, outros exemplos tomados de lembranças da juventude da autora (fraz*ösisch* em vez de *französisch* e um lapso de escrita do nome *Karl*).

17) No lapso de escrita a seguir, que por seu conteúdo coincide com outro conhecido chiste ruim, a intenção de fazer chiste certamente estava excluída. Ele foi comunicado pelo Sr. J.G., a quem agradeço também pela contribuição de outro exemplo já mencionado:

"Como paciente de um sanatório (de doenças pulmonares), fiquei sabendo, para o meu pesar, que em um parente próximo tinha sido constatada a mesma doença que me obrigou a procurar uma instituição de saúde. Em uma carta, sugeri ao meu parente visitar um especialista, um professor famoso com quem eu mesmo estou em tratamento, e de cuja autoridade médica estou convencido, ao mesmo tempo que, por outro lado, eu tenha todos os motivos para me queixar de sua descortesia; pois o professor em questão – faz pouco tempo – se recusou a emitir um atestado de grande importância para mim. Em sua resposta à minha carta, meu parente me chama a atenção para um erro de escrita que me divertiu extremamente, pois reconheci de imediato a sua causa. No meu escrito eu tinha usado a seguinte frase: '…assim, eu o aconselho a *in*sultar [in*sultieren*] o Prof. X. sem demora'. Naturalmente, eu queria ter escrito *con*sultar [kon*sultieren*]. Talvez eu deva assinalar que meus conhecimentos de latim e francês excluem a explicação de que pode tratar-se de erro por ignorância."

18) As omissões ao escrever têm naturalmente direito à mesma avaliação que os equívocos na escrita. No *Zentralblatt für Psychoanalyse*, I, 12, o Dr. B. Dattner comunicou um curioso exemplo de "ato falho histórico". Em um dos artigos sobre as obrigações financeiras entre os dois estados ajustadas entre Áustria e Hungria no ano 1867, a palavra *efetivo* [*effektiv*] foi omitida da tradução húngara, e Dattner considera provável que a

isso contribuíra a corrente inconsciente dos redatores do legislativo húngaro em conceder à Áustria o menor número possível de vantagens.

Também temos todas as razões para supor que as repetições tão frequentes da mesma palavra tanto na escrita quanto na cópia – perseverações – não sejam igualmente sem importância. Se aquele que escreve colocar a mesma palavra que acabou de escrever uma segunda vez no papel, provavelmente está mostrando com isso que não lhe foi fácil livrar-se dessa palavra, que nesse lugar ele teria querido dizer algo mais, que no entanto ele omitiu ou algo assim. A perseveração ao copiar parece substituir a expressão de um "também, eu também" [*auch, auch ich*]. Eu tive em mãos extensos pareceres médico-legais que exibiam perseverações por parte do copista em trechos particularmente destacados, e eu teria gostado de interpretar como se o entediado com seu papel impessoal introduzisse seu comentário irônico: "É exatamente o meu caso" ou "O mesmo acontece conosco".

19) Além disso, nada nos impede de tratar os erros de impressão como deslizes na escrita do tipógrafo e de considerá-los em grande parte como motivados. Eu não organizei uma coleção sistemática desses atos falhos, que poderia resultar bastante divertida e instrutiva. Jones dedicou uma sessão especial aos erros de impressão em seu trabalho mencionado aqui várias vezes. Mesmo as desfigurações em telegramas podem ser ocasionalmente entendidas como deslizes na escrita do telegrafista. Durante as férias de verão, recebi da minha editora um telegrama cujo texto era ininteligível para mim. Cito:

"*Vorräte erhalten, Einladung X dringend*" [Mantimentos recebidos, convite X urgente]. A solução do enigma partiu do nome X mencionado no telegrama. X era o nome do autor de um livro para o qual eu deveria escrever uma introdução [*Einleitung*]. Essa *Einleitung* tinha se transformado em *Einladung* [convite]. Mas então pude lembrar-me de que, dias antes, eu havia enviado à editora um prefácio [*Vorrede*] para outro livro, cujo recebimento era então confirmado. O texto correto provavelmente teria sido assim:

"*Vorrede erhalten, Einleitung X dringend*" [Prefácio recebido, introdução X urgente]. Podemos supor que ele tenha sido vítima de uma elaboração pelo complexo de fome do telegrafista, na qual, aliás, as duas metades de frase entraram em uma concatenação mais estreita do que pretendia o remetente. A propósito, é um belo exemplo de "elaboração secundária", como se pode demonstrar da maioria dos sonhos.[53]

H. Silberer discutiu, na *Internat. Zeitschrift für Psychoanalyse*, VIII, 1922, a possibilidade de "erros de impressão tendenciosos".

20) Ocasionalmente, outros autores apontaram erros de impressão aos contestar uma tendenciosidade, como o artigo de Storfer (em *Zentralblatt für Psychoanalyse*, II, 1914: "O demônio político do erro de impressão" [Der politische Druckfehlerteufel]) e *ibid.*, III, 1915, a pequena nota que reproduzo aqui:

"Um erro político de impressão encontra-se no número de *März*, de 25 de abril deste ano. Em uma carta vinda de Argirocastro, foram reproduzidos comentários de Zographos, o líder dos epirotas insurretos na Albânia (ou, se desejar, o presidente do Governo Independente

---

[53] Cf. *A interpretação do sonho* [*Die Traumdeutung*]. *Ges. Werke*, v. II-III. Capítulo sobre o trabalho do sonho.

do Epiro). Ela incluía, entre outros: 'Acreditem em mim; um Epiro autônomo seria do mais profundo interesse para o príncipe Wied. Nele, ele poderia *cair* [*sich stürzen*, em vez de *sich stützen* (apoiar-se)]'. Que a aceitação do *apoio* [*Stütze*] que os epirotas lhe ofereciam significaria a sua *queda* [*Sturz*] provavelmente já sabia o príncipe da Albânia, mesmo sem esse erro de impressão fatal."

21) Eu mesmo li recentemente, em um dos nossos jornais de Viena, um artigo cujo título, "A Bucovina sob o domínio romeno" [*Die Bukowina unter rumänischer Herrschaft*], deveria no mínimo ser declarado prematuro, já que, àquela época, os romenos ainda não tinham declarado sua hostilidade. Pelo conteúdo, indubitavelmente a palavra deveria ter sido *russo* em vez de *romeno*, mas também ao censor o erro de impressão passou despercebido, de tão pouco surpreendente que a frase lhe pareceu.

É difícil não pensar em um erro tipográfico "político" quando se lê numa circular da célebre companhia editora (antes editora imperial e real) de Karl Prochaska, em Teschen, o seguinte deslize ortográfico:

"Pelo decreto da Entente, que fixa a fronteira no rio Olsa, não só a Silésia, mas também Teschen foram divididas em duas partes, das quais uma *zuviel* ['a mais', em vez de *zufiel*, 'coube à'] à Polônia, e a outra à Tchecoslováquia."

Certa vez, Theodor Fontane teve de se defender, de maneira divertida, de um erro tipográfico excessivamente carregado de sentido. Em 29 de março de 1860, escreveu a seu editor, Julius Springer:

"Prezado Senhor!

"Não me parece estar destinado que eu veja meus modestos desejos serem realizados. Uma olhada nas provas que estou anexando vai lhe mostrar o que eu penso. Além disso, enviaram-me apenas *um jogo de provas*, embora eu precise de dois, pelos motivos já fornecidos. Também não foi atendido o pedido de retorno do primeiro jogo para uma nova revisão – *com especial cuidado pelas palavras e as frases em inglês*. Para mim, isso é muito importante. Na página 27, por exemplo, do atual jogo de provas, em uma cena entre John Knox e a rainha, diz-se: '*worauf Maria aasrief*' [ao que Maria gritou: canalha]. Diante dessas coisas fulminantes, queremos ter a tranquilidade de saber que o erro realmente foi eliminado. E esse infeliz '*aas*' no lugar de '*aus*' é ainda pior, por não haver nenhuma dúvida que ela (a rainha) deve tê-lo realmente chamado assim em seu íntimo.

"Atenciosamente,

"Theodor Fontane."

Wundt apresenta uma justificativa digna de nota para o fato facilmente confirmável de que é mais fácil cometermos deslizes na escrita do que na fala (p. 374). "No curso da fala normal, a função inibidora da vontade está continuamente voltada para harmonizar entre si o trajeto da representação e o movimento articulatório. Se o movimento expressivo que segue as representações é retardado por causas mecânicas, como acontece ao escrever, surgem, em consequência, essas antecipações com especial facilidade."

A observação das condições em que ocorre o lapso de leitura dá motivo para uma dúvida que eu não gostaria de deixar de mencionar, porque, na minha avaliação, ela pode tornar-se o ponto de partida de uma investigação frutífera. É de conhecimento de todos que, frequentemente, na leitura em voz alta a atenção do leitor abandona o texto e se volta aos seus próprios pensamentos. Não é raro que esse desvio da atenção traga como consequência que ele absolutamente não saiba informar o que leu, quando, na leitura em voz alta, alguém o interrompe e o interroga. Ele leu então como que automaticamente, embora tenha lido em voz alta quase sempre corretamente. Não acredito que nessas condições os erros de leitura se multipliquem perceptivelmente. Com efeito, sobre toda uma série de funções, estamos acostumados a supor que elas sejam desempenhadas de modo mais exato quando executadas automaticamente, isto é, acompanhadas por quase nenhuma atenção consciente. Daí parece seguir-se que, para os equívocos na fala, na leitura e na escrita, a condição da atenção deva ser definida de maneira diferente daquela proposta por Wundt (ausência ou relaxamento da atenção). Os exemplos que submetemos à análise não nos deram o direito de supor realmente uma redução quantitativa da atenção; encontramos uma perturbação da atenção, o que talvez não seja exatamente a mesma coisa, causada por um pensamento estranho que faz uma reivindicação.

Entre os "lapsos na escrita" e o "esquecimento", podemos intercalar o caso em que alguém se esquece de colocar a sua assinatura. Um cheque não assinado é o mesmo que um cheque esquecido. Em relação ao significado desse esquecimento, quero citar um trecho de um romance que chamou a atenção do Dr. H. Sachs:

"Um exemplo muito instrutivo e transparente de como os escritores literários sabem usar com segurança o mecanismo dos atos falhos e sintomáticos no sentido da psicanálise está contido no romance de John Galsworthy: *The Island Pharisees* [Os fariseus da ilha]. No ponto central, está a vacilação de um jovem pertencente à classe média abastada, entre a profunda compaixão social e as convenções sociais de sua classe. No capítulo XXVI é retratada a maneira como ele reagiu a uma carta de um jovem vagabundo, a quem, atraído por sua concepção original de vida, havia apoiado algumas vezes. A carta não contém nenhum pedido direto de dinheiro, mas a descrição de um estado de grande necessidade, que não admite nenhuma outra interpretação. Inicialmente o destinatário rechaça o pensamento de jogar fora o dinheiro em um caso incorrigível, em vez de apoiar instituições de caridade. 'Estender uma mão para ajudar, dar um pedaço de si mesmo, fazer um gesto de camaradagem a um próximo sem considerar qualquer reivindicação, só porque agora as coisas lhe andavam mal, que absurdo sentimental! É preciso traçar um limite em algum lugar!' Mas, enquanto ele murmurava para si mesmo essa conclusão, sentiu elevar-se o protesto de sua sinceridade: 'Mentiroso! Você quer é preservar o seu dinheiro. Isso é tudo!'.

"Então ele escreve logo a seguir uma carta amistosa, que termina com as palavras: 'Em anexo um cheque. Sinceramente, seu Richard Shelton'.

"Antes ainda de ter preenchido o cheque, uma mariposa voando ao redor da vela desviou sua atenção; ele foi pegá-la e a soltou ao ar livre, esquecendo, entretanto, que o cheque não foi incluído na carta. E a carta foi realmente despachada do jeito que estava.

"No entanto, esse esquecimento é ainda mais sutilmente motivado do que através do cumprimento da aparentemente superada tendência egoísta de se poupar aquela despesa.

"Na casa de campo de seus futuros sogros, rodeado por sua noiva, a família e os convidados dela, Shelton sente-se só; seu ato falho indica que ele sente falta de seu protegido, que, pelo seu passado e sua concepção de vida, constitui o mais completo contraste com aqueles irrepreensíveis que o rodeiam, moldados pelas mesmas convenções que o cercam. E, de fato, alguns dias depois, já não podendo mais sem o apoio manter-se no lugar em que está, chega esse vagabundo para pedir esclarecimento sobre os motivos da ausência do cheque anunciado."

VII
O ESQUECIMENTO DE IMPRESSÕES E INTENÇÕES

Se alguém estivesse inclinado a superestimar o estado do nosso atual conhecimento da vida psíquica, bastaria apenas lembrá-lo da função memória, para obrigá-lo à modéstia. Ainda nenhuma teoria psicológica foi capaz de prestar contas da conexão do fenômeno fundamental da lembrança e do esquecimento; nem mesmo se considerou a análise completa daquilo que de fato se pode observar. Talvez hoje o esquecer tenha se tornado mais enigmático do que o lembrar, a partir do momento em que o estudo do sonho e dos acontecimentos patológicos nos ensinou que também pode ressurgir repentinamente na consciência aquilo que supúnhamos esquecido há muito tempo.

No entanto, temos alguns pontos de vista para os quais esperamos obter reconhecimento geral. Supomos que o esquecimento seja um processo espontâneo, ao qual se pode atribuir certo decurso temporal. Ressaltamos que no esquecimento ocorre certa seleção entre as impressões oferecidas, o mesmo acontecendo entre os detalhes de cada impressão ou vivência. Conhecemos algumas das condições para a conservação na memória e para a evocação daquilo que, de outro modo, seria esquecido.

No entanto, em inúmeras ocasiões da vida cotidiana podemos notar quão incompleta e insatisfatória é a nossa percepção. Basta ouvir a maneira como duas pessoas recebem juntas as impressões exteriores; por exemplo, quando fizeram uma viagem juntas e um tempo depois trocam suas lembranças. O que permaneceu firme na memória de uma a outra com frequência esqueceu, como se não tivesse acontecido, e sem que se possa afirmar que a impressão tenha sido psiquicamente mais significativa para uma do que para outra. É evidente que ainda escapa ao nosso conhecimento um grande número de fatores que determinam a seleção para a memória.

Com a intenção de oferecer uma pequena colaboração para o conhecimento dessas condições do esquecimento, costumo submeter a uma análise psicológica os casos em que o esquecimento acontece comigo mesmo. Em regra geral, ocupo-me apenas com certo grupo desses casos, aqueles em que na verdade o esquecimento me coloca em estado de espanto, porque, de acordo com a minha expectativa, eu deveria saber sobre o que está em causa. Ainda quero observar que, em geral, não tenho tendência ao esquecimento (do vivenciado, não do aprendido!), e que, por um breve período da minha juventude, eu não era incapaz de realizar exercícios extraordinários de memória. Nos meus tempos de estudante, era natural, para mim, recitar de memória a página do livro que eu tinha lido e, pouco antes da universidade, conseguia colocar por escrito, com fidelidade quase total, as conferências populares de conteúdo científico, imediatamente depois de ouvi-las. Na tensão prévia ao exame final de medicina, devo ter ainda utilizado os restos dessa habilidade, pois em alguns temas dei aos examinadores respostas quase automáticas, que correspondiam fielmente ao texto didático que, de fato, eu havia folheado apenas uma vez e com muita pressa.

Desde então, foi piorando a minha capacidade de dispor desse acervo de memória, mas consegui me convencer nos últimos tempos de que, com o auxílio de uma artimanha, consigo lembrar muito mais do que eu mesmo acreditaria. Quando, por exemplo, um paciente na consulta se refere ao fato de eu já tê-lo visto uma vez, e eu não consigo me lembrar do fato ou do momento, recorro à adivinhação, ou seja, deixo que me ocorra rapidamente certo número de anos, a contar a partir do presente. Sempre que anotações ou a indicação segura do paciente permitem controlar o que me ocorreu, revela-se que eu raramente erro em mais de meio ano num intervalo de 10 anos.[54] Parecido com o que acontece quando encontro um conhecido mais distante, a quem pergunto por cortesia por seus filhos pequenos. Quando ele conta sobre os seus avanços, procuro ver se me ocorre a idade atual da criança, verifico-a pelas notícias do pai e erro, no máximo, por um mês, ou, em relação às crianças mais velhas, erro por um quarto de ano, apesar de eu não saber indicar em que pontos me ancorei para essa estimativa. Tornei-me tão ousado ultimamente que sempre trago minhas estimativas espontaneamente, e não corro o risco de ofender o pai ao expor minha ignorância sobre sua prole. Assim expando minha lembrança consciente invocando minha memória inconsciente, que é de longe mais rica.

Portanto, vou relatar exemplos *chamativos* de esquecimento, a maioria observada em mim mesmo. Distingo

---

[54] Comumente, no decorrer da consulta, costumam emergir conscientemente os detalhes da primeira visita na época.

entre o esquecimento de impressões e vivências, isto é, do saber, e o esquecimento de intenções, ou seja, omissões. Posso antecipar o resultado uniforme de toda a série de observações: *em todos os casos, o esquecimento provou basear-se em um motivo de desprazer.*

A) O ESQUECIMENTO DE IMPRESSÕES E CONHECIMENTOS

1) Em um verão, minha esposa me deu um pretexto, em si mesmo inofensivo, para um forte aborrecimento. Estávamos sentados à mesa coletiva de um hotel [*table d'hôte*], diante de um senhor de Viena que eu conhecia e que, sem dúvida, também se lembrava de mim. Mas eu tinha os meus motivos para não renovar esse contato. Minha esposa, que havia apenas escutado o nome respeitável desse senhor a sua frente, deixou transparecer demasiadamente que ela estava escutando a conversa dele com seu vizinho, pois, de tempos em tempos, ela se voltava para mim com perguntas que retomavam ao fio da conversa que ali se desenrolava. Fui ficando impaciente e, por fim, irritado. Algumas semanas depois, fiz a uma parente uma queixa sobre esse comportamento da minha mulher. Mas não fui capaz de me lembrar de uma só palavra da conversa daquele senhor. Uma vez que eu sou normalmente bastante rancoroso e não consigo esquecer nenhum detalhe de um incidente que me irritou, minha amnésia nesse caso provavelmente está motivada por consideração à pessoa da minha esposa. Algo parecido voltou a ocorrer comigo há apenas pouco tempo. Eu queria me divertir com um amigo íntimo sobre um comentário que a minha mulher havia feito poucas horas antes, mas me encontrei impedido nessa intenção pela

circunstância notável de que eu havia esquecido, sem vestígio algum, o comentário em questão. Eu tive de primeiro pedir a minha mulher para me lembrar dele. É fácil entender que esse meu esquecimento possa ser tomado como análogo à típica perturbação de julgamento a que estamos sujeitos quando se trata de nossos parentes mais próximos.

2) Eu havia me comprometido a providenciar para uma dama estrangeira que chegara a Viena um pequeno cofre portátil para guardar seus documentos e seu dinheiro. Quando eu me ofereci a fazê-lo, foi como se eu estivesse vendo, com uma vivacidade incomum, a imagem da vitrine no centro da cidade em que eu devia ter visto esses cofres. Embora não pudesse me lembrar do nome da rua, sentia-me seguro de que iria encontrar a loja em um passeio pela cidade, pois minha lembrança me dizia que eu havia passado inúmeras vezes por ela. Contudo, para meu aborrecimento, não consegui encontrar essa vitrine com os cofres, apesar de percorrer o centro da cidade em todas as direções. Não me restava mais nada, pensei, a não ser procurar em um catálogo o endereço de fabricantes de cofres, para então identificar, em uma segunda rodada, a vitrine procurada. Mas não foi necessário tanto assim; entre os endereços indicados no catálogo, havia um que se me revelou de imediato como sendo o esquecido. Era certo que eu havia passado inúmeras vezes por essa vitrine, e na verdade todas as vezes em que havia visitado a família M., que mora há muitos anos naquele mesmo prédio. Depois que essa estreita interação cedeu lugar a um total estranhamento, acostumei-me também a evitar a região e a casa, sem me dar conta dos motivos. Naquele passeio pela cidade, quando procurava os cofres na vitrine, andei por todas as ruas da

região, mas essa foi a única que eu evitei, como se sobre ela pesasse uma proibição. Nesse caso, é palpável o motivo desprazeroso responsável pela minha desorientação. O mecanismo do esquecimento não é, contudo, mais tão simples como no exemplo anterior. Minha aversão não se volta, naturalmente, contra o fabricante de cofres, mas contra um outro, de quem eu não quero saber nada, e desse outro transfere-se para a ocasião em que ela produz o esquecimento. De modo muito semelhante ao caso Burckhard, o rancor contra uma pessoa com esse nome provocou o erro na escrita, mas se tratava de outra. O que, nesse caso, deveu-se à identidade de sobrenomes, estabelecendo uma ligação entre dois círculos de pensamento essencialmente distintos, e pode ser substituído no exemplo da vitrine pela contiguidade no espaço, a inseparável vizinhança. A propósito, esse último caso estava mais firmemente encadeado; encontrava-se nele ainda uma segunda conexão de conteúdo, pois entre os motivos do estranhamento com a família moradora na casa o dinheiro tinha desempenhado um papel.

3) Fui encarregado pela empresa B. & R. de fazer uma visita médica a um de seus funcionários. No caminho para essa residência, ocupa-me a ideia de que eu devo ter estado repetidas vezes no edifício em que se encontra a firma. Era como se tivesse me chamado a atenção o letreiro da empresa em um andar inferior enquanto eu fazia uma visita médica em um andar acima. Mas não consigo me lembrar nem do edifício nem de quem eu ali tinha visitado. Apesar de o assunto todo ser indiferente e sem importância, continuei a me ocupar dele e finalmente me inteirei, pelo rodeio habitual com que reúno as ideias que me ocorrem a esse respeito, que um andar acima da localização da firma B. & R. encontra-se a Pensão *Fischer*,

na qual muitas vezes visitei pacientes. Reconheço agora também o edifício que abrigava o escritório e a pensão. Ainda me era enigmático o motivo que estava em jogo nesse esquecimento. Não encontrei nada inconveniente à lembrança da própria firma ou da pensão ou dos pacientes que ali moravam. Suspeito então de que não possa se tratar de nada muito penoso; caso contrário eu dificilmente teria conseguido reapoderar-me do esquecido por um desvio, sem recorrer à ajuda externa, como no exemplo anterior. Por fim me ocorre que, um pouco antes, quando eu estava a caminho da casa do novo paciente, um senhor que tive dificuldade em reconhecer fez uma saudação na rua. Meses atrás, eu havia examinado esse homem em um estado aparentemente grave e apliquei-lhe o diagnóstico de paralisia progressiva, mas depois ouvi dizer que ele havia se recuperado, de modo que meu julgamento devia estar errado. Se ao menos tivesse havido uma das remissões também encontradas na *dementia paralytica*, de modo que meu diagnóstico continuaria justificado! Desse encontro partiu a influência que me fez esquecer a vizinhança do escritório de B. & R., e meu interesse em encontrar a solução para o que foi esquecido foi transferido a partir desse caso de diagnóstico discutível. Mas o vínculo associativo, considerando o ínfimo nexo interno – que o homem que se recuperou, contrariando as expectativas, também era funcionário de uma grande empresa que costumava me enviar pacientes – foi fornecido pela identidade entre os sobrenomes. O médico com quem eu examinei o discutível paralítico também se chamava *Fischer*, tal como a pensão afetada pelo esquecimento, situada naquele edifício.

4) *Extraviar algo* [*verlegen*] não é outra coisa senão esquecer onde o colocamos, e, como a maioria das pessoas que lidam com escritos e livros, sou bem orientado

em relação à minha escrivaninha e consigo, de uma só pegada, apanhar o que procuro. O que para os outros parece desordem é, para mim, uma ordem que se tornou histórica. Mas então por que recentemente extraviei um catálogo de livros que me foi enviado, de tal modo que se tornou impossível encontrá-lo? De fato, eu tinha intenção de encomendar um livro que continha, *Sobre a linguagem*, porque era de um autor cujo estilo espirituoso e animado eu aprecio e cuja visão de psicologia, além de seus conhecimentos na história da cultura, eu valorizo. Penso que justamente por isso extraviei o catálogo. É que costumo emprestar livros desse autor a meus conhecidos para fins de esclarecimento, e alguns dias antes alguém me disse, ao devolver: "O estilo dele lembra muito o seu, e também o modo de pensar é o mesmo". Essa pessoa não sabia no que tocava em mim com essa observação. Anos trás, quando eu ainda era mais jovem e mais necessitado de contatos, um colega mais velho, a quem eu havia elogiado os escritos de um famoso autor médico, disse-me mais ou menos a mesma coisa: "É bem o seu estilo e o seu jeito". Assim influenciado, escrevi uma carta a esse autor, solicitando uma relação mais próxima com ele, mas uma resposta fria me colocou em meu lugar. Talvez ainda se escondam atrás desta última outras experiências dissuasivas anteriores, porque eu não reencontrei o catálogo extraviado e esse prenúncio realmente me fez abster-me de encomendar o livro anunciado, embora o extravio do catálogo não constituísse um verdadeiro obstáculo, já que eu guardava na memória os nomes do livro e do autor.[55]

---

[55] Para muitas contingências que, desde Th. Vischer, têm sido atribuídas à *Deslealdade do objeto*, eu gostaria de propor esclarecimentos semelhantes.

5) Outro caso de extravio de objeto merece o nosso interesse por causa das condições em que o objeto extraviado foi reencontrado. Um homem mais jovem me contou o seguinte: "Há alguns anos havia desentendimentos em meu casamento; eu considerava a minha mulher fria demais, e, apesar de reconhecer de bom grado suas excelentes qualidades, nós vivíamos sem ternura entre nós. Um dia, voltando de uma caminhada, ela me trouxe um livro que havia comprado, por achar que me interessaria. Eu agradeci por esse sinal de 'atenção', prometi ler o livro, guardei-o com essa finalidade e nunca mais o encontrei de novo. Assim se passaram meses em que, ocasionalmente, eu me lembrava desse livro desaparecido e também em vão tentava encontrá-lo. Cerca de seis meses depois, adoeceu minha querida mãe, que não morava conosco. Minha mulher saiu de casa para cuidar da sogra. O estado da doente se agravou e deu a minha mulher ocasião para mostrar seu melhor lado. Uma noite, voltei para casa entusiasmado e cheio de gratidão pela minha mulher. Vou até minha escrivaninha e abro – sem uma intenção determinada, mas como se tivesse uma certeza sonambúlica – uma determinada gaveta e, em cima de tudo, encontro o livro há tanto tempo desaparecido, o livro extraviado".

Um caso de extravio que coincide com este no último aspecto, ou seja, na espantosa segurança do reencontro, quando o motivo do extravio se extingue, é o que nos conta J. Stärcke (*ibidem*).

6) "Uma jovem tinha um retalho, mas, querendo fazer dele um colarinho, inutilizou-o ao cortá-lo. Então a costureira precisou vir e tentar recompô-lo. Quando a costureira chegou, a jovem quis tirar o colarinho mal cortado da gaveta, onde ela acreditava tê-lo guardado,

mas não conseguiu encontrá-lo. Ela revirou tudo, mas não o encontrou. Quando ela, irada, sentou-se e perguntou a si mesma por que ele subitamente havia sumido e se talvez ela não *quisesse* encontrá-lo, ela refletiu que, naturalmente, sentia-se envergonhada diante da costureira, por ter estragado algo tão simples como um colarinho. Quando teve esse pensamento, ela se levantou, foi até outro armário e de lá tirou, de primeira, o colarinho mal cortado."

7) O exemplo de "extraviar" a seguir equivale a um tipo que se tornou conhecido a qualquer psicanalista. Posso especificar que o próprio paciente que extraviou achou a sua chave:

"Um paciente em tratamento psicanalítico, para quem a interrupção de verão do tratamento coincide com um período de resistência e de mau estado de saúde, ao se despir, à noite, coloca seu molho de chaves, como ele pensa, no lugar habitual. Então, ele se lembra de que, para a viagem no próximo dia, o último dia do tratamento e no qual também deve pagar os honorários, ele ainda quer pegar algumas coisas da escrivaninha, onde também guardava o dinheiro. Mas as chaves haviam... sumido. Ele começa a busca sistemática em sua pequena casa, com excitação crescente, – mas sem sucesso. Como ele reconhece no 'extravio das chaves' uma ação sintomática [*Symptomhandlung*], ou seja, realizada com um propósito, ele acorda seu criado para continuar procurando com a ajuda de uma pessoa 'imparcial'. Depois de passada mais uma hora, ele desiste da busca e teme ter perdido as chaves. Na manhã seguinte, encomendou novas chaves ao fabricante da escrivaninha, que deviam ser feitas com toda pressa. Dois conhecidos que o haviam acompanhado à casa no carro acreditam se lembrar de ter ouvido algo tilintar no chão, quando ele desceu do carro. Ele se convence de que as chaves lhe haviam caído do bolso. À noite, o criado triunfante lhe entregou as chaves. Elas estavam entre um livro grosso e uma fina brochura (de um trabalho de um de meus alunos), que ele queria levar consigo como leitura de férias, e foram colocadas de modo tão hábil que ninguém suspeitaria de que elas estivessem ali. Depois foi-lhe impossível imitar a localização tão invisível das chaves. A habilidade inconsciente com que se coloca um objeto fora de lugar em consequência de motivos secretos, mas poderosos, lembra inteiramente a 'certeza sonambúlica'. O motivo era naturalmente o desagrado pela interrupção do tratamento e a raiva secreta por ter de pagar honorários elevados, estando tão mal de saúde."

8) Um homem, relata A. A. Brill, foi pressionado por sua mulher a participar de um evento social, que a ele, no fundo, era indiferente. Finalmente, ele se rende ao seu pedido e começa a pegar seu traje de festa do baú, mas se interrompeu e decidiu primeiro fazer a barba. Depois de ter terminado, voltou ao baú, mas o encontrou trancado, e não conseguiu achar a chave. Como era domingo à noite, estava fora de questão chamar um chaveiro, e assim os dois tiveram de se desculpar socialmente. Quando o baú foi aberto, na manhã seguinte, lá dentro encontrou-se a chave. O homem, em sua distração, tinha deixado a chave cair no baú e o trancou com o cadeado. É claro que ele me assegurou ter feito isso totalmente sem saber e sem intenção, mas sabemos que ele não queria ir ao evento social. Colocar a chave fora de lugar não carecia, portanto, de um motivo.

E. Jones observou em si próprio que ele colocava o cachimbo em lugar errado toda vez que, depois de fumar demais, ele se sentia indisposto por causa disso. O cachimbo aparecia, então, em todos os lugares possíveis a que ele não pertencia e onde ele comumente não era guardado.

9) Dora Müller relatou um caso inofensivo com motivação reconhecida:

Dois dias antes do Natal, a Srta. Erna A. contou: "Imagine só: ontem à noite, peguei um pão de mel do pacote e comi; ao fazê-lo, pensei que eu deveria oferecer algum à Srta. S. (a dama de companhia de sua mãe), quando ela viesse me dar boa-noite; eu realmente não tinha nenhuma vontade de fazer isso, mas mesmo assim me propus a fazê-lo. Quando então ela chegou e eu estiquei a mão para pegar o pacote na minha mesinha, não o encontrei lá. Procurei por ele e o encontrei trancado em meu armário. Sem saber, eu o havia colocado lá". Uma análise era desnecessária, a própria narradora tinha claro o contexto. – A moção que ela acabara de recalcar, de querer guardar só para si os pães de mel, conseguiu impor-se igualmente em uma ação automática, para naturalmente nesse caso ser desfeita novamente pela ação consciente que se seguiu (*Internationale Zeitschrift für Psychoanalyse*, III, 1915).

10) H. Sachs descreve como, certa vez, por semelhantemente extraviar algo, escapou da obrigação de trabalhar: "No domingo passado à tarde, hesitei por algum tempo entre trabalhar ou dar um passeio seguido de visitas. Mas, depois de alguma luta, decidi-me pelo primeiro. Uma hora depois, notei que meu estoque de papel havia terminado. Eu sabia que, em algum lugar em uma gaveta, eu havia guardado anos atrás um pacote de papel, mas procurei em vão em minha escrivaninha e em outros lugares, onde eu supunha que iria encontrá-lo,

apesar de ter me dado ao grande trabalho de remexer em todos os velhos livros, brochuras, correspondências e outros. Vi-me então obrigado a interromper o trabalho e sair. Quando à noite voltei para casa, sentei-me no sofá e, meio distraído em pensamentos, olhei para a estante de livros diante de mim. Então uma gaveta apareceu em meu campo de visão e lembrei que eu não havia examinado seu conteúdo em muito tempo. Fui até ela e a abri. Bem em cima havia uma pasta de couro e, nela, papel em branco. Mas só quando eu o retirei e estava prestes a colocá-lo na gaveta da escrivaninha ocorreu-me que aquele era o mesmo papel que eu tinha procurado em vão à tarde. Eu ainda tenho de observar aqui que, embora eu não costume ser muito econômico, sou muito cuidadoso com papel e guardo cada restinho aproveitável. Esse hábito alimentado por uma pulsão foi sem dúvida o que me motivou à correção imediata do esquecimento, assim que desapareceu seu motivo atual".

Quando avaliamos os casos de extravio de objetos, torna-se realmente difícil supor que uma ação como essa possa ser produzida de outra maneira, a não ser como consequência de uma intenção inconsciente.

11) No verão do ano 1901, expliquei uma vez a um amigo, com quem, na época, mantinha um animado intercâmbio de pensamentos sobre questões científicas: Esses problemas neuróticos só podem ser resolvidos se nos situarmos inteira e completamente na suposição de uma bissexualidade originária do indivíduo. Recebi a resposta: "Isso eu já havia dito a você há dois anos e meio em Br., quando nós fazíamos aquela caminhada à noite. Você não quis saber nada daquilo". É muito doloroso ser assim convidado a renunciar à sua originalidade. Eu não conseguia me lembrar nem dessa conversa nem

dessa revelação de meu amigo. Um de nós dois devia estar enganado; pelo princípio da pergunta *cui prodest?* [quem se beneficia?], tinha de ser eu. De fato, no decorrer da semana seguinte, lembrei-me de tudo exatamente como o meu amigo quis evocar em mim; até mesmo sei da resposta que dei naquela época: ainda não quero me debruçar sobre isso, não quero entrar nesse assunto. Mas, desde então, tornei-me um pouco mais tolerante, quando, em algum lugar na literatura médica, deparo-me com uma das poucas ideias às quais meu nome poderia ser associado e quando, ao vê-lo, sinto falta da menção do meu nome.

Críticas à própria esposa – amizade que se transformou no contrário – erro no diagnóstico médico – rejeição por parte daquele com intenção semelhante – apropriação de ideias: dificilmente seria um acaso que um número de exemplos de esquecimento reunidos sem seleção precise que se entre em temas tão penosos para serem resolvidos. Estou muito mais inclinado a suspeitar de que qualquer outro que queira submeter os motivos de seu próprio esquecimento a um exame poderá registrar um mostruário semelhante de contrariedades. A propensão para o esquecimento do que é desagradável parece-me inteiramente universal; no entanto, a aptidão para isso provavelmente está distintamente bem formada em distintas pessoas. É provável que muitas das *contestações* [*Ableugnen*] com que deparamos devam ser remetidas ao *esquecimento*.[56] É verdade

---

[56] Quando perguntamos a alguém se ele ou ela passou por uma infecção luética há 10 ou 15 anos, esquecemos com muita facilidade que, do ponto de vista psíquico, a pessoa a quem perguntamos tratou essa doença de forma inteiramente diferente de, digamos, um reumatismo agudo. – Nas anamneses fornecidas pelos pais sobre as doenças

que a nossa concepção de um esquecimento como esse reduz a diferença entre este e aquele comportamento a proporções puramente psicológicas, e nos permite ver em ambos os modos de reação a expressão do mesmo motivo. De todos os numerosos exemplos de recusa da realidade [*Verleugnung*] de lembranças desagradáveis que observei nos parentes de pacientes, um deles permaneceu em minha memória como sendo especialmente

---

neuróticas de suas filhas, é muito difícil distinguir com segurança o que foi esquecido do que foi ocultado, porque tudo o que possa atrapalhar o posterior casamento da jovem é sistematicamente eliminado pelos pais, isto é, recalcado. – Um homem que perdeu recentemente sua querida esposa por afecção pulmonar comunica-me o seguinte caso de engano da informação fornecida ao médico, que só pode ser atribuído a um esquecimento como esse: "Quando a pleurite da minha pobre esposa ainda não tinha cedido depois de muitas semanas, foi chamado o Dr. P. para uma consulta. Para estabelecer a anamnese, ele fez as perguntas habituais, entre outras se na família da minha mulher haveria casos de doenças pulmonares. Minha mulher negou, e eu também não lembrei. Na despedida do Dr. P., a conversa recaiu, como por casualidade, sobre as excursões, e minha esposa diz: Sim, e também até Langersdorf, *onde meu pobre irmão está enterrado*, é uma longa viagem. Esse irmão havia morrido de tuberculose há cerca de 15 anos, após vários anos de sofrimento. Minha esposa o tinha amado muito e frequentemente me falava dele. E então me ocorreu que, na época em que a pleurite foi diagnosticada, ela ficou muito preocupada e disse com tristeza: *Meu irmão também morreu por causa dos pulmões*. Mas agora essa lembrança estava tão recalcada que, mesmo depois de fazer seu comentário sobre a excursão para L., ela não encontrou motivo algum para corrigir a sua informação sobre as doenças de sua família. Quanto a mim, o que estava esquecido me ocorreu novamente no mesmo momento em que ela falou de Langersdorf". – Uma experiência inteiramente análoga é relatada por E. Jones no trabalho que aqui mencionamos várias vezes. Um médico cuja esposa sofria de uma doença abdominal de diagnóstico incerto observou, consolando-a: "Mas é bom que na sua família não tenha havido nenhum caso de tuberculose". A mulher respondeu, extremamente surpresa: "Você esqueceu que minha mãe morreu de tuberculose e que minha irmã só se recuperou da sua tuberculose depois que os médicos a desenganaram?".

singular. Uma mãe me informava sobre os anos de infância de seu filho neurótico, agora na puberdade, e ao fazê-lo me contou que ele e seus irmãos haviam sofrido de uma incontinência urinária até idade tardia, o que, para a história clínica de um neurótico, não é sem importância. Algumas semanas depois, quando ela quis buscar informações sobre o estado do tratamento, eu tive a ocasião de chamar-lhe a atenção para os signos de uma disposição constitucional à doença no rapaz, e entre eles me referi à anamnese de molhar a cama. Para o meu espanto, ela contestou esse fato, tanto em relação a ele quanto aos outros filhos, e me perguntou de onde eu poderia saber disso, até que ela finalmente ouviu de mim que ela própria o tinha me contado havia pouco tempo, o que, portanto, tinha sido esquecido por ela.[57]

---

[57] Nos dias em que eu estava envolvido com a escrita destas páginas, aconteceu-me um caso quase inacreditável de esquecimento: em 1º de janeiro, estava revendo minha agenda de consultas, para poder enviar as contas com meus honorários, quando me deparo, em junho, com o nome M...l e não consigo me lembrar da pessoa a quem ele pertencia. Meu estranhamento cresce à medida que, ao folhear as páginas, percebo que tratei do caso em um sanatório, e que eu o visitei diariamente por semanas. Um doente com o qual nós nos ocupamos nessas condições não pode ser esquecido pelo médico, transcorridos apenas seis meses. Teria sido um homem, perguntei-me, um paralítico, um caso sem interesse? Finalmente, a nota sobre o honorário recebido me devolveu todo o conhecimento que queria subtrair-se da lembrança. M...l era uma garota de 14 anos, o caso mais singular dos meus últimos anos, que me deixou um ensinamento que dificilmente esquecerei, e cujo desenlace me proporcionou as horas mais penosas. A criança adoeceu com uma inequívoca histeria, que de fato em minhas mãos melhorou rápida e radicalmente. Depois dessa melhora, a criança me foi retirada pelos pais; ela ainda se queixava de dores abdominais, às quais cabia o papel principal no quadro de sintomas da histeria. Dois meses depois, ela morreu de um sarcoma das glândulas abdominais. A histeria, à qual a criança estava simultaneamente predisposta, tomou a formação

Portanto, também em pessoas saudáveis, não neuróticas, encontramos fartas evidências de que uma resistência se opõe à lembrança de impressões penosas, à representação de pensamentos penosos.[58] No entanto, o significado completo desse fato só pode ser avaliado quando se adentra a psicologia das pessoas neuróticas. Somos forçados a tomar como um dos pilares principais do mecanismo portador dos sintomas histéricos esse *empenho elementar de defesa* contra as representações capazes de despertar sensações de desprazer, um empenho só comparável ao reflexo de fuga em caso de estímulos de dor. Que contra a suposição dessa tendência defensiva não se coloque a objeção de que, ao contrário, com muita frequência, nós achamos impossível livrar-nos de lembranças penosas que nos perseguem e afugentar moções afetivas penosas, como o remorso e as recriminações da consciência. É que não está sendo afirmado que essa tendência defensiva possa fazer-se valer em todos os casos, que no jogo das forças psíquicas ela não possa

---

do tumor como causa provocadora, e eu tinha ficado fascinado com o aparecimento ruidoso, porém inofensivo da histeria, talvez os primeiros sinais da doença rastejante e incurável tenham sido negligenciados.

[58] A. Pick compilou recentemente uma série de autores (*Zur Psychologie des Vergessens bei Geistes- und Nervenkranken, Archiv für Kriminal-Anthropologie und Kriminalistik*, de H. Groß) que consideram a influência de fatores afetivos na memória e que – mais ou menos claramente – reconhecem a contribuição que o empenho em se defender contra o desprazer oferece ao esquecimento. Nenhum de nós, porém, conseguiu figurar o fenômeno e seu fundamento psicológico de maneira tão exaustiva e, ao mesmo tempo, tão impressionante quanto Nietzsche em um de seus aforismos (*Além do bem e do mal* [*Jenseits von Gut und Böse*], II, Hauptstück, 68): "*Eu o fiz, diz minha 'memória'. Não posso tê-lo feito, diz meu orgulho e permanece inexorável. Por fim – a memória cede*".

se deparar com fatores que, com outros fins, aspirem ao que é oposto e o produzam apesar da tendência defensiva. *Como princípio arquitetônico do aparelho psíquico, pode-se supor a estratificação, a edificação a partir de instâncias que se sobrepõem*, e é bem possível que esse empenho defensivo pertença a uma instância psíquica inferior, mas que seja inibido por instâncias superiores. De qualquer forma, fala em favor da existência e do poder dessa tendência para a defesa o fato de podermos reconduzir a ela processos como os de nossos exemplos de esquecimento. Vemos que muita coisa é esquecida por si mesma; quando isso não é possível, a tendência à defesa desloca a sua meta e leva ao menos ao esquecimento de outra coisa menos importante que entrou em conexão associativa com o que é realmente chocante.

O ponto de vista aqui desenvolvido, de que lembranças penosas caem com especial facilidade no esquecimento motivado, merece ser relacionado a vários campos, nos quais ele ainda hoje não encontrou nenhuma ou apenas pouca atenção. Assim, parece-me que ele ainda não foi suficientemente enfatizado na avaliação de depoimentos em tribunal,[59] onde é evidente que se atribui ao juramento da testemunha uma influência exageradamente purificadora no seu jogo psíquico forças. É universalmente aceito que, no que diz respeito à origem das tradições e da história das lendas de um povo, é preciso levar em conta um motivo como esse, que é eliminar da lembrança o que é penoso para o sentimento nacionalista. Talvez uma investigação mais detalhada revelasse uma completa analogia entre o modo como são formadas as tradições de um povo e as lembranças

---

[59] Comparar com Hans Groß. *Kriminalpsychologie*. 1898.

de infância de cada indivíduo. O grande Darwin extraiu de sua compreensão desse motivo de desprazer para o esquecimento uma "regra de ouro" para o trabalhador científico.[60]

Bem semelhante ao esquecimento de nomes, pode também ocorrer uma falsa lembrança [*Fehlerinnern*] no esquecimento de impressões, a qual, se encontra crença, é caracterizada como confusão de lembrança. A confusão de lembrança em casos patológicos — na paranoia ele desempenha justamente o papel de um fator constitutivo na formação do delírio — ocasionou uma vasta literatura, em que sinto falta de qualquer indício de sua motivação. Como esse tema também pertence à psicologia das neuroses, ele se subtrai ao tratamento em nosso contexto. Em vez disso, vou comunicar um exemplo curioso de confusão de minha própria lembrança, no qual a motivação por meio do material inconsciente recalcado e o modo de conexão com este são reconhecíveis com suficiente clareza.

Quando eu escrevia os últimos capítulos do meu livro sobre a interpretação do sonho, encontrava-me em férias de verão sem acesso a bibliotecas e livros de referência e fui forçado, sob a condição de correção posterior, a inserir de memória no manuscrito toda sorte de referências e citações. No capítulo sobre o sonho diurno,

---

[60] Ernest Jones remete ao seguinte trecho da autobiografia de Darwin, que reflete de maneira convincente a sua honestidade científica e sua agudeza psicológica: "Segui, por muitos anos, uma regra de ouro. Encontrando um fato publicado, uma nova observação ou um pensamento opostos aos meus resultados gerais, então anotava imediatamente palavra por palavra. Pois a experiência me ensinou que tais fatos e pensamentos eram muito mais fáceis de escapar da memória do que os favoráveis".

ocorreu-me a primorosa figura do pobre guarda-livros em *Nabab*, de Alphonse Daudet, com a qual o poeta provavelmente descreveu seus próprios devaneios. Eu acreditei me lembrar claramente de uma das fantasias engendradas por esse homem – chamei-o de Mr. Jocelyn – em suas caminhadas pelas ruas de Paris, e comecei a reproduzi-la de memória. A maneira como o senhor Jocelyn se jogou ousadamente contra um cavalo que passava correndo pela rua e o deteve, a porta da carruagem se abria e uma alta personalidade saía do *coupé*, apertava a mão do senhor Jocelyn e dizia: "O senhor é meu salvador, devo-lhe minha vida. O que posso fazer pelo senhor?".

Quaisquer imprecisões na reprodução dessa fantasia, consolei-me, poderiam ser facilmente corrigidas em casa quando eu tivesse o livro em mãos. Mas, quando então eu folheei o *Nabab*, para cotejar com a passagem pronta para a impressão do meu manuscrito, não encontrei ali nada sobre esse devaneio do senhor Jocelyn, para a minha grande vergonha e consternação, nem sequer o pobre guarda livros tinha esse nome, mas se chamava *Joyeuse*. Esse segundo erro logo forneceu a chave para o esclarecimento do primeiro, o engano de lembrança. *Joyeux* (nome a partir do qual a forma feminina é figurada): assim e não de outro modo eu acabaria traduzindo meu próprio nome: *Freud*, para o francês.[61] De onde poderia ser a fantasia falsamente lembrada que eu tinha atribuído a Daudet? Ela só poderia ser um produto próprio, um sonho diurno criado por mim e que não havia se tornado consciente, ou que um dia me foi consciente e depois esqueci radicalmente. Pode ser que eu o tenha criado em Paris mesmo, onde eu

---

[61] *"Joyeux"* significa "alegre", em francês, ao passo que *"Freud(e)"* significa "alegria", em alemão. (N.R.)

caminhava frequentemente, solitário e repleto de anseios [*Sehnsucht*] por um auxiliar e protetor até que o mestre Charcot me aceitou depois em seu círculo. E na casa de Charcot vi o poeta de *Nabab* repetidas vezes.[62]

Outro caso de engano de lembrança que se pode esclarecer satisfatoriamente remete à *fausse reconnaissance*, de que falaremos mais tarde: eu tinha contado a um dos meus pacientes, um homem ambicioso e preparado, que um jovem estudante foi introduzido recentemente no círculo dos meus alunos por meio de um interessante trabalho: *O artista, esboço para uma psicologia sexual* [*Der Künstler, Versuch einer Sexualpsychologie*]. Quando esse

---

[62] Há pouco tempo, foi-me enviado do círculo de meus leitores um pequeno volume da Biblioteca da Juventude, de Franz Hoffmann, no qual é narrada detalhadamente uma cena de salvamento como a que eu fantasiei em Paris. A concordância se estendia até expressões não muito habituais que ocorrem em ambos os casos. Não é fácil rejeitar a suposição de que nos tempos de minha mocidade eu tenha realmente lido esse escrito para jovens. A biblioteca estudantil de nosso ginásio possuía a coleção de Hoffmann e estava sempre pronta a oferecê-la aos alunos em lugar de qualquer outro alimento espiritual. A fantasia que, com 43 anos, eu acreditei lembrar como a produção de outro, e que depois tive de reconhecer como criação minha aos 29 anos, pode facilmente ter sido a fiel reprodução de uma impressão que recebi entre os 11 e os 13 anos. Afinal, a fantasia de salvamento que eu atribuí ao guarda-livros desempregado de *Nabab* serviu apenas para facilitar o caminho para a fantasia do meu próprio salvamento, para tornar tolerável ao meu orgulho o anseio por um benfeitor e protetor. Assim, para nenhum conhecedor da alma será estranho ouvir que em minha vida consciente eu tolerava muito mal a ideia de depender do favorecimento de um protetor, e que demonstrava a maior relutância nas poucas situações reais em que algo semelhante ocorreu. Abraham trouxe à luz o significado mais profundo das fantasias com esse conteúdo e forneceu um esclarecimento quase exaustivo de suas particularidades, em seu trabalho "Salvamento do pai e parricídio nas estruturas de fantasia dos neuróticos" [Vaterrettung und Vatermord in den neurotischen Phantasiegebilden], 1922 (*Internationale Zeitschrift für Psychoanalyse*, VIII).

escrito foi publicado, depois de um ano e três meses, meu paciente alegou conseguir se lembrar com segurança de ter lido em um lugar qualquer, antes mesmo de minha primeira comunicação (um mês ou meio ano antes), um anúncio desse livro, talvez no mostruário de algum livreiro. E disse que, além disso, tinha percebido esse anúncio naquela ocasião e comentou ter constatado que o autor havia alterado o título, pois já não era mais *Ensaio* [*Versuch*], e sim *Esboços para uma psicologia sexual* [*Ansätze zu einer Sexualpsychologie*]. Cuidadosa consulta com o autor e comparação de todas as datas mostraram que meu paciente pretendia lembrar algo impossível. Daquele escrito em nenhum lugar havia aparecido um anúncio antes da publicação, muito menos um ano e três meses antes de ele ser impresso. Quando eu deixei de interpretar esse engano de lembrança, esse mesmo homem produziu uma reedição de igual valor. Ele achou que recentemente teria visto um escrito sobre "agorafobia" na vitrine de uma livraria e agora estava pesquisando os catálogos de todas as editoras para comprar um exemplar. Eu pude então explicar-lhe por que esse esforço permaneceria necessariamente sem sucesso. O escrito sobre agorafobia só existia em sua fantasia como intenção inconsciente, e devia ser escrito por ele mesmo. Sua ambição de igualar-se ao outro jovem e tornar-se um discípulo através de um trabalho científico como aquele levou-o ao primeiro como também aos repetidos enganos de lembrança. Então ele se lembrou também de que a propaganda na livraria que lhe serviu para esse falso reconhecimento se referia a uma obra intitulada: *Gênese, a lei da criação* [*Genesis, das Gesetz der Zeugung*]. Mas a alteração do título mencionada por ele correu por minha conta, pois eu pude me lembrar de ter eu mesmo começado com essa inexatidão na reprodução do título *Ensaio* [*Versuch*] em vez de *Esboços* [*Ansätze*].

B) O ESQUECIMENTO DE INTENÇÕES

Nenhum outro grupo de fenômenos é mais apropriado do que o esquecimento de intenções para provar a tese de que a escassez de atenção, por si só, não é suficiente para explicar um ato falho. Uma intenção é um impulso para a ação, o qual já encontrou aprovação, mas cuja execução foi deslocada para um momento adequado. No entanto, no intervalo que assim se criou, é bem possível que sobrevenha uma alteração nos motivos, de tal forma que a intenção não seja executada, mas nesse caso ela não é esquecida, mas revista e cancelada. O esquecimento de intenções, a que nós estamos sujeitos cotidianamente e em todas as situações possíveis, não costumamos explicá-lo por meio de uma inovação na equação dos motivos, mas em geral o deixamos inexplicado ou então buscamos uma explicação psicológica, na suposição de que, no momento da execução, já não se encontrava mais disponível a atenção que a ação requer, ação que teria sido condição indispensável para o advento da intenção e, portanto teria estado disponível para a ação naquele momento. A observação de nossa conduta normal em relação às intenções leva-nos a rejeitar como arbitrária essa tentativa de explicação. Quando concebo pela manhã uma intenção que deverá ser executada à noite, é possível que me lembre dela algumas vezes no decorrer do dia. Mas ela não precisa, absolutamente, tornar-se consciente durante o dia. Quando se aproxima o momento de sua execução, ela me ocorre de repente e me leva a fazer os preparativos necessários para a ação preestabelecida.

Quando saio para um passeio e carrego comigo uma carta que ainda deve ser postada, não preciso, como indivíduo normal e não neurótico, carregá-la na mão por todo o trajeto e, nesse meio-tempo, ficar procurando uma caixa de correio onde eu possa colocá-la, mas eu costumo colocá-la no bolso, seguir meu caminho, deixando meus pensamentos vagarem livremente, e conto com o fato de que uma das próximas caixas de correio há de chamar minha atenção e me levará a pôr a mão no bolso e a retirá-la. A conduta normal diante de uma intenção concebida coincide completamente com o comportamento experimentalmente produzido das pessoas a quem se deu, em hipnose, uma "sugestão pós-hipnótica de longo prazo", como se costuma chamá-la.[63] Habitualmente se descreve esse fenômeno da seguinte forma: a intenção sugerida dormita nas pessoas em questão, até que se aproxime o momento de executá-la. Então a intenção desperta e move a pessoa para a ação.

Em duas situações de vida, até o leigo se dá conta de que o esquecimento, no que concerne às intenções, de modo algum pode ter a pretensão de ser considerado um fenômeno elementar não suscetível a maiores explicações, mas permite concluir motivos inconfessos. Refiro-me às relações amorosas e ao serviço militar. Um amante que faltou a um encontro em vão vai se desculpar com sua dama, dizendo que infelizmente se esqueceu por completo. Ela não deixará de lhe responder: "Há um ano você não teria esquecido. É que você já não se importa mais comigo". Mesmo que ele se agarrasse à explicação

---

[63] Comparar com Bernheim. *Novos estudos sobre hipnotismo, sugestão e psicoterapia* [*Neue Studien über Hypnotismus, Suggestion und Psychotherapie*]. 1892.

psicológica mencionada acima e quisesse desculpar seu esquecimento por excesso de trabalho, ele só conseguiria que a dama – que se tornou tão perspicaz quanto o médico na psicanálise – lhe respondesse: "É curioso que essas perturbações nos negócios nunca aconteceram antes!". É claro que a dama também não quer colocar em discussão a possibilidade do esquecimento; ela apenas acha, e não sem razão, que do esquecimento involuntário se pode extrair mais ou menos a mesma conclusão: há certo "não querer" como oriundo de um pretexto consciente.

De modo semelhante, na situação do serviço militar despreza-se, por questão de princípio e com todo o direito, a diferença entre uma omissão por esquecimento e aquela que decorre da intenção. Ao soldado não é *permitido* esquecer nada daquilo que lhe exige o serviço militar. Quando ele, ainda assim, esquece, apesar de conhecer a exigência, isso acontece porque outros motivos, contrários aos que o levam a cumprir da exigência militar, opõem-se a esta. Um soldado voluntário por um ano que, diante de uma inspeção, pretende se desculpar por se *esquecer* de polir seus botões com certeza receberá punição. Mas essa punição é insignificante em comparação com aquela a que ele se exporia se confessasse a si mesmo e a seus superiores o motivo de sua omissão: "Esse serviço miserável de limpeza me é repugnante". Por se poupar dessa punição, por motivo de economia, por assim dizer, ele se serve do esquecimento como pretexto, ou o produz como um compromisso.

O serviço à mulher, assim como o serviço militar, faz a exigência de que tudo o que tenha a ver com ele seja imune ao esquecimento, e assim evoca a opinião de que o esquecimento é admissível para coisas sem importância, enquanto nas coisas importantes o esquecimento é um sinal de que se quer tratá-las como as sem importância, portanto, despoja-as da importância.[64] Então, de fato, não se pode rejeitar aqui o ponto de vista que leva em conta o valor psíquico. Nenhuma pessoa se esquece de executar ações que lhe pareçam importantes sem se expor à suspeita de estar mentalmente perturbada. Portanto, nossa investigação só pode estender-se ao esquecimento das intenções mais ou menos secundárias; não vamos considerar nenhuma intenção completamente indiferente, pois, nesse caso, ela não teria se formado.

Até agora, como nos casos das anteriores perturbações funcionais, compilei casos de omissões por esquecimento que observei em mim mesmo; procurei esclarecê-los e descobri, nessa ocasião, que, de maneira bem geral, eles podiam ser reconduzidos à interferência de motivos desconhecidos e inconfessados – ou, como se pode dizer, a uma *contravontade*. Numa série desses casos, eu me encontrava em uma situação semelhante à das relações de serviço, sob uma compulsão [*Zwange*] contra a qual eu ainda não havia desistido inteiramente de me revoltar, de modo que eu me manifestava contra ela por meio do esquecimento. A isso se deve o fato de eu me esquecer com especial facilidade de enviar congratulações para aniversários, comemorações, festas de casamento e promoções. Eu sempre me proponho a isso de novo e a cada vez me convenço mais de que não

---

[64] Na peça *César e Cleópatra*, de B. Shaw, César, que partiu do Egito, atormentou-se por um tempo com a ideia de que ele ainda tinha planejado algo, de que agora se esqueceu. Finalmente, descobre-se do que César tinha se esquecido: de se despedir de Cleópatra! Por essa pequena passagem poder-se-ia ilustrar – aliás, em total contraste com a verdade histórica – quão pouco César se importava com a jovem princesa egípcia (segundo E. Jones, 1c, p. 488).

vai dar certo para mim. Agora estou prestes a desistir e admitir, com consciência, os motivos que se opõem a isso. Em uma etapa de transição, a um amigo que me pediu para enviar também em seu nome um telegrama de congratulação em determinada data, antecipei que me esqueceria de ambos, e não foi surpresa que a profecia se realizasse. É que está ligado a experiências dolorosas de vida o fato de eu ser incapaz de expressar simpatia toda vez que essa manifestação resulta necessariamente exagerada, pois a expressão que corresponde à porção insignificante da minha emoção não seria admissível. Desde que reconheci a frequência com que tomei como genuína a pretensa simpatia dos outros, encontro-me em uma sublevação contra essas convenções de compartilhamento de sentimentos, ainda que, por outro lado, eu reconheça sua utilidade social. As condolências nos casos de falecimento estão excluídas desse tratamento cindido; quando eu me decido a enviá-las, não deixo de fazê-lo. E quando a minha participação nos sentimentos já não tem mais nada a ver com um dever social, a sua expressão nunca é inibida pelo esquecimento.

Sobre um esquecimento dessa natureza, no qual a intenção inicialmente reprimida irrompeu como "vontade contrária" e teve por consequência uma situação embaraçosa, relatou o tenente T. de seu tempo de prisioneiro de guerra: "O oficial mais graduado de um campo de oficiais prisioneiros de guerra foi ofendido por um de seus companheiros. Para evitar complicações, ele quis fazer uso do único recurso de autoridade a seu dispor, afastando o oficial e fazendo-o ser transferido para outro campo. Só depois de receber conselhos de muitos amigos ele decidiu, contra seu desejo secreto, tomar distância do caso e trilhar em seguida o caminho da honra, o qual, no entanto, certamente traria múltiplos inconvenientes. – Na mesma manhã, esse comandante tinha de ler em voz alta a lista dos nomes dos oficiais sob controle de um órgão de vigilância. Até então, a esse respeito, não lhe acontecera cometer erros, pois ele conhecia seus companheiros há muito tempo. Mas naquele dia ele deixa de ler o nome do seu ofensor, de modo que este, depois que todos os companheiros já haviam sido dispensados, teve de permanecer sozinho no campo até que o erro fosse esclarecido. O nome omitido constava com total clareza no meio de uma folha. – Esse episódio foi visto por um dos lados como ofensa deliberada e, pelo outro, como um acaso lamentável e sujeito a uma interpretação equivocada. Mas seu autor pôde mais tarde formar um juízo correto do que tinha acontecido depois de tomar conhecimento da *Psicopatologia* de Freud".

De modo semelhante, pelo conflito entre um dever convencional e uma avaliação interna e inconfessa, explicam-se os casos em que nos esquecemos de executar ações que prometemos levar a cabo em favor de alguém. Nesse caso, ocorre regularmente que só aquele que faz o favor acredita no poder exonerador do esquecimento, enquanto o que pede o favor se dá, sem dúvida, a resposta correta: Ele não tem nenhum interesse no assunto, caso contrário, não o teria esquecido. Há pessoas que são, em geral, chamadas de esquecidas e, por isso, são consideradas desculpáveis, assim como o míope quando não cumprimenta na rua.[65] Essas pessoas esquecem todas as pequenas

---

[65] As mulheres, com seu entendimento mais sutil dos processos psíquicos inconscientes, são, em geral, mais inclinadas a tomar como afronta quando não são reconhecidas na rua, ou seja, não são cumprimentadas, do que a pensar nas explicações mais imediatas, ou seja, que o descuidado é míope ou que, por estar perdido em

promessas que fizeram, não executam nenhuma das tarefas que receberam, provando, portanto, que não são confiáveis nas pequenas coisas, e ainda exigem que não levemos a mal essas pequenas infrações, ou seja, que não sejam explicadas pelo seu caráter, mas que as atribuamos a uma peculiaridade orgânica.[66] Eu mesmo não sou uma dessas pessoas e não tive oportunidade de analisar as ações de uma delas, para descobrir, pela seleção de seus esquecimentos, a sua motivação. Contudo, não posso deixar de supor, por analogia, que o motivo aqui seja uma medida excepcionalmente grande de menosprezo inconfesso pelos outros, que explora o fator constitucional para seus fins.[67]

Em outros casos, os motivos do esquecimento são menos fáceis de descobrir e, se encontrados, produzem

---

pensamentos, não reparou nelas. Elas concluem que teriam sido percebidas se lhes tivesse sido dada alguma importância.

[66] S. Ferenczi relatou sobre si mesmo que era um "distraído", e a frequência e a singularidade de seus atos falhos chamou a atenção de seus conhecidos. Mas os sinais dessa "distração" desapareceram quase que completamente, desde que ele começou a praticar o tratamento psicanalítico em seus doentes e se viu precisado a também voltar a atenção para a análise de seu próprio Eu. Ele acha que se pode abrir mão dos atos falhos à medida que se aprende a ampliar sua própria responsabilidade. Por isso ele sustenta, com razão, que a distração é um estado que depende de complexos inconscientes e pode ser curado pela psicanálise. Um dia, contudo, ele estava dominado pela recriminação de ter cometido um erro de método na psicanálise de um paciente. Nesse dia, reapareceram todas as antigas distrações. Ele tropeçou várias vezes ao andar na rua (figuração do *passo em falso* [*faux pas*] no tratamento), esqueceu sua carteira em casa, quis pagar um centavo a menos no bonde, não tinha abotoado suas roupas adequadamente e assim por diante.

[67] A esse respeito, E. Jones observa: "Frequentemente a resistência é de ordem geral. Então, um homem ocupado se esquece de enviar as cartas que – para seu ligeiro aborrecimento – são-lhe confiadas por sua esposa, assim como ele pode se 'esquecer' de fazer as compras que ela pediu".

uma estranheza maior. Foi assim que notei, anos atrás, que, no caso de um número maior de visitas a pacientes, eu nunca esquecia uma visita, a não ser aquelas a pacientes gratuitos ou a algum colega. Envergonhado diante disso, tinha me habituado a anotar as visitas do dia já de manhã, como uma intenção. Eu não sei se outros médicos chegaram à mesma prática pelo mesmo caminho. Mas assim podemos ter uma ideia do que motiva o chamado neurastênico a anotar em seus célebres "papeizinhos" as várias comunicações que ele quer fazer ao médico. Aparentemente, falta-lhe confiança na capacidade reprodutora de sua memória. Isso certamente é verdade, mas na maioria das vezes a cena se desenrola assim: o paciente expôs com extremo detalhe as suas diversas queixas e indagações. Depois que ele terminou, faz uma pequena pausa, e em seguida tira o papelzinho e diz em tom de desculpa: fiz algumas anotações porque não retenho absolutamente nada. Em geral, ele não encontra nada de novo no papelzinho. Ele repete cada ponto e responde ele mesmo: sim, eu já perguntei sobre isso. É provável que, com o papelzinho, ele esteja apenas demonstrando um de seus sintomas, a frequência com que suas intenções são perturbadas pela interferência de motivos obscuros.

Estarei tocando, além disso, em sofrimentos de que também padece a maior parte das pessoas saudáveis de meu conhecimento, se eu confessar que, especialmente em minha juventude, esquecia com facilidade e por muito tempo de devolver livros emprestados, ou que me era particularmente fácil adiar pagamentos por esquecimento. Recentemente, certa manhã, deixei sem pagar a tabacaria onde havia feito minhas compras diárias de charutos. Foi uma omissão das mais inocentes, pois lá eu sou conhecido e, portanto, podia esperar ser lembrado da dívida no dia seguinte. Mas essa pequena falta, essa tentativa de contrair dívidas, certamente não deixava de se relacionar com as considerações orçamentárias que me haviam ocupado durante toda a véspera. Em relação ao tema do dinheiro e da propriedade, é fácil verificar vestígios de uma conduta cindida mesmo na maioria das chamadas pessoas decentes. Talvez a avidez primitiva do lactente, que procura apoderar-se de todos os objetos (para levá-los à boca), em geral se mostre superada apenas incompletamente pela cultura e pela educação.[68]

---

[68] Em nome da unidade do tema, permito-me romper aqui a divisão escolhida e acrescentar ao que foi dito acima que, em assuntos de dinheiro, a memória das pessoas mostra uma parcialidade especial. Confusões de lembrança a respeito de já ter pagado alguma coisa são muitas vezes muito persistentes, como bem sei por mim mesmo. Sempre que, como no jogo de cartas, deixamos correr livre a intenção gananciosa desligada dos grandes interesses da vida e, portanto, por diversão, mesmo os homens mais honrados mostram-se propensos a cometer erros, a ter falhas de memória e de cálculo e, sem saber muito bem como, descobrem-se envolvidos em pequenos golpes. Em tais liberdades se baseia, em parte, o caráter psiquicamente recreativo do jogo. Devemos admitir a verdade do provérbio que diz que no jogo se conhece o caráter do ser humano, desde que não se tenha em vista seu caráter manifesto. – Se ainda há erros de cálculo não deliberados entre os garçons, eles estão evidentemente sujeitos ao mesmo julgamento. – Entre os comerciantes, observa-se muitas vezes certa hesitação no desembolso de dinheiro, para o pagamento de contas etc., que ao proprietário não gera lucro, mas só se compreende psicologicamente como uma manifestação da contravontade de desembolsar dinheiro. – Brill observa sobre isso com agudeza epigramática: *somos mais propensos a extraviar cartas contendo contas do que cheques* [*We are more apt to mislay letters containing bills than checks*]. – Deve-se às mais íntimas e menos claras moções o fato de justamente as mulheres mostrarem um particular desprazer em pagar os honorários ao médico. Elas costumam esquecer sua carteira, e por isso não podem pagar na hora da consulta, esquecem-se, então, regularmente, de enviar os honorários de casa, e assim conseguem ser tratadas de graça – "por seus belos olhos". Elas pagam, por assim dizer, com sua aparência.

Temo que eu tenha me tornado simplesmente banal com todos exemplos apresentados até aqui. Mas só pode me parecer correto esbarrar em coisas conhecidas por todos e que todos compreendem de igual maneira, já que só me proponho a compilar material do cotidiano, para apreciá-lo cientificamente. Não vejo por que a sabedoria, que é o resultado das experiências comuns de vida, deva ser impedida de ser incluída entre as aquisições da ciência. Não é a diversidade de objetos, mas o método mais rigoroso de verificação e busca de conexões de longo alcance que constitui o caráter essencial do trabalho científico.

No que tange às intenções de alguma importância, descobrimos, em geral, que elas só são esquecidas quando se erguem contra elas motivos obscuros. No caso de intenções ainda menos importantes, reconhecemos um segundo mecanismo do esquecimento, quando uma contravontade se transfere de algum outro ponto para a intenção, depois que foi estabelecida uma associação externa entre esse outro e o conteúdo da intenção. A esse respeito, o exemplo seguinte: eu valorizo um bom papel mata-borrão e resolvo em minha passagem de hoje à tarde pelo centro da cidade comprar novos. Mas por quatro dias consecutivos me esqueci de fazê-lo, até me perguntar pelo motivo dessa omissão. Ele foi então fácil de descobrir, depois que me lembrei de que, na verdade, estou acostumado a escrever "papel mata-borrão" [*Löschpapier*], mas a dizer "*Fließpapier*". "*Fließ*" é o nome de um amigo em Berlim que, nesses mesmos dias, dera-me ocasião para um pensamento torturante e preocupante. Não pude me livrar desse pensamento, mas a tendência defensiva (cf. acima) se manifesta, transferindo-se, por meio da identidade de palavra, sobre a intenção indiferente e, por isso, menos resistente.

A contravontade direta e uma motivação mais distante conjugam-se no seguinte exemplo de adiamento: para a coleção *Questões Limítrofes da Vida Nervosa e Anímica*, eu tinha escrito um breve ensaio sobre o sonho, que resumia o conteúdo da minha *Interpretação do sonho*. Bergmann, de Wiesbaden, enviou-me um jogo de provas com o pedido de que eu o reenviasse pelo sistema de pronto retorno dos correios, porque ele queria lançar o caderno ainda antes do Natal. Eu fiz as correções nessa mesma noite e coloquei-as sobre a minha escrivaninha, para levá-las comigo na manhã seguinte. Esqueci de fazê-lo de manhã, e só me lembrei à tarde, ao ver o pacote embalado sobre a escrivaninha. Do mesmo modo, esqueci as provas à tarde, à noite e na manhã seguinte, até que eu me recompus e na tarde do segundo dia levei as provas para uma caixa do correio, perplexo com o motivo desse adiamento. É evidente que eu não queria enviá-las, mas não conseguia descobrir por quê. Entretanto, nessa mesma caminhada visito o meu editor em Viena, que também publicara o livro dos sonhos, fiz uma encomenda e digo, então, como que impulsionado por uma ideia repentina: "O senhor está sabendo que escrevi o livro sobre os *Sonhos* pela segunda vez?" – "Ah! Faça-me o favor!" – "Acalme-se! É apenas um breve ensaio para a coleção de Löwenfeld Kurella". Mas isso não lhe convinha; ele se preocupava com o fato de o ensaio poder prejudicar as vendas do livro. Eu contestei e por fim perguntei: "Se eu tivesse me reportado primeiro ao senhor, o senhor teria me proibido a publicação?" – "Não, de modo algum." Eu mesmo acredito que agi em meu pleno direito e nada fiz de diferente do que é geralmente comum; ainda assim, parece-me correto que um temor semelhante como o que o editor expressou era o motivo de minha demora em devolver as provas. Esse temor remonta a uma ocasião anterior, em que outro editor colocou dificuldades quando julguei inevitável transcrever, inalteradas, algumas páginas de um texto meu anterior sobre a paralisia cerebral infantil, publicado por outra editora, em uma elaboração do mesmo tema para o *Manual*, de Nothnagel. Mas também nesse caso a recriminação não encontra nenhuma legitimação; na época eu também tinha comunicado lealmente a minha intenção ao meu primeiro editor (o mesmo que o da *Interpretação do sonho*). Entretanto, se essa série de lembranças retrocede ainda mais, ela me move para uma ocasião ainda mais remota, para uma tradução do francês na qual eu realmente infringi os direitos de propriedade que regem uma publicação. Eu inseri notas no texto traduzido sem ter solicitado a permissão do autor para essas notas, e alguns anos depois tive motivo para supor que o autor tinha ficado insatisfeito com essa minha arbitrariedade.

Existe um provérbio que anuncia a sabedoria popular de que o esquecimento das intenções não tem nada de casual: "O que se esqueceu de fazer uma vez será esquecido com mais frequência ainda".

De fato, às vezes não podemos nos furtar à impressão de que tudo o que se pode dizer sobre o esquecimento e os atos falhos já nos é conhecido como evidente. É mesmo de admirar que, ainda assim, seja necessário apresentar à sua consciência isso que é tão conhecido! Quantas vezes eu ouvi dizer: "Não me dê essa incumbência, eu tenho certeza de que vou esquecê-la". Certamente a realização dessa profecia não continha nada místico. Quem assim falou sente em si mesmo a intenção de não executar a incumbência e apenas se recusa a reconhecê-la.

Além disso, o esquecimento de intenções ganha uma boa ilustração através do que se pode caracterizar como "formação de falsas intenções". Certa vez prometi a um jovem autor que escreveria uma resenha sobre sua pequena obra, mas, por causa de resistências internas não desconhecidas por mim, fui adiando, até que um dia, por pressão dele, prometi que, naquela mesma noite, iria acontecer. Na verdade, eu tinha a séria intenção de fazê-lo, mas tinha esquecido que tinha reservado aquela noite para preparar um parecer inadiável. Depois de ter reconhecido minha intenção como falsa, desisti da luta contra minhas resistências e me desculpei com o autor.

VIII
A AÇÃO EQUIVOCADA

Da obra acima mencionada de Meringer e Mayer retiro ainda o trecho (p. 98):

"Os lapsos verbais não estão inteiramente isolados. Eles correspondem aos erros que frequentemente sobrevêm em outras atividades humanas e são chamados de maneira bastante insensata de 'falta de memória'."

Portanto, não sou de modo algum o primeiro a supor um sentido e um propósito por detrás das pequenas perturbações funcionais da vida cotidiana das pessoas saudáveis.[69]

Se os lapsos verbais, que certamente são uma operação motora, admitem uma perspectiva como essa, é evidente que se pode transferir a mesma expectativa aos erros em nossos outros desempenhos motores. Formei aqui dois grupos de casos; todos os casos em que o efeito de falha pareça ser essencial, portanto, em que houve o desvio da intenção, eu caracterizo como "ação equivocada" [*Vergreifen*], os outros, em que é antes a ação toda

---
[69] Uma segunda publicação de Meringer mostrou-me mais tarde quão injusto eu fui com esse autor ao atribuir-lhe essa compreensão.

que parece inadequada, eu os chamo de "ações sintomáticas e casuais" [*Symptom- und Zufallshandlungen*]. Mas a separação, por sua vez, não pode ser traçada nitidamente; chegamos, de fato, a compreender que todas as utilizadas neste ensaio só têm importância descritiva e contradizem a unidade interna do campo de fenômenos.

É evidente que a compreensão psicológica da "ação equivocada" não vai conhecer nenhum avanço incomum se for subsumida à ataxia e, em especial, à "ataxia cortical". Tentemos, de preferência, reconduzir cada um dos exemplos às condições que lhe são próprias. Para isso, voltarei a utilizar observações sobre mim mesmo, ainda que em meu caso as oportunidades de fazê-las não sejam especialmente frequentes.

a) Em anos anteriores, quando eu visitava os pacientes em domicílio com mais frequência do que hoje, acontecia-me muitas vezes, diante da porta em que eu deveria bater ou tocar a campainha, tirar do bolso as chaves da minha própria casa para – então, quase envergonhado, tornar a guardá-las. Quando eu tento me dar conta de com quais pacientes isso acontecia, sou obrigado a supor que essa ação equivocada – pegar a chave em vez de tocar a campainha – significava uma homenagem à casa onde eu cometia esse desacerto. Ela equivalia ao pensamento: "Aqui estou em casa", pois isso só acontecia onde eu me havia afeiçoado ao paciente. (Na minha própria porta de casa, naturalmente, nunca toco a campainha.)

O ato falho era, portanto, uma figuração simbólica de um pensamento que, na verdade, não estava destinado a ser admitido de maneira séria e consciente, pois, na realidade, o neurologista sabe muito bem que o paciente só permanece apegado a ele enquanto ainda espera receber um benefício dele, e que ele próprio só em nome do auxílio psíquico pode se permitir sentir um interesse excessivamente caloroso pelos seus pacientes.

Numerosas observações que outras pessoas fizeram em si mesmas mostram que esse manejo com a chave, equivocado e pleno de sentido, não é, de modo algum, uma particularidade da minha pessoa.

Uma repetição quase idêntica de minhas experiências foi descrita por A. Maeder (Contrib. à la Psychopathologie de la vie quotidienne, *Arch. de Psychol.* VI, 1906): *Il est arrivé à chacun de sortir son trousseau, en arrivant à la porte d'un ami particulièrement cher, de se surprendre, pour ainsi dire, en train d'ouvrir avec sa clé comme chez soi. C'est un retard, puisqu'il faut sonner malgré tout, mais c'est une preuve qu'on se sent – ou qu'on voudrait se sentir – comme chez soi, auprès de cet ami.*

[Contrib. à Psicopatologia da vida cotidiana. Já aconteceu a cada um de nós sacar seu molho de chaves ao chegar à porta de um amigo particularmente querido e se surpreender, por assim dizer, prestes a abri-la com sua chave, como se estivesse em casa. Isso é uma perda de tempo, já que ainda assim é preciso tocar a campainha, mas é uma prova de que com esse amigo nós nos sentimos – ou gostaríamos de nos sentir – em casa.]

E. Jones (p. 509): *The use of keys is a fertile source of occurrences of this kind of which two examples may be given. If I am disturbed in the midst of some engrossing work at home by having to go to the hospital to carry out some routine work, I am very apt to find myself trying to open the door of my laboratory there with the key of my desk at home, although the two keys are quite unlike each other. The mistake unconsciously demonstrates where I would rather be at the moment.*

Some years ago I was acting in a subordinate position at a certain institution, the front door of which was kept locked, so that it was necessary to ring for admission. In several occasions I found myself making serious attempts to open the door with my house key. Each one of the permanent visiting staff, of which I aspired to be a member, was provided with a key to avoid the trouble of having to wait at the door. My mistakes thus expressed my desire to be on a similar footing, and to be quite "at home" there.

[O uso das chaves é uma fonte fértil de ocorrências desse tipo, de que é possível fornecer dois exemplos. Quando eu sou perturbado em meio a algum trabalho intenso em casa, por ter de ir ao hospital para executar algum trabalho de rotina, é muito provável que eu me pegue tentando abrir a porta lá de meu laboratório com a chave da escrivaninha de casa, apesar de as duas chaves serem bem diferentes uma da outra. Esse erro demonstra, inconscientemente, onde eu preferiria estar no momento.

Há alguns anos, eu estava trabalhando em uma posição subalterna em certa instituição cuja porta da frente era mantida trancada, de modo que era necessário tocar a campainha para entrar. Em diversas ocasiões, eu me encontrei fazendo sérias tentativas de abrir a porta com a minha chave de casa. A cada funcionário do grupo permanente de que eu aspirava a ser membro providenciava-se uma chave, para evitar o problema de esperar à porta. Meus erros, portanto, expressaram meu desejo de estar em pé de igualdade e inteiramente "em casa" lá.]

De forma semelhante a esse caso, relata o Dr. Hanns Sachs: "Eu carrego comigo sempre duas chaves, das quais uma é da porta de meu escritório e a outra, de minha residência. Não é fácil trocar uma pela outra, visto que a chave do escritório é no mínimo três vezes maior do que a de casa. Além disso, carrego a primeira no bolso da calça e a outra no colete. Apesar disso, aconteceu com frequência de, diante da porta, eu notar que havia providenciado a chave errada na escada. Decidi fazer uma tentativa estatística; já que eu, diariamente, ficava diante de ambas as portas mais ou menos com o mesmo estado de ânimo, a troca das duas chaves também precisava exibir uma tendência regular, se é que respondia a um determinismo psíquico diverso. A observação dos casos posteriores resultou então no fato de que eu tirava regularmente a chave de casa diante da porta do escritório, e apenas uma vez ocorreu o inverso: eu cheguei cansado em casa, onde, como eu já sabia, esperava-me um convidado. À porta, fiz uma tentativa de destrancá-la com a chave do escritório, que, naturalmente, era grande demais".

b) Em uma determinada casa, em que eu, por seis anos, duas vezes ao dia, em horários predeterminados, sempre aguardava para entrar diante de uma porta no segundo andar, aconteceu-me de, por duas vezes, durante esse longo período de tempo (com um curto intervalo), subir um andar a mais, ou seja, "equivocar-me na subida" [*verstiegen*]. Na primeira vez, eu me encontrava em um ambicioso sonho diurno, em que eu "subia sempre mais e mais alto". Naquele momento, deixei até de ouvir a porta em questão se abrir, quando pisei no primeiro degrau do terceiro andar. Da outra vez eu subi novamente mais do que devia, "imerso em pensamentos"; quando percebi, dei a volta e tentei apreender a fantasia que me dominava, e descobri que estava irritado com uma crítica (fantasiada) a meus escritos, na qual eu era recriminado por ir sempre "longe demais", e na qual eu tinha de substituir a expressão pouco respeitosa de "*pretensioso*" [*verstiegen*].

c) Sobre minha escrivaninha estão colocados lado a lado, faz muitos anos, um martelo para testar reflexos e um diapasão. Certo dia apressei-me em sair após o horário de consultas, porque queria pegar determinado trem urbano, e em plena luz do dia coloquei no bolso do casaco o diapasão em vez do martelo, e o peso do objeto puxando meu bolso para baixo chamou-me a atenção para o meu desacerto. Quem não estiver habituado a pensar sobre essas ocorrências tão insignificantes vai, sem dúvida, explicar e justificar esse manejo equivocado pela pressa do momento. Apesar disso, preferi me perguntar por que, na verdade, peguei o diapasão em vez do martelo. A pressa poderia ter sido, da mesma forma, um motivo para executar a pegada corretamente, para não perder tempo com a correção.

"Quem pegou por último o diapasão?", foi a pergunta que se impôs a mim naquele momento. E tinha sido, há poucos dias, uma criança *idiótica*, cuja atenção às impressões sensoriais eu tinha testado, e que ficou tão encantada com o diapasão que só com muita dificuldade consegui tirá-lo dela. Então isso significaria que eu sou um idiota? Tudo indica que sim, pois a próxima ocorrência que se associa a martelo (*Hammer*), foi "*Chamer*" (em hebraico: "burro").

Mas o que são todos esses insultos? Aqui é preciso interrogar a situação. Minha pressa era para atender a uma consulta em um lugar situado no trajeto da linha ferroviária oeste, para ver uma paciente que, de acordo com a anamnese que me foi enviada por carta, havia caído de uma sacada alguns meses antes e, desde então, não conseguia andar. O médico que me convidou escreveu que, apesar disso, não sabia se se tratava de uma lesão na coluna ou de uma neurose traumática – histeria. Isso é o que eu devia decidir. Nesse caso haveria, portanto, uma advertência para que eu fosse especialmente cuidadoso no delicado diagnóstico diferencial. É que os colegas acham que se diagnostica histeria com demasiada facilidade nos casos em que se trata de coisas mais sérias. Mas o insulto ainda não foi justificado! Mas, claro, ocorreu-me então que a pequena estação ferroviária ficava no mesmo lugar em que, anos antes, eu examinara um rapaz que, depois de um abalo emocional, não conseguiu mais caminhar devidamente. Na época, diagnostiquei histeria e depois tomei o paciente em tratamento psíquico, e então revelou-se que meu diagnóstico não havia sido incorreto, mas também não fora correto. Um grande número de sintomas do paciente era histérico, e estes desapareceram prontamente no decorrer do tratamento. Mas por trás deles tornou-se visível um resto inacessível à terapia que só podia ser explicado pela esclerose múltipla. Os que examinaram o enfermo depois de mim tiveram facilidade em reconhecer a afecção orgânica; dificilmente eu teria procedido de outra maneira ou julgado de outro modo, mas a impressão que ficou foi a de um grave erro; a promessa de cura que eu lhe havia feito naturalmente não pôde ser mantida. A tomada equivocada do diapasão em vez do martelo podia ser traduzida nas seguintes palavras: Seu bobalhão, seu burro, veja se dessa vez não volta a diagnosticar uma histeria quando estiver diante de uma doença incurável, como aquela do pobre homem desse mesmo lugar anos atrás! E, felizmente para esta pequena análise, mesmo que para o azar do meu estado de espírito, esse mesmo homem, sofrendo de uma grave paralisia espasmódica, esteve em meu consultório poucos dias antes e um dia depois da criança com idiotia.

    Percebe-se que, dessa vez, foi a voz da autocrítica que se fez ouvir através da ação equivocada. Para essa utilização como autorrecriminação, o manejo equivocado é particularmente apropriado. O desacerto atual quer figurar o desacerto cometido em outra ocasião.

d) Obviamente, a ação equivocada também pode servir a uma série inteira de outros propósitos obscuros. Eis aqui um primeiro exemplo: é muito raro eu quebrar alguma coisa. Não sou especialmente habilidoso, mas, em consequência da integridade anatômica de meu aparelho neuromuscular, não há em mim razões para esses movimentos tão desajeitados, com suas consequências indesejadas. Portanto, não me lembro de nenhum objeto em minha casa que teria sido quebrado por mim. Devido à falta de espaço no meu escritório, sou obrigado, com frequência, a manusear, nas posições mais incômodas, numerosas antiguidades de argila e pedra, das quais eu possuo uma pequena coleção, de modo que os expectadores externaram a preocupação de que eu viesse a derrubar alguma coisa e a quebrasse. Mas isso nunca aconteceu. Por que, então, um dia eu derrubei no chão a tampa de mármore de meu modesto tinteiro, de tal modo que ele se quebrou?

Meu tinteiro consiste de uma base de mármore de Untersberg que foi esculpida para receber o frasco de vidro que contém a tinta, e este tem uma tampa com um botão dessa mesma pedra. Por trás desse tinteiro há uma coroa de estatuetas de bronze e figurinhas de terracota. Eu me sento à mesa para escrever e faço, com a mão que segura a caneta-tinteiro, um singular movimento desajeitado para fora, jogando assim ao chão a tampa do tinteiro que estava sobre a mesa. A explicação não é difícil de ser encontrada. Algumas horas antes, minha irmã esteve no aposento para examinar algumas novas aquisições. Ela as achou muito bonitas, e então comentou: "Agora a sua escrivaninha está realmente linda, só o tinteiro que não combina. Você tem de encontrar um mais bonito". Saí acompanhando a minha irmã e voltei só depois de algumas horas. Mas então assim parece, consumei a execução do tinteiro condenado. Teria eu concluído das palavras da irmã que ela pretendia me presentear na próxima ocasião festiva com um tinteiro mais bonito, e teria eu quebrado o que era velho e feio para forçá-la à realização da sua insinuada intenção? Se era assim, então meu movimento de arremesso só foi aparentemente desajeitado; na realidade, ele foi altamente habilidoso e adequado, e soube desviar-se para poupar todos os objetos valiosos que estavam próximos.

Eu realmente acredito que devemos adotar esse mesmo julgamento para toda uma série de movimentos desajeitados e aparentemente casuais. É correto que eles exibam algo de violento e intempestivo, assim como os movimentos espástico-atácticos, mas se mostram dominados por uma intenção e atingem sua meta com uma segurança de que, em geral, não poderiam vangloriar-se os movimentos voluntários conscientes. Além disso, eles compartilham ambas as características, a violência, bem como a infalibilidade com as manifestações motoras da neurose histérica e, em parte, também com as operações motoras do sonambulismo, o que sem dúvida aponta, num e noutro caso, a uma mesma modificação desconhecida do processo de inervação.

Outra auto-observação, comunicada pela Sra. Lou Andreas-Salomé, pode trazer uma prova convincente de como a obstinada e persistente "inabilidade" serve de modo muito hábil a propósitos inconfessos.

"Precisamente a partir da época em que o leite havia se tornado uma mercadoria rara e cara aconteceu-me, para o meu constante terror e aborrecimento, que eu o deixava entornar sempre que o fervia. Em vão esforcei-me para dominar a situação, embora eu não possa dizer de modo algum que em outras circunstâncias eu me mostre distraída ou desatenta. Isso teria tido mais propriamente uma causa depois da morte do meu querido Terrier branco (que com tanto direito se chamava Drujok ["amigo", em russo], como qualquer ser humano). Mas – veja só! – desde então nunca mais se derramou uma única gotinha da fervura. Meu pensamento imediato a esse respeito foi: 'Como é bom isso, pois o que derramasse na chapa do fogão ou no chão não encontraria mais utilidade alguma'. – E simultaneamente visualizei meu 'amigo' sentado diante de mim, observando atento o procedimento da fervura: a cabeça inclinada para o lado, já abanando o rabo cheio de esperanças, – aguardando, com confiante segurança, que se cumpriria o esplêndido infortúnio prestes a acontecer. E é claro que, com isso, tudo ficou cristalino, inclusive isto: que ele era ainda *mais* amado por mim do que eu mesma sabia."

Nos últimos anos, desde que venho colecionando essas observações, ainda me aconteceu mais algumas vezes de eu despedaçar ou quebrar objetos de certo valor, mas a investigação desses casos me convenceu de que nunca foi fruto do acaso ou da minha inabilidade sem propósito. Assim, certa manhã, ia caminhando por um quarto vestido com roupão e os pés calçando pantufas de palha, e, obedecendo a um impulso repentino, joguei com o pé uma das pantufas contra a parede, de modo que ela derrubou uma linda e pequena Vênus de seu suporte. Enquanto ela se quebrava em pedaços, citei, inteiramente impassível, esses versos de Busch:

> Ah! A Vênus de Médici –
> Catapum! – está perdida

[*Ach! die Venus ist perdü –*
Klickeradoms! – von Medici!][70]

Essa ação temerária e minha calma diante do dano encontram esclarecimento na situação daquela época. Nós tínhamos uma doente grave na família, por cujo restabelecimento [*Genesung*][71] eu já desesperava em silêncio. Naquela manhã fiquei sabendo de uma grande melhora; sei que disse a mim mesmo: então ela vai viver. Assim, meu acesso de fúria destrutiva serviu para expressar um estado de espírito agradecido ao destino e me permitiu consumar um *"ato sacrificial"*, como se eu tivesse feito promessa de sacrificar isto ou aquilo se ela recuperasse a saúde! Que eu tenha escolhido a Vênus de Médici para esse sacrifício não deve ter sido outra coisa a não ser uma galante homenagem à convalescida; mas permanece incompreensível para mim também dessa vez como foi que eu decidi tão rapidamente, mirei com tanta habilidade e não atingi nenhum outro dos objetos que estavam tão próximos.

---

[70] BUSCH, Wilhelm. *Die fromme Helene*, cap. VIII. (N.T.)

[71] Interessante observar a diferença entre *"Kur"*, *"Genesung"* e *"Heilung"*, pois cada um dos vocábulos se refere à cura, ao sarar, mas a cada um cabe um recorte diferente: *"Kur"* seria o mais próximo de "cura", e Freud utiliza com frequência essa palavra quando se refere ao processo psicanalítico, e, especificamente para a neurose obsessiva, Freud intitula um ensaio utilizando essa palavra: "Kur". Ao escrever *"Heilung"*, haveria um enfoque no aspecto na cura, que seria implicitamente o da salvação [*heilen*]. Podemos dizer algo como "salvou-se da morte". Já *"Genesung"* chamaria nossa atenção da cura para o aspecto da restauração, do restabelecimento, da volta ao equilíbrio anterior, assim como um herói de grandes narrativas literárias que começa em estado de equilíbrio, passa por alguns obstáculos sérios, em que sua vida corre perigo, vive esse suspense e, por fim, encontra o retorno ao estado anterior, porém, como herói que se salvou. (N.T.)

Outra quebra, para a qual eu de novo me servi de uma caneta que escapou da mão, tinha, igualmente, o significado de um sacrifício, mas, dessa vez, um *sacrifício-rogatório* [*Bittopfer*] para afastar um mal. Permiti-me fazer uma reprimenda a um amigo fiel e meritório, que se fundamentou na interpretação de certos signos de seu inconsciente e em nada mais. Ele levou a mal e me escreveu uma carta pedindo para eu não tratar meus amigos psicanaliticamente. Eu tive de lhe dar razão e o tranquilizei com minha resposta. Enquanto eu escrevia essa carta, tinha diante de mim a minha mais nova aquisição, uma estatuetazinha egípcia fabulosamente esmaltada. Eu a destruí da maneira descrita e soube, então, imediatamente que eu havia causado essa calamidade para afastar outra maior. Por sorte, ambas as coisas – a amizade e a estatueta – puderam ser cimentadas de tal modo que a rachadura não seria notada. Uma terceira quebra deu-se com questões menos sérias; foi apenas uma "execução" mascarada, para usar a expressão de Theodor Vischer (em "Auch Einer" [Também uma pessoa]), de um objeto que não era mais de meu agrado. Durante algum tempo eu tinha usado uma bengala com cabo de prata; certa vez, sem ser minha culpa, a fina chapa de prata foi danificada, e ela foi mal consertada. Logo depois de receber de volta a bengala, usei o cabo por brincadeira para fisgar a perna de um de meus filhos. Naturalmente o cabo se quebrou em dois, e me livrei dele.

A impassibilidade com que aceitamos o dano produzido em todos esses casos pode, sem dúvida, ser tomada como prova da existência de uma intenção inconsciente na execução dessas ações.

Ocasionalmente, quando exploramos as razões de um ato falho tão insignificante como a quebra de um objeto, deparamo-nos com relações que penetram profundamente na pré-história de um ser humano, além de se vincularem com sua situação atual. A seguinte análise de L. Jekels deve servir de exemplo nesse caso:

"Um médico encontrava-se de posse de uma floreira de terracota que, mesmo não sendo valiosa, era muito bonita. Ela lhe fora presenteada, havia algum tempo, junto a outros objetos, entre os quais alguns também de valor, por uma paciente (casada). Quando nela se manifestou uma psicose, ele devolveu todos os presentes aos familiares da paciente – exceto esse vaso, de longe menos valioso, do qual ele não conseguiu se separar, supostamente por sua beleza. Mas essa sonegação custou certa luta interna a esse sujeito comumente tão escrupuloso que, estando plenamente consciente da impropriedade dessa ação, só conseguiu superar seu remorso com o pretexto de que, na verdade, o vaso não tinha nenhum valor material, era muito difícil de embalar etc. – Quando, depois de alguns meses, ele estava prestes a reclamar, através de um advogado, a dívida feita com ele relativa ao resto dos honorários pelo tratamento dessa paciente, que estavam sendo contestados, as autodepreciações voltaram a se anunciar; por um breve intervalo, dominou-o o medo de que os parentes pudessem descobrir a suposta sonegação e a usassem contra ele no procedimento judicial. No entanto, particularmente aquele primeiro fator foi por algum tempo tão intenso que ele já tinha pensado em renunciar à exigência de uma soma talvez 100 vezes maior – quase como uma indenização pelo objeto sonegado –, contudo ele logo superou esse pensamento, quando o deixou de lado como absurdo.

"Estando nesse estado de espírito, aconteceu-lhe de renovar a água da floreira, e, apesar de quebrar algo com excepcional raridade e de dominar bem seu aparelho muscular, ele fez um movimento estranhamente 'desajeitado' que não tinha nenhuma relação orgânica com essa ação e derrubou o vaso da mesa, quebrando-o em cinco ou seis pedaços grandes. E isso depois de ter decidido, na noite anterior, só depois de intensa hesitação, colocar justamente esse vaso cheio de flores diante de seus convidados sobre a mesa da sala de refeições, e depois de, pouco antes da quebra, ter pensado nele com angústia, sentindo sua falta por não estar na sala de estar e de buscá-lo com as próprias mãos do outro aposento! Quando, então, depois dos primeiros momentos de consternação, ele juntou os pedaços, e justamente enquanto os reunia constatou que ainda seria possível reconstruir o vaso quase sem lacunas, – escorregam-lhe da mão os dois ou três fragmentos maiores; eles se estilhaçam em milhares de cacos, e com eles também qualquer esperança relacionada ao vaso.

"Não há dúvida de que essa ação equivocada tenha tido a intenção real de possibilitar ao médico prosseguir com seus direitos, eliminando o que ele tinha retido e que, em certa medida, impedia-o de exigir o que haviam retido dele.

"No entanto, para qualquer psicanalista esse ato falho possui, além desse determinismo direto, outro muito mais profundo e importante, um determinismo *simbólico*; o vaso é um símbolo indubitável da mulher.

"O herói dessa pequena história tinha perdido de maneira trágica sua linda, jovem e calorosamente amada esposa. Ele caiu em uma neurose cuja tônica era que ele tinha culpa nessa desgraça ('ele tinha quebrado um vaso bonito'). Além disso, ele não começou mais nenhuma relação com as mulheres e tomou aversão ao casamento e às relações amorosas de longa duração, as quais no inconsciente equivaliam à infidelidade à sua esposa morta, mas no consciente foram racionalizadas na ideia de que ele trazia desgraça às mulheres, que por causa dele poderiam se matar etc. (É por isso que, naturalmente, não lhe era permitido conservar o vaso por muito tempo!)

"Por causa de sua intensa libido, não é de surpreender que lhe parecessem mais adequadas as relações, passageiras por sua natureza, com mulheres casadas (daí ele reter o vaso de outro).

"Uma boa confirmação para esse simbolismo encontra-se nos dois fatores seguintes: em consequência da neurose, ele se submeteu ao tratamento psicanalítico. No decorrer da sessão, em que narrou a quebra do vaso 'de terracota' [*irdenen*], ele voltou, bem mais tarde, a falar sobre sua relação com as mulheres, e disse que era exigente até o absurdo; por exemplo, exigia das mulheres uma 'beleza não terrena' [*unirdische Schönheit*]. Isso acentua muito nitidamente que ele continuava apegado à sua esposa (morta, isto é, não terrena) e que não queria saber nada sobre a 'beleza terrena' [*irdischer Schönheit*]; daí a quebra do vaso 'de terracota' ('terreno').

"E exatamente na época em que, em transferência, ele construiu a fantasia de se casar com a filha de seu médico, – ofereceu-lhe um... vaso, quase como indício da direção em que a reciprocidade lhe seria desejável.

"É provável que o significado simbólico da ação equivocada permita ainda múltiplas variações, por exemplo, não querer encher o vaso etc. No entanto, mais interessante me parece a consideração de que a presença de vários motivos, no mínimo dois, provavelmente agindo em separado desde o pré-consciente e o inconsciente reflete-se na duplicação da ação equivocada – derrubar o vaso e deixá-lo escapar das mãos."[72]

e) deixar caírem objetos, derrubá-los e quebrá-los parece ser utilizado com muita frequência como expressão de um movimento inconsciente de pensamentos, como às vezes é possível comprovar através da análise, mas com maior frequência pode-se adivinhá-lo a partir das interpretações supersticiosas ou engraçadas que a isso se vincula na boca do povo. São conhecidas as interpretações que se associam quando se derrama sal, derruba-se uma taça de vinho, quando uma faca caída se crava no chão etc. Só mais adiante em outro lugar vou discutir o direito que possuem essas interpretações supersticiosas de ser consideradas; aqui cabe apenas observar que um único manejo inábil de modo algum tem um sentido constante, mas se oferece como meio figurativo para esta ou aquela intenção, dependendo das circunstâncias.

Recentemente houve em minha casa um período em que se quebrou uma quantidade incomum de cristais e porcelana; eu mesmo contribuí para o dano de muitas peças. Mas foi fácil esclarecer essa pequena endemia psíquica; eram os dias anteriores ao casamento da minha filha mais velha. Nessas cerimônias, aliás, costumava-se quebrar intencionalmente algum utensílio e, ao mesmo tempo, dizer uma palavra que trouxesse boa sorte. Esse costume talvez tenha o significado de um sacrifício e possua ainda outro sentido simbólico.

Quando empregados destroem objetos frágeis, deixando-os caírem, não se pensa em primeiro lugar em uma explicação psicológica, mas nesse caso também

---

[72] *Internat. Zeitschrift für Psychoanalyse*, I, 1913.

não é improvável que a isso contribuam motivos obscuros. Nada está mais distante das pessoas incultas do que a apreciação da arte e das obras de arte. Uma surda hostilidade contra as suas produções de arte domina os nossos empregados, principalmente quando os objetos, cujo valor eles não entendem, tornam-se para eles uma exigência de trabalho. Por outro lado, pessoas de mesmo nível de formação e mesma origem mostram, com frequência, em institutos científicos, grande destreza e precisão no manejo de objetos frágeis, assim que começam a se identificar com o seu chefe e a considerar-se parte essencial do instituto.

Insiro aqui a comunicação de um jovem técnico que permite penetrar o entendimento do mecanismo de um caso de dano material:

"Há algum tempo, eu trabalhava com vários colegas no laboratório da escola técnica em uma série de complexas experiências sobre elasticidade, um trabalho que tínhamos empreendido voluntariamente, mas que começou a demandar mais tempo do que havíamos esperado. Quando um dia eu fui de novo com meu colega F. ao laboratório, ele comentou como lhe era desagradável justamente hoje perder tanto tempo, pois ele teria muito mais a fazer em casa; só pude concordar com ele e ainda comentei, meio que de brincadeira, sobre um incidente na semana anterior: 'Tomara que a máquina volte a falhar, pois assim poderemos interromper o trabalho e ir embora mais cedo'. – Acontece que, na divisão do trabalho, coube ao colega F. a regulagem da válvula da prensa, isto é, ao abrir a válvula com precaução, que ele tinha de deixar que o fluido sob pressão passasse pouco a pouco do acumulador para o cilindro da prensa hidráulica; o condutor da experiência ficou junto ao manômetro e, quando a pressão certa foi alcançada, gritou um sonoro: 'Pare!'. A esse comando, F. pegou a válvula e girou-a com toda a força – para a esquerda (todas as válvulas são fechadas girando-as, sem exceção, para a direita!). Com isso, toda a pressão do acumulador passou repentinamente para a prensa, cujo tubo de ligação não está preparado, de modo que a junta do tubo estourou imediatamente – um defeito totalmente inofensivo para a máquina, mas que nos obrigou a suspender o trabalho naquele dia e a voltarmos para casa. – É bem característico, aliás, que algum tempo depois, quando nós conversamos sobre esse acontecimento, meu amigo F. não conseguisse absolutamente se lembrar do meu comentário, de que eu me lembrava com certeza."

Da mesma maneira, cair, dar um passo em falso e escorregar nem sempre precisam ser interpretados como falha puramente acidental da ação motora. O duplo sentido linguístico dessas expressões já indica o tipo de fantasias guardadas que podem ser figuradas através desse abandono do equilíbrio corporal. Eu me lembro de uma quantidade de doenças nervosas leves em mulheres e moças que surgiram depois de uma queda sem lesões e que foram consideradas histerias traumáticas em consequência do susto da queda. Já naquela época eu tinha a impressão de que essas coisas pudessem estar relacionadas de outro modo, como se a queda já fosse uma preparação para a neurose e uma expressão das mesmas fantasias inconscientes de conteúdo sexual, que podemos presumir como sendo as forças motrizes por trás dos sintomas. O provérbio "Quando uma mocinha cai, cai de costas" não estaria dizendo a mesma coisa?

Também podemos acrescentar à ação equivocada o caso em que alguém dá a um mendigo uma moeda de ouro em vez de uma moedinha de cobre ou de prata. A solução desses atos falhos é fácil: são atos sacrificais destinados a abrandar o destino, a afastar a desgraça etc. Quando ouvimos uma mãe carinhosa ou uma tia, imediatamente antes do passeio ao qual ela se mostra tão generosa a contragosto, expressar preocupação com a saúde de uma criança, já não podemos mais duvidar do sentido dessa casualidade supostamente lamentável. É assim que nossos atos falhos possibilitam ter uma prática com todos aqueles costumes piedosos e supersticiosos que têm de evitar a luz da consciência, por causa da relutância de nossa razão, que se tornou descrente.

f) O fato de que ações casuais sejam, na realidade, intencionais é algo que não vai encontrar maior crença em nenhum outro campo do que no das atividades sexuais, em que o limite entre os dois modos de ação parece realmente estar se apagando. Há alguns anos vivenciei um bom exemplo de como um movimento aparentemente desajeitado pode ser explorado de maneira altamente requintada para fins sexuais. Encontrei na casa de amigos uma moça que ali chegou como hóspede, e que despertou em mim um deleite que há muito tempo esteve apagado e, por isso, deixou-me com ânimo alegre, loquaz e solícito. Naquela ocasião fui rastrear as vias pelas quais isso se deu; um ano atrás essa mesma moça havia me tratado de modo indiferente. Quando então o tio da moça, um senhor muito idoso, entrou na sala, nós dois saltamos para levar até ele uma cadeira que estava em um canto. Ela foi mais ágil do que eu, e estava também mais próxima do objeto; assim ela se apoderou primeiro da poltrona e a carregou de frente para si mesma, com o encosto para trás e ambas as mãos nos braços da poltrona. Como eu cheguei depois, e não abandonando o propósito de carregar a poltrona, vi-me de repente de pé colado atrás da moça, estava com os dois braços enlaçando-a por detrás e as mãos se encontraram por um momento diante de seu regaço. Naturalmente, desfiz a situação tão rapidamente quanto ela tinha surgido. Pareceu que ninguém percebeu com que habilidade eu explorei esse movimento desajeitado.

Em algumas ocasiões eu também tive de dizer a mim mesmo que o irritante e desajeitado desviar-se de uma pessoa na rua, no qual, por alguns segundos, damos passos para um lado e para outro, mas sempre para o mesmo lado que a outra pessoa, até que, finalmente, ambos ficam um diante do outro, e que também esse "impedir do caminho" repete um comportamento travesso e provocador de anos anteriores e persegue propósitos sexuais sob a máscara da inabilidade. Por minhas psicanálises de neuróticos sei que a chamada ingenuidade dos jovens e das crianças muitas vezes é apenas uma máscara desse tipo, usada para poder declarar ou fazer imperturbavelmente o que é indecoroso sem sentir vergonha.

W. Stekel comunicou observações bem semelhantes sobre sua própria pessoa: "Eu entrei em uma casa e estendi minha mão direita à dona da casa. Ao fazê-lo, desato estranhamente o laço que prendia seu vestido matinal largo. Eu não tinha consciência de nenhuma intenção desonrosa e, mesmo assim, consumei esse movimento desajeitado com a habilidade de um escamoteador".

Eu já pude dar repetidas provas de que os poetas concebem as ações equivocadas igualmente como plenas de sentido e motivação, como vimos sustentando aqui. Por isso, não vamos nos surpreender ao verificar em um novo exemplo como um autor dota de significação um movimento desajeitado e o converte em prenúncio de acontecimentos posteriores.

No romance de Theodor Fontane *A adúltera* [*L'Adultera*] (v. 11, p. 64, das obras completas, Editora S. Fischer): "...e Melanie levantou-se de um salto e atirou ao seu marido, como que num cumprimento, uma das grandes bolas. Mas ela não tinha mirado bem, a bola foi para o lado e Rubehn a agarrou". Na volta para casa dessa pequena excursão, que levou a esse pequeno episódio, aconteceu entre Melanie e Rubehn uma conversa que revela o primeiro indício de uma afeição germinando. Essa ternura cresce até à paixão, de modo que Melanie termina por abandonar seu marido para pertencer inteiramente ao homem amado. (Comunicado por H. Sachs.)

g) Os efeitos produzidos pelo engano de pessoas normais são, em geral, os de natureza mais inofensiva. Exatamente por isso, um interesse especial conecta-se à questão sobre se os enganos motores de peso considerável que possam ser acompanhados de consequências significativas, como aqueles do médico ou do farmacêutico, ajustam-se aos nossos pontos de vista em algum aspecto.

Já que é muito raro eu chegar ao ponto de praticar intervenções médicas, só tenho para relatar, de minha própria experiência, um exemplo de ação médica equivocada. No caso de uma senhora muito idosa, a quem eu visito duas vezes por dia há alguns anos, minhas atividades médicas se limitam a dois atos na visita da manhã: pingo-lhe algumas gotas de colírio nos olhos e lhe aplico uma injeção de morfina. Dois frasquinhos são preparados regularmente: um azul para o colírio e um branco para a solução de morfina. Enquanto executo essas duas operações, meus pensamentos se ocupam, na maioria das vezes, com algo diferente; é que isso já se repetiu tantas vezes que minha atenção se comporta livremente. Numa manhã, percebi que o autômato havia trabalhado erroneamente: o conta-gotas tinha mergulhado no frasquinho branco em vez de no azul, e a morfina foi pingada no olho, e não o colírio. Tomei um grande susto e depois me tranquilizei com a reflexão de que algumas gotas de uma solução de morfina a dois por cento não poderiam provocar nenhum dano grave nem sequer no saco conjuntival. A sensação de susto é evidente, derivava de outro lugar qualquer.

Na tentativa de analisar esse pequeno manuseio equivocado, ocorreu-me inicialmente a frase: "*sich an der Alten vergreifen*" [literalmente: "equivocar-se na ação com a velha", mas como expressão idiomática seria algo como "violentar a velha"], que pôde indicar o caminho mais curto para a solução. Eu estava sob a influência de um sonho que um jovem havia me contado na noite anterior e cujo conteúdo só levava à interpretação de um intercurso sexual com sua própria mãe.[73] O fato estranho de a lenda não se escandalizar com a idade da rainha Jocasta me pareceu adequar-se bem à conclusão de que, no enamoramento pela própria mãe, nunca se trata da sua pessoa no presente, mas de sua imagem mnêmica juvenil, que se guardou da infância. Essas incongruências surgem sempre que uma fantasia oscilando entre duas épocas se torna consciente e, por isso, conecta-se a uma determinada época. Mergulhado em

---

[73] O "sonho edípico", como costumo chamá-lo, porque contém a chave para o entendimento da saga de Édipo Rei. No texto de Sófocles, a referência a esse sonho é colocada na boca de Jocasta. (Comparar com *A interpretação do sonho* [*Die Traumdeutung*], p. 182, 8. ed. *Ges. Werke*, v. II-III.)

tais pensamentos, cheguei à minha paciente com mais de 90 anos e devo ter estado no caminho de apreender o caráter humano universal da lenda de Édipo como correlato do destino final que se revela nos oráculos, pois em seguida eu "cometi um erro no manuseio em relação à velha" [*vergriff mich bei der Alten*], ou "violentei a velha" [*an der Alten*]. Nesse caso, o equívoco na ação foi de novo inofensivo. Dos dois erros possíveis, utilizar a solução de morfina no olho ou usar o colírio para a injeção, eu escolhi o que era de longe o mais inofensivo. Resta ainda a questão de saber se nos erros de manuseio que podem causar danos graves é lícito considerar uma intenção inconsciente de modo semelhante aos casos aqui tratados.

Aqui, como era de se esperar, o material me abandona, e permaneço dependente de suposições e conclusões. Sabemos que, nos casos mais graves de psiconeuroses, os ferimentos autoinfligidos ocasionalmente surgem como sintomas da doença, e, nesses casos, nunca se pode excluir que o suicídio seja o desenlace do conflito psíquico. Eu sei agora, e posso demonstrar com exemplos bem convincentes, que muitos ferimentos aparentemente acidentais sofridos por esses doentes são, na realidade, lesões autoinfligidas, na medida em que uma tendência à autopunição, que fica constantemente à espreita e comumente se manifesta como autorreprovação ou apresenta a sua contribuição para a formação do sintoma, explora habilmente uma situação externa que se oferece aleatoriamente, ou até mesmo a ajuda até alcançar o efeito prejudicial desejado. De modo algum essas ocorrências são raras, mesmo em casos de gravidade moderada, e elas denunciam a participação do propósito inconsciente através de uma série de traços particulares, por exemplo, pela chamativa versão que os doentes guardam do suposto acidente.[74]

Quero relatar, em vez de muitos, um único exemplo de minha experiência médica: uma jovem senhora quebra os ossos de uma perna em um acidente de carruagem, de modo que ficou de cama por semanas, e o que chama a atenção nesse caso é a falta de manifestações de dor e a calma com que ela suportou a sua desventura. Esse acidente introduziu uma longa e grave doença neurótica, da qual ela finalmente se restabeleceu através da psicanálise. No tratamento, informo-me sobre as circunstâncias que cercavam o acidente e sobre certos acontecimentos que o precederam. Essa jovem senhora encontrava-se com o seu marido, muito ciumento, na propriedade de uma irmã casada, em companhia de suas numerosas irmãs e irmãos e de seus maridos e esposas. Certa noite ela fez uma exibição, nesse círculo íntimo, de uma de suas artes: ela dançou cancã, de acordo com todas as regras, sob muitos aplausos dos parentes, mas com a ínfima satisfação de seu marido, que depois lhe sussurrou: Você voltou a se comportar como uma prostituta. O comentário feriu; queremos deixar em aberto se foi precisamente por causa da exibição de dança. Essa noite ela dormiu intranquila, e na manhã seguinte ela pretendeu dar um passeio de carruagem. Mas ela própria escolheu os cavalos, recusando uma parelha e exigindo outra. A irmã caçula queria que seu bebê e a ama fossem

---

[74] A automutilação que não visa à autodestruição total não tem absolutamente nenhuma outra escolha, no estado atual da nossa cultura, a não ser se esconder atrás da casualidade, ou se estabelecer simulando uma doença espontânea. Antigamente ela era um sinal comum do luto; em outras épocas, podia dar expressão a tendências religiosas e de renúncia ao mundo.

na carruagem; ao que ela se opôs energicamente. Durante o passeio ela se mostrou nervosa; advertiu o cocheiro de que os cavalos estavam ficando arredios, e, quando os animais inquietos realmente criaram dificuldades por um instante, ela saltou da carruagem assustada e quebrou o pé, enquanto os que permaneceram na carruagem saíram ilesos. Se depois de descobrir esses detalhes não podemos mais duvidar de que esse acidente foi, na verdade, uma encenação, não podemos deixar de admirar a habilidade com que o acaso foi forçado a distribuir uma punição tão adequada para aquela culpa. Pois por um longo tempo ela ficou impossibilitada de dançar cancã.

Em relação a lesões que infligi a mim mesmo em épocas tranquilas, tenho pouco a relatar, mas não me sinto incapaz dessas coisas em circunstâncias extraordinárias. Quando um dos membros de minha família se queixa de ter mordido a língua, esmagado os dedos etc., obtém de mim, em vez da participação esperada, a pergunta: 'Por que você fez isso?'. Mas eu mesmo prensei meu polegar do modo mais doloroso, depois que um jovem paciente declarou, durante a sessão, a intenção (a não ser levada a sério, é claro) de se casar com minha filha mais velha, enquanto eu sabia que ela justamente se encontrava em um sanatório, correndo grave risco de vida.

Um de meus filhos, cujo temperamento vivaz costumava opor dificuldades para se cuidar dele quando estava doente, teve certa manhã um acesso de raiva, porque o mandamos passar a manhã na cama, e ameaçou se matar, algo de que soube através dos jornais. À noite me mostrou uma bolha que ele tinha feito num dos lados do peito por esbarrar na maçaneta da porta. À minha pergunta irônica sobre por que ele tinha feito isso e o que queria com isso respondeu esse menino de

11 anos, como se estivesse iluminado: isso foi a minha tentativa de suicídio, que ameacei cometer hoje cedo. A propósito, não acredito que naquela época meus filhos tivessem acesso aos meus pontos de vista sobre as lesões autoinfligidas.

Quem acredita na ocorrência de lesões semi-intencionais autoinfligidas – se for permitida a expressão desajeitada – também estará preparado para supor que, além do suicídio intencional consciente, há uma autodestruição semi-intencional – com intenção inconsciente – que sabe explorar habilmente uma ameaça à vida e mascará-la como um infortúnio casual. Não se precisa pensar que essa autodestruição seja rara. Pois a tendência à autodestruição está presente com certa intensidade em um número muito maior de seres humanos do que naqueles em que ela se estabelece; os ferimentos autoinfligidos são, em geral, um compromisso entre essa pulsão e as forças que ainda se opõem a ela, e, mesmo nos casos em que realmente se chega ao suicídio, a propensão a ele esteve presente desde muito tempo antes, com menor intensidade ou como uma tendência inconsciente e reprimida.

Também a intenção consciente de cometer suicídio escolhe seu tempo, seus meios e sua oportunidade; e é bem consoante com isso que a intenção inconsciente aguarde uma ocasião em que possa tomar sobre si uma parte da causação e que, ao reivindicar as forças defensivas da pessoa, liberte a intenção da pressão destas.[75]

---

[75] Afinal, o caso não é diferente do de um atentado sexual a uma mulher, em que o ataque do homem não pode ser repelido por toda a força muscular da mulher, porque uma parte das moções inconscientes da atacada vem ao seu encontro, encorajando-o. Afirma-se que uma situação como essa *paralisa* as forças da mulher; então, tudo o que se precisa fazer é acrescentar as razões dessa paralisia. A esse respeito,

Não são de modo algum considerações fúteis as que apresento aqui. Eu já tive notícia de mais de um caso de acidente aparentemente casual (andando a cavalo ou de carruagem) cujas circunstâncias observadas em detalhe justificam a suspeita de que o suicídio foi homologado inconscientemente. Por exemplo, durante uma competição hípica entre oficiais, um oficial caiu do cavalo e feriu-se tão gravemente que morreu alguns dias depois. Seu comportamento, quando ele voltou a si, é notável em alguns aspectos. Ainda mais digno de nota foi seu comportamento anterior. Ele ficou profundamente desanimado com a morte de sua mãe querida; foi tomado por crises de choro na companhia de seus camaradas; declarou aos amigos fiéis que estava farto da vida; quis encerrar o serviço para participar de uma guerra na África que antes não o interessava;[76] tendo sido antes um cavaleiro magnífico, agora evitava cavalgar sempre que possível. E finalmente, antes da corrida, da qual não pôde escapar, ele comentou ter um sombrio pressentimento, e, de acordo com a nossa concepção, não nos

---

o julgamento espirituoso de Sancho Pança, como governador de sua ilha, é psicologicamente injusto (*Dom Quixote*, parte II, cap. XLV). Uma mulher arrasta um homem até diante do juiz, dizendo que ele havia roubado violentamente a sua honra. Sancho indeniza-a com a bolsa cheia de dinheiro que ele toma do réu, e, quando a mulher se retira, Sancho dá permissão para o homem segui-la e arrancar dela a sua bolsa novamente. Ambos voltam lutando um com o outro, e a mulher se vangloria de o vilão não ter conseguido apoderar-se da bolsa. Sobre isso responde Sancho: "Se você tivesse defendido sua honra com metade da seriedade com que defendeu a bolsa, ele não a teria conseguido roubar de você".

[76] É evidente que a situação no campo de batalha seja tal que ao encontro dela venha a intenção consciente de suicídio, que, no entanto, evita o caminho direto. Compare com *Wallenstein* as palavras do capitão sueco sobre a morte de Max Piccolomini: "Dizem que ele queria morrer".

espantamos que esse pressentimento tenha se cumprido. Pode-se objetar de que é perfeitamente compreensível que alguém com uma depressão nervosa como essa não consiga dominar o animal como em dias em que está saudável. Concordo plenamente; só que eu gostaria de buscar ainda o mecanismo dessa inibição motora produzida pelo "nervosismo" na intenção de autodestruição enfatizada aqui.

S. Ferenczi, de Budapeste, entregou-me para publicação a análise de um caso de ferimento a bala aparentemente acidental, que ele declara ser uma tentativa inconsciente de suicídio. Só posso me declarar de acordo com sua visão:

"J. Ad., um auxiliar de marceneiro de 22 anos, procurou-me em 18 de janeiro de 1908. Ele queria saber de mim se a bala que penetrou em sua têmpora esquerda em 20 de março de 1907 podia ou devia ser removida por uma operação. Exceto por dores de cabeça que apareciam ocasionalmente e não eram muito intensas, ele se sentia bastante saudável, e também o exame objetivo nada revelou além da característica cicatriz escurecida pela pólvora na têmpora esquerda, de modo que desaconselhei a operação. Perguntado sobre as circunstâncias do caso, ele explica ter se ferido acidentalmente. Ele estava brincando com o revólver de seu irmão, *acreditou que não estivesse carregado*, pressionou-o com a mão esquerda na têmpora *esquerda* (ele não é canhoto), colocou o dedo no gatilho e o tiro foi disparado. *Havia três cartuchos no tambor da arma de seis balas.* Pergunto-lhe como lhe veio a ideia de pegar o revólver. Ele responde que foi na época de sua avaliação para o serviço militar; na noite anterior, ele levou a arma consigo para a hospedaria, porque tinha medo de brigas. No exame médico, ele foi declarado inapto por causa de varizes, o que o fez sentir-se muito envergonhado. Ele foi para casa, brincou com o revólver, mas não tinha a intenção de se machucar; e então aconteceu o acidente. Sobre a outra pergunta, se, de resto, ele estava satisfeito com o seu destino, ele respondeu com um suspiro e contou sua história de amor com uma jovem que também o amava, mas mesmo assim o abandonou; por pura ganância por dinheiro ela emigrou para a América. Ele queria segui-la, mas os pais o impediram. Sua amada viajou em 20 de janeiro de 1907, portanto, dois meses antes do acidente. Apesar de todos esses fatores suspeitos, o paciente insistia em que o disparo tinha sido um 'acidente'. Mas estou firmemente convencido de que a negligência por não ter se certificado se arma estava descarregada antes de brincar, bem como o ferimento autoinfligido, foram psiquicamente determinados. Ele ainda estava inteiramente sob a impressão deprimente do amor infeliz e evidentemente quis 'esquecer' fazendo o serviço militar. Quando lhe tiraram também essa esperança, a situação levou-o a brincar com a arma de fogo, ou seja, a uma tentativa inconsciente de suicídio. O fato de ele segurar o revólver com a mão esquerda, e não com a mão direita, é prova decisiva de que ele realmente só estava 'brincando', isto é, de que conscientemente ele não queria cometer nenhum suicídio."

Outra análise entregue a mim pelo observador, que trata de um ferimento autoinfligido aparentemente acidental, traz à lembrança o ditado: "Quem cava a cova para o outro cai nela ele mesmo".

"A Sra. X., que vem de um bom meio burguês, é casada e tem três filhos. Na verdade, ela é nervosa, mas nunca precisou de um tratamento enérgico, já que ela é suficientemente amadurecida para a vida. Certo dia, ela atraiu para si mesma, da maneira a seguir, uma desfiguração bastante impressionante de seu rosto na época, mas que foi passageira. Em uma rua que estava sendo consertada, ela tropeçou num monte de pedras e bateu o rosto contra o muro de uma casa. O rosto todo ficou arranhado, as pálpebras ficaram azuis e inchadas, e, como ficou com medo de que algo pudesse acontecer com seus olhos, mandou chamar o médico. Depois de tranquilizá-la por isso, perguntei: 'Mas, afinal, por que a senhora caiu desse modo?'. Ela respondeu que, pouco antes, tinha advertido o seu marido, que há vários meses tinha uma afecção articular e, por isso, caminhava com dificuldade, para que tomasse muito cuidado naquela rua, e que ela própria já havia tido muitas vezes a experiência de, em casos como esse, ter-lhe estranhamente acontecido consigo mesma exatamente o que ela havia advertido a outra pessoa.

"Não fiquei satisfeito com esse determinismo de seu acidente e perguntei se acaso ela não teria algo mais para dizer. E, de fato, justamente antes do acidente, ela tinha visto em uma loja do outro lado da rua um quadro bonito que, de repente, ela desejou como enfeite para o quarto das crianças e, por isso, queria comprá-lo imediatamente: então ela partiu em linha reta em direção à loja, sem prestar atenção à rua, tropeçou no monte de pedras e caiu com o rosto no muro da casa, sem fazer nem mesmo a menor tentativa de se proteger com as mãos. A intenção de comprar o quadro foi esquecida de imediato, e ela voltou correndo para casa. – 'Mas por que a senhora não olhou melhor?', perguntei. – 'Pois é', ela respondeu, 'talvez tenha sido um *castigo*! Por causa da história que eu já lhe contei em confiança.' – 'Então essa história ainda continuou a atormentá-la muito?' – 'Sim

– depois disso, eu me arrependi muito, achei que fui má, criminosa e imoral, mas naquela época eu estava quase louca com o nervosismo.'

"Tratava-se de um aborto que ela tinha feito com a concordância de seu marido, uma vez que ambos queriam ser poupados de ter mais filhos por causa de sua situação financeira, o aborto que tinha sido iniciado por uma curandeira e teve de ser concluído por um médico especialista.

"'Muitas vezes me repreendo: mas você mandou matar seu filho, e tive medo de que uma coisa assim não pudesse ficar sem punição, mas agora que o senhor me assegurou de que não há nada de grave com os olhos, estou bastante tranquila: de qualquer modo já fui *suficientemente castigada*.'

"Esse acidente foi, portanto, uma autopunição, por um lado, para expiar o seu crime, mas, por outro lado, para escapar de um castigo talvez muito maior e desconhecido, diante do qual ela teve medo constantemente por meses. No momento em que ela se precipitou à loja para comprar o quadro, a lembrança de toda essa história tornou-se avassaladora com todos os seus temores, história que já havia se manifestado bastante intensamente em seu inconsciente durante a advertência de seu marido e talvez pudesse ter encontrado expressão em um texto como este: Mas para que você precisa de enfeite para o quarto das crianças, você mandou matar seu filho! Você é uma assassina! O grande castigo certamente chegará!

"Esse pensamento não se tornou consciente, mas, em vez disso, ela aproveitou a situação nesse momento, que eu chamaria de psicológico, para utilizar o monte de pedras, que lhe parecia adequado para isso, como discreta autopunição; por isso ela nem sequer esticou as mãos ao cair e também por isso não chegou a ser um susto violento. O segundo e, provavelmente, menos importante determinismo de seu acidente foi sem dúvida a autopunição pelo desejo *inconsciente* de eliminar o seu marido, que, aliás, foi cúmplice nesse caso. Esse desejo traiu-se na advertência completamente supérflua que ela fez ao marido para ficar atento na rua com o monte de pedras, já que ele ia com muito cuidado, porque ele caminhava com dificuldade."⁷⁷

Quando consideramos as circunstâncias que rodeiam o seguinte caso, tendemos a dar razão a J. Stärcke, quando ele concebe um autoferimento aparentemente acidental por queimadura como um "ato sacrificial".

"Uma senhora cujo genro precisou viajar para a Alemanha para prestar o serviço militar queimou o pé sob as seguintes circunstâncias. Sua filha esperava o parto para breve, e, claro, os pensamentos sobre os perigos da guerra não deixavam a família de humor muito alegre. Um dia antes da partida, ela convidou seu genro e sua filha para uma refeição. Ela própria preparou a comida na cozinha, depois de primeiro, estranhamente, trocar suas de botas de salto alto de amarrar, providas de palmilhas, com as quais ela podia andar confortavelmente e que também costumava usar em casa, por um par de pantufas do marido, grandes demais e abertas em cima. Ao tirar do fogo uma grande panela de sopa fervente, ela a deixou

---

[77] Van Emden. Autopunição devido a aborto [Selbstbestrafung wegen Abortus] (*Zentralbl. F. Psychoanalyse*, II/12). – Um correspondente escreve sobre o tema da "autopunição por meio de atos falhos": "quando se presta atenção em como as pessoas se comportam na rua, têm-se a oportunidade de constatar com que frequência acontecem pequenos acidentes com os homens que – como já é comum – voltam-se para olhar as mulheres que passam. Logo um torce o pé – no chão plano – outro esbarra num poste de luz ou se fere de alguma outra maneira".

cair, queimando um pé de maneira bastante grave, especialmente o peito do pé, que não estava protegido pelo chinelo aberto. – É claro que esse acidente foi colocado por todos na conta de seu compreensível 'nervosismo'. Nos primeiros dias após esse sacrifício por queimadura, ela ficou muito cuidadosa com objetos quentes, o que, no entanto, não a impediu de queimar um pulso poucos dias depois com caldo quente."[78]

---

[78] Em um grande número desses casos de ferimento ou morte por acidente, o entendimento permanece duvidoso. A pessoa mais distante não encontrará nenhum motivo para ver no acidente nada além de uma casualidade, enquanto uma pessoa próxima do acidentado e familiarizada com detalhes íntimos tem motivos para suspeitar da intenção inconsciente por trás da casualidade. Sobre a natureza desse conhecimento e as circunstâncias secundárias a ele pertinentes, o seguinte relato de um jovem cuja noiva foi atropelada na rua nos dá um bom exemplo: "Em setembro do último ano, conheci uma senhorita Z., de 34 anos de idade. Ela vivia em circunstâncias abastadas e antes da guerra esteve noiva, no entanto, o noivo, como oficial da ativa, caiu em combate em 1916. Nós nos conhecemos e amamos no início sem o pensamento sobre um casamento, já que as circunstâncias, sobretudo a diferença de idade – eu mesmo tinha 27 anos –, não pareciam permiti-lo a ambos os lados. Como nós morávamos na mesma rua, em frente um ao outro, e estávamos diariamente juntos, a relação foi tomando formas mais íntimas ao longo do tempo. Com isso, foi-se insinuando o pensamento de uma ligação matrimonial, e eu acabei por finalmente aceitá-lo. O noivado foi planejado para a Páscoa daquele ano; entretanto, a senhorita Z. pretendia fazer primeiro uma viagem a M. para visitar seus parentes, que foi repentinamente impedida, em consequência da convocação de uma greve ferroviária decorrente do Putsch de Kapp. As sombrias perspectivas que pareciam abrir-se para o futuro com a vitória dos trabalhadores e suas consequências também se fizeram valer por pouco tempo em nosso ânimo, especialmente no da senhorita Z., que estava sempre sujeita a estados psíquicos muito oscilantes, pois ela acreditava ver novos obstáculos para nosso futuro. Entretanto, No sábado, 20 de março, ela se encontrava com um humor excepcionalmente alegre, circunstância que me surpreendeu e na qual me deixei arrastar, de modo que nós acreditávamos ver tudo cor-de-rosa. Dias antes tínhamos falado sobre ocasionalmente irmos juntos à igreja, sem, porém, marcar definitivamente uma data. Na

Se um ódio desses contra a própria integridade e a própria vida pode ser escondido por trás de uma inabilidade aparentemente acidental e de uma insuficiência

---

manhã seguinte, domingo, 21 de março, às 9 horas e 15 minutos, ela me chamou por telefone pedindo que eu fosse buscá-la logo para ir à igreja, coisa que eu recusei, pois eu não conseguiria estar pronto na hora certa, e além disso eu ainda precisa resolver alguns trabalhos. A senhorita Z. ficou notadamente decepcionada e foi sozinha pelo caminho, encontrando na escada de sua casa um conhecido, com quem percorreu curto trecho pela Tauenstrasse até a Rankenstrasse no melhor bom humor, sem mencionar qualquer coisa sobre a nossa conversa. O senhor se despediu com um gracejo – A senhorita Z. só tinha de atravessar essa avenida no trecho mais amplo e com clara visibilidade – mas então ela foi atropelada perto da calçada por uma carruagem de aluguel (contusão no fígado, que algumas horas depois levou-a à morte). – Havíamos percorrido esse trecho centenas de vezes antes; a senhorita Z. era extremamente cuidadosa e me deteve muitas vezes diante de minhas imprudências; naquela manhã, quase não havia trânsito, pois os bondes, ônibus etc. estavam em greve – justamente naquele momento reinava quase *absoluto silêncio*, e, mesmo que ela não tivesse visto a carruagem, sem dúvida ela teria de ouvi-la! – Todo mundo acreditou em uma 'casualidade' – Meu primeiro pensamento foi: isso é impossível – por outro lado, é evidente que não se pode falar que tenha sido uma intenção. Procurei uma explicação psicológica. Por um bom tempo acreditei tê-la encontrado em sua *Psicopatologia da vida cotidiana*. De maneira particular, a senhorita Z. manifestou por vezes certa inclinação para o suicídio e até tentou me incentivar a isso, pensamentos, dos quais a dissuadi muitas vezes; por exemplo: dois dias antes, depois de voltar de um passeio e aparentemente sem nenhum motivo, ela começou a falar de sua morte e das disposições testamentárias; a propósito, ela não realizou nada a respeito destas últimas! Um sinal de que esses comentários certamente não podem ser reconduzidos a nenhuma intenção. Se me permito formular meu julgamento irrelevante sobre isso, diria que não vejo nesse infortúnio uma casualidade nem um efeito de uma turvação da consciência, mas uma autodestruição intencional, executada com um propósito inconsciente e mascarada como um infortúnio casual. Sinto-me fortalecido nessa opinião pelas manifestações da senhorita Z. a seus parentes, tanto antes quanto depois de me conhecer, bem como as que fez a mim mesmo até os últimos dias – conceber tudo como um efeito da perda de seu noivo anterior, que a seus olhos nada era capaz de substituir".

motora, não é preciso mais dar um grande passo para transferir essa mesma concepção para os manuseios equivocados que colocam em sério perigo a vida e a saúde dos outros. As provas que eu posso levantar em favor da plausibilidade dessa concepção são retiradas da experiência com neuróticos, por isso não preenchem inteiramente a exigência. Vou informar sobre um caso em que algo que não foi propriamente um ato equivocado, mas que antes se pode chamar de ação sintomática ou casual, levou-me à pista que logo tornaria possível a solução do conflito do paciente. Certa vez assumi a responsabilidade de melhorar o casamento de um homem muito inteligente, cujos desentendimentos com sua jovem esposa, que o amava carinhosamente, podiam certamente reclamar para si fundamentos reais, por meio dos quais, entretanto, os desentendimentos não seriam totalmente explicados, como ele mesmo admitiu. Ele se ocupava incessantemente com o pensamento da separação, que ele então tornava a rechaçar, porque amava com ternura seus dois filhos pequenos. Apesar disso, ele sempre voltava para essa intenção e não buscava nenhum meio de dar uma forma tolerável à situação. O fato de não conseguir resolver um conflito vale, para mim, como uma prova de que os motivos recalcados e inconscientes já conseguiram fortalecer os motivos conscientes que lutam entre si, e, em tais casos, proponho-me a acabar com o conflito através da análise psíquica. Um dia, esse homem me contou sobre um pequeno incidente que o aterrorizou ao extremo. Ele "estava atiçando" seu filho mais velho, claramente o preferido, jogando-o para o alto e deixando-o cair, e uma vez jogou-o na mesma posição e tão alto que a cabeça da criança quase bateu contra o pesado lustre a gás lá pendurado. *Quase*, mas ainda não de fato, ou foi por pouco! Nada aconteceu com a criança, mas ela ficou tonta com o susto. Chocado, o pai ficou com a criança nos braços, a mãe teve um ataque histérico. A habilidade peculiar desse movimento descuidado e a intensidade da reação dos pais levaram-me a descobrir nessa casualidade uma ação sintomática destinada a expressar uma má intenção em relação à criança amada. Pude eliminar essa contradição em relação à ternura atual desse pai pelo seu filho retrocedendo o impulso de feri-lo até a época em que essa criança era a única e tão pequena que o pai ainda não precisava se interessar afetuosamente por ela. Então foi fácil, para mim, supor que esse homem, pouco satisfeito com sua esposa, teve naquela época o seguinte pensamento ou intenção: se essa pequena criatura, por quem não me interesso, morresse, então estaria livre e poderia me divorciar de minha mulher. Portanto, um desejo pela morte dessa agora tão amada criatura teria persistido inconscientemente. A partir daí, foi fácil encontrar o caminho para a fixação inconsciente desse desejo. Uma determinação poderosa se produziu realmente a partir da lembrança infantil do paciente sobre a morte de um irmãozinho, que a mãe atribuía à negligência do pai e que tinha levado a brigas violentas entre os pais e à ameaça de divórcio. O curso posterior do casamento do meu paciente confirmou minha suposição também pelo sucesso terapêutico.

J. Stärcke (*op. cit.*) deu um exemplo de como os escritores não hesitam em substituir uma ação deliberada por um equívoco na ação e transformá-lo, assim, em fonte das mais graves consequências:

"Em um dos esboços de Heijerman,[79] aparece um exemplo de equívoco na ação ou, mais precisamente, de pegada equivocada utilizada pelo autor como um motivo dramático.

"Trata-se do esboço chamado 'Tom e Teddie'. – Sobre um casal de mergulhadores – que atua em um teatro de variedades, permanecendo por um longo tempo embaixo d'água e executando truques em um tanque de ferro com paredes de vidro – e há pouco tempo a mulher estaria se entendendo com outro homem, um domador. O marido-mergulhador os flagrou juntos no camarim pouco antes da apresentação. Cena silenciosa, olhares ameaçadores, e o mergulhador diz: 'Mais tarde!' – A apresentação começa. – O mergulhador vai fazer truque mais difícil: ele ficará '2 minutos e meio em baixo d'água em uma caixa hermeticamente fechada'. – Eles já fizeram esse truque muitas vezes, a caixa foi fechada, e 'Teddie mostra a chave ao público, que controla o tempo em seus relógios'. Além disso, ela deixava cair a chave no tanque umas duas vezes de propósito, e em seguida mergulhava rapidamente atrás dela para não chegar demasiadamente tarde quando o baú tivesse de ser aberto.

"Nessa noite de 31 de janeiro, Tom foi trancado, como de costume, pelos pequenos dedos da mulherzinha vivaz e jovial. Ele sorriu atrás do postiço – ela brincava com a chave, aguardando o sinal de alerta do marido. De pé entre os cenários estava o domador, vestindo seu fraque impecável, sua gravata branca e seu chicote de equitação. Para chamar a atenção dela sobre si, ele deu um assobio bem curto, o terceiro. Ela olhou em sua

---

[79] Herman Heijermans. *Schetsen* van Samuel Falkland. 18. Bundel. Amsterdam: H. J. W. Becht, 1914.

direção, riu e, com o gesto desajeitado de alguém cuja atenção foi desviada, jogou a chave tão impetuosamente para o alto que exatamente em 2 minutos e 20 segundos, precisamente contados, ela caiu ao lado do tanque, entre as dobras do tecido que cobria o pedestal. Ninguém a viu. Ninguém podia vê-la. Vista do salão, a ilusão de ótica foi tal que todos viram a chave deslizar para dentro da água – e nenhum dos assistentes de teatro percebeu isso, porque o pano hasteado abafou o som.

"Rindo, sem hesitação, Teddie subiu à borda do tanque. Rindo – ele aguentava bem – ela desceu a escada. Rindo, ela desapareceu sob o pedestal para procurar ali, e, como ela não encontrou a chave imediatamente, inclinou-se para a parte frontal do panejamento, fazendo um gesto de desdém, tendo no rosto uma expressão de como se ela dissesse: 'Oh, valha-me Deus, como isso é maçante!'.

"Enquanto isso, Tom fazia suas carrancas engraçadas por atrás do postiço, como se ele também estivesse ficando inquieto. Podia-se ver o branco da sua dentadura postiça, a agitação de seus lábios sob o bigode liso, as cômicas bolhas de respiração que se tinha visto também enquanto ele comia maçã. Podia-se vê-lo arranhando e escavando com seus dedos pálidos e ossudos, e eles riram como tantas vezes tinham rido nesta noite.

"Dois minutos e 58 segundos...

"Três minutos 7 segundos... 12 segundos...

"Bravo! Bravo! Bravo!

"Então, houve uma consternação no salão e um arrastar de pés, porque também os empregados e o domador começaram a procurar, e a cortina caiu antes que a tampa fosse levantada.

"Seis dançarinas inglesas entraram em cena – depois o homem com os pôneis, cachorros e macacos. E assim por diante.

"Só na manhã seguinte o público se inteirou de que tinha havido um infortúnio, que Teddie, viúva, ficava só no mundo.

"A partir dessa citação se evidencia o quão primorosamente esse artista compreendeu a essência da ação sintomática para nos mostrar tão apropriadamente a causa mais profunda dessa inabilidade mortal."

IX
AÇÕES SINTOMÁTICAS E CASUAIS

As ações descritas até aqui, nas quais reconhecemos a execução de uma intenção inconsciente, apresentaram-se como perturbações de outras ações deliberadas e coincidiam com o pretexto da inabilidade. As ações casuais sobre as quais vamos falar agora só diferem das ações equivocadas por desprezarem o apoio de uma intenção consciente e, portanto, por não necessitarem de um pretexto. Elas se apresentam por si próprias e são aceitas porque não se suspeita nelas nem finalidade nem intenção. Elas são executadas "sem que se pense algo sobre elas", só por "puro acaso", "como que para manter as mãos ocupadas", e espera-se que essa informação ponha um fim à investigação do significado da ação. Para poderem usufruir dessa posição de exceção, essas ações, que não mais se servem da desculpa da inabilidade, têm necessariamente de preencher determinadas condições: precisam ser *discretas*, e seus efeitos têm de ser insignificantes.

Compilei um grande número de ações casuais em mim mesmo e em outros, e, depois de uma investigação minuciosa de cada um dos exemplos, penso que eles antes mereçam o nome de *ações sintomáticas*. Elas expressam algo sobre o que o próprio autor não suspeita nelas e que, em regra geral, ele não pretende comunicar, mas sim guardar para si. Portanto, inteiramente como todos os outros fenômenos considerados até agora, elas desempenham o papel de sintomas.

Na verdade, a exploração mais rica dessas ações casuais ou sintomáticas é obtida no tratamento psicanalítico dos neuróticos. Não posso me impedir de mostrar em dois exemplos dessa origem quão ampla e sutilmente o determinismo desses acontecimentos inexpressíveis é movido por pensamentos inconscientes. A fronteira das ações sintomáticas em relação às ações equivocadas é tão pouco nítida que da mesma forma eu poderia ter incluído esses exemplos no capítulo anterior.

Uma jovem senhora relata durante a sessão a ocorrência de que, no dia anterior, quando cortava as unhas, "cortou sua carne enquanto se esforçava para remover a fina cutícula da base da unha". Isso é tão pouco interessante que nos perguntamos, surpresos, para que, afinal, isso é lembrado e mencionado, e somos levados à suposição de que isso tenha a ver com uma ação sintomática. E foi realmente o dedo anular que sofreu esse pequeno descuido, o dedo em que se usa a aliança de casamento. Além disso, era o dia do aniversário de seu casamento, o que empresta um sentido bem determinado e fácil de adivinhar ao ferimento na fina cutícula. Ao mesmo tempo, ela narrou um sonho que alude à inabilidade do marido e à sua indiferença como esposa. Mas por que ela feriu o dedo anular da mão esquerda, tendo em vista que o anel de casamento é usado na mão direita?[80] Seu marido é advogado, "doutor em Direito" [*Doktor*

---

[80] Segundo a convenção em alguns países europeus. (N.R.)

der Rechte – passível de se ler como "doutor da *direita*"], e, quando era moça, sua inclinação secreta pertencia a um médico (de quem se diz por brincadeira: "doutor da esquerda"). Seja como for, um casamento com a mão esquerda tem seu significado definido.

2) Uma jovem solteira narrou: "Ontem, de maneira totalmente involuntária, rasguei em dois pedaços uma nota de 100 florins e dei metade a uma dama que me visitava. Será isso também uma ação sintomática?". A investigação mais detalhada revelou os detalhes a seguir. A nota de 100 florins: – ela dedica parte de seu tempo e de suas posses a obras de caridade. Junto a outra dama, ela cuida da educação de uma criança órfã. Os 100 florins são a contribuição que lhe foi enviada por essa dama, soma que ela guardou em um envelope e provisoriamente colocou sobre a escrivaninha.

A visitante era uma senhora respeitada a quem ela ajudava em outra obra beneficente. Essa dama queria anotar uma série de nomes de pessoas a quem se pudesse pedir apoio. Faltando papel, minha paciente alcançou o envelope em sua escrivaninha e, sem se lembrar de seu conteúdo, rasgou-o em dois pedaços, dos quais conservou um para ter uma duplicata da lista de nomes, e deu o outro à visitante. Note-se quão inofensivo é esse procedimento inadequado. Como se sabe, uma nota de 100 florins não sofre nenhuma depreciação em seu valor quando é rasgada, desde que se consiga recompô-la inteiramente a partir dos fragmentos. Que a dama não descartaria o pedaço de papel foi garantido pela importância dos nomes escritos nele, e também não havia dúvida de que ela restituiria o valioso conteúdo assim que o tivesse notado.

Mas a qual pensamento inconsciente essa ação casual possibilitada pelo esquecimento deve ter dado expressão?

A dama visitante tinha uma relação muito bem definida com a nosso tratamento. Foi essa mesma dama que me recomendou como médico, naquela época, à jovem paciente, e, se não me engano, minha paciente sentia-se em dívida de gratidão por esse conselho. Será que a nota dividida de 100 florins estaria figurando um honorário por essa intermediação? Isso ainda seria muito estranho.

Mas há outro material adicionado. Um dia antes, uma intermediadora de um tipo muito diferente perguntou a um parente se a graciosa senhorita gostaria de conhecer certo cavalheiro, e, de manhã, algumas horas antes da visita da dama, chegou a carta com o pedido do pretendente, que deu ocasião para muitas risadas. Quando então a dama iniciou a conversa indagando sobre o estado de minha paciente, ela pode muito bem ter pensado: "Você me recomendou o médico certo, mas eu ficaria ainda mais agradecida se você me ajudasse a conseguir o marido certo (e ainda: um filho)". A partir desse pensamento que se manteve recalcado fundiram-se as duas intermediadoras em uma só, e ela entregou à visitante o honorário que sua fantasia estava disposta a dar à outra. Essa solução se torna completamente vinculada quando acrescento que, justamente na noite anterior, eu tinha relatado à paciente sobre essas ações casuais e sintomáticas. Ela então se serviu da primeira oportunidade para produzir algo análogo.

Poderíamos efetuar um agrupamento dessas ações casuais e sintomáticas, tão extremamente frequentes, de acordo com sua realização habitual ou regular sob certas circunstâncias, ou, ainda, esporádica. As primeiras (como o brincar com a corrente do relógio, o torcer o bigode etc.), que quase podem servir para caracterizar a pessoa em questão, resvalam nos múltiplos movimentos do tipo de tiques e sem dúvida merecem ser tratadas no mesmo contexto que eles. No segundo grupo eu incluo o brincar com uma vara, o rabiscar com um lápis à mão, o fazer tilintar as moedas no bolso, o sovar uma massa e outros materiais maleáveis, todo tipo de manuseio da roupa etc. Sob essas ocupações lúdicas ocultam-se regularmente, durante o tratamento psíquico, um sentido e um significado regular, aos quais é impedida outra forma de expressão. Normalmente a pessoa em questão não sabe que faz essas coisas, ou que efetuou certas modificações em suas brincadeiras habituais, e deixa de ver e de ouvir os efeitos dessas ações. Por exemplo, não ouve o ruído produzido pelo tilintar das moedas, e, se lhe chamam a atenção para isso, comporta-se como atônita e incrédula. Igualmente significativo e digno da atenção do médico é tudo o que a pessoa faz com suas roupas, frequentemente sem perceber. Qualquer alteração nos trajes habituais, qualquer pequena negligência, como um botão desabotoado, qualquer indício de desnudamento quer dizer algo que o proprietário da roupa não quer dizer diretamente, e na maioria das vezes nem sabe dizer. As interpretações dessas pequenas ações casuais, bem como as provas dessas interpretações, produzem-se a cada vez com crescente segurança a partir das circunstâncias concomitantes durante a sessão, do assunto que acabou de ser tratado e das ocorrências que surgem quando se chama a atenção para a aparente casualidade. Por causa desse contexto, abstenho-me de sustentar minhas afirmações mediante a comunicação de exemplos acompanhados de análises; porém, menciono essas coisas porque acredito que em pessoas normais elas tenham o mesmo significado que em meus pacientes.

    Não posso impedir-me de mostrar pelo menos um exemplo de como pode ser intimamente conectada uma ação simbólica executada de acordo com o hábito com o que há de mais íntimo e mais importante na vida de uma pessoa saudável.[81]

"Como o professor Freud nos ensinou, o simbolismo desempenha na vida infantil das pessoas normais um papel maior do que se esperava após as primeiras experiências psicanalíticas; em vista disso, a breve análise que se segue talvez seja de algum interesse, especialmente por causa de suas perspectivas médicas.

"Um médico, ao reorganizar seus móveis em uma nova casa, deparou-se com um estetoscópio 'simples' de madeira. Depois de ter refletido por um momento sobre o lugar em que deveria acomodá-lo, ele se sentiu forçado a colocá-lo em um dos lados de sua escrivaninha, e de tal maneira que ele acabou ficando exatamente entre a sua cadeira e outra em que seus pacientes costumavam se sentar. A ação como tal foi um pouco estranha, por duas razões. Em primeiro lugar, ele não precisa absolutamente de um estetoscópio com frequência (ele é de fato neurologista), e, quando era necessário, ele usava um duplo para ambos os ouvidos. Em segundo lugar, todos os seus aparelhos e instrumentos médicos eram acomodados em gavetas, com a única exceção desse. De qualquer maneira, ele não pensou mais no assunto, até que um dia uma paciente, que nunca tinha visto um estetoscópio 'simples', perguntou o que era aquilo. Ele contou a ela, e ela perguntou por que ele o colocou justamente ali, ao que ele retrucou prontamente que aquele lugar era tão bom quanto qualquer outro. Isso, no entanto, intrigou-o, e ele começou a se perguntar se

---

[81] Jones. Contribuições sobre o simbolismo no cotidiano [Beitrag zur Symbolik im Alltag]. (*Zentralblatt für Psychoanalyse*, I, 3, 1911).

sob essa ação não haveria nenhuma motivação inconsciente, e, familiarizado com o método psicanalítico, ele decidiu investigar a coisa.

"Como primeira lembrança, ocorreu-lhe o fato de que, quando estudante de Medicina, ficou impressionado com o hábito de seu médico residente, que sempre levava à mão um estetoscópio simples em suas visitas às alas dos doentes, embora ele nunca o usasse. Ele tinha admirado muito esse médico e tinha por ele uma afeição extraordinária. Mais tarde, quando ele mesmo fez a prática no hospital, adotou o mesmo hábito e se sentia desconfortável quando, por engano, saía do quarto sem balançar o instrumento na mão. Entretanto, a inutilidade desse hábito evidenciou-se não apenas pelo fato de o único estetoscópio realmente usado por ele ser um para ambos os ouvidos, que ele carregava no bolso, mas também por esse hábito ter prosseguido quando ele estava no serviço de cirurgia e absolutamente não precisar mais de nenhum estetoscópio. O significado dessas observações se torna claro tão logo assinalamos a natureza fálica dessa ação simbólica.

"Em seguida, ele se lembra do fato de que, quando era um menino pequeno, ficava assombrado com o hábito do médico de sua família de carregar um estetoscópio simples dentro do seu chapéu; ele achava interessante que o médico sempre tivesse seu instrumento principal à mão, quando visitava seus pacientes, e que só tivesse de tirar o chapéu (ou seja, uma parte de suas roupas) e 'puxá-lo para fora'. Quando menino, havia sido extremamente apegado a esse médico, e recentemente conseguiu descobrir, através de uma breve autoanálise, que na idade de 3 anos e meio ele tivera uma dupla fantasia a propósito do nascimento de uma irmã mais nova, a saber, que ela era a criança primeiro dele e de sua mãe, e segundo do médico e dele mesmo. Nessa fantasia ele desempenhava, portanto, tanto o papel masculino quanto o feminino. Lembrou-se ainda de ter sido examinado por esse mesmo médico quando tinha 6 anos e se lembrou nitidamente da sensação voluptuosa quando sentiu próxima dele a cabeça do médico pressionando o estetoscópio contra seu peito, assim como o movimento rítmico de sua respiração, que ia e voltava. Aos 3 anos de idade, ele teve um problema torácico crônico e teve de ser examinado repetidas vezes, mesmo que ele não conseguisse mais se lembrar do fato em si.

"Com a idade de 8 anos, ele ficou impressionado com a comunicação de um menino mais velho que lhe disse que era costume do médico ir para a cama com suas pacientes. Certamente havia, de verdade, uma razão para esses rumores, e, de qualquer forma, as mulheres da vizinhança, incluindo sua própria mãe, eram muito afeiçoadas a esse médico jovem e simpático. O próprio analisante, em diversas ocasiões, havia experimentado tentações sexuais em relação a suas pacientes, por duas vezes se apaixonou por elas e, por fim, casou-se com uma delas. Também não há dúvida de que sua identificação inconsciente com esse médico foi o principal motivo que o levou a abraçar a profissão de médico. Por outras análises, pode-se supor que esse é certamente o motivo mais frequente (embora seja difícil determinar sua frequência). O presente caso estava duplamente condicionado: em primeiro lugar, pela superioridade, demonstrada em várias ocasiões, do médico em relação ao pai, de quem o filho sentia muito ciúme, e, em segundo lugar, pelo conhecimento que o médico tinha sobre coisas proibidas e por suas oportunidades de satisfação sexual.

"Então veio outro sonho, já publicado[82] em outro lugar, de natureza nitidamente homossexual-masoquista, no qual um homem, que era uma figura substitutiva do médico, atacou o sonhador com uma 'espada'. A espada lembrou-lhe de uma história na saga dos volsungos e nibelungos [*Völsung-Nibelungen Sage*] em que Sigurd coloca uma espada nua entre si mesmo e Brünhilde adormecida. A mesma história aparece na saga de Arthur, a qual nosso homem conhece igualmente bem.

"Agora se torna claro o sentido da ação sintomática. O médico colocou o estetoscópio simples entre si e suas pacientes exatamente como Sigurd colocou sua espada entre si mesmo e a mulher, que ele não tinha permissão de tocar. A ação foi uma formação de compromisso; ela serve a moções de duas espécies: ceder, em sua imaginação, ao desejo reprimido de manter relações sexuais com alguma paciente atraente, mas, ao mesmo tempo, lembrar que esse desejo não podia ser realizado. Foi, por assim dizer, um encantamento contra as impugnações da tentação.

"Gostaria de acrescentar que causou forte impressão no menino o trecho do 'Richelieu', de Lord Lytton:

> Sob a lei dos homens de total grandeza
> A pena [caneta] é mais poderosa do que a espada,
>
> [*Beneath the rule of men entirely great*
> *The pen is mightier than the sword*,[83]]

---

[82] A teoria freudiana sobre os sonhos [Freud's Theory on Dreams]. *American Journ. of Psychol.*, n. 7, Apr. 1910, p. 301.

[83] Cf. Com Oldham: "Eu uso minha caneta, enquanto outros, sua espada".

e que ele se tornou um fecundo escritor que usa uma caneta excepcionalmente grande. Quando perguntei para que ele precisava dela, ele deu a resposta caraterística: 'Eu tenho muito a expressar'.

"Essa análise volta a nos alertar sobre quão vastos panoramas da vida anímica nos concedem as ações 'inocentes' e 'sem sentido', e quão cedo se desenvolve na vida a tendência à simbolização."

Talvez convenha que eu relate mais um caso da minha experiência psicoterapêutica, no qual a mão que brincava com uma bola de miolo de pão forneceu uma declaração eloquente. Meu paciente era um menino que ainda não tinha completado 13 anos e sofria, há quase dois anos, de uma grave histeria, e a quem aceitei finalmente em tratamento psicanalítico, depois que uma estadia prolongada em uma instituição hidropática se mostrou sem sucesso. De acordo com as minhas premissas, ele devia ter tido experiências sexuais e estaria sendo atormentado por questões sexuais correspondentes à sua idade; mas evitei vir em seu auxílio com esclarecimentos, porque eu queria novamente submeter à prova as minhas premissas. Permiti-me, então, ficar curioso para ver por qual caminho se manifestaria nele o que era buscado. Certo dia, chamou-me a atenção que ele estava rolando algo entre os dedos da mão direita, colocava-o no bolso, onde continuava brincando, depois tornava a retirá-lo etc. Eu não perguntei o que ele tinha na mão; mas ele me mostrou, abrindo a mão de repente. Era um miolo de pão amassado na forma de bola. Na sessão seguinte, ele voltou a trazer uma bola como aquela, mas, enquanto continuávamos a conversa, ele modelava com ela, com incrível rapidez e de olhos fechados, umas figuras que despertaram o meu interesse. Eram indubitavelmente homenzinhos com cabeça, dois braços e duas pernas, como os mais toscos ídolos pré-históricos, e com um apêndice entre as duas pernas, que ele esticou numa ponta comprida. Mal havia finalizado esse, amassou-o novamente; depois, deixou-o ficar, mas puxou um apêndice semelhante da superfície das costas e de outros lugares, para encobrir o significado do primeiro. Eu quis mostrar-lhe como eu o havia entendido, mas quis tirar-lhe, ao mesmo tempo, a escapatória de que ele não tinha pensado em nada com essa atividade de modelar humanos. Com essa intenção, perguntei-lhe repentinamente se ele se lembrava da história do rei romano que deu uma resposta pantomímica no jardim ao mensageiro de seu filho. O menino não quis lembrar o que ele deve ter aprendido há muito menos tempo do que eu. Ele perguntou se era aquela a história do escravo em cujo crânio raspado tinha sido escrita a resposta. Eu disse: Não, essa pertence à história grega, e contei: O rei Tarquínio, o Soberbo, fez seu filho Sexto infiltrar-se em uma cidade latina inimiga. O filho, que conseguiu nesse meio-tempo recrutar partidários nessa cidade, enviou um mensageiro ao rei com a pergunta sobre o que mais deveria acontecer a partir daí. O rei não respondeu, mas entrou em seu jardim, fez com que a pergunta fosse repetida e em silêncio cortou as papoulas maiores e mais belas. O mensageiro não teve escolha senão reportar isso a Sexto, que entendeu o pai e providenciou para que os cidadãos mais ilustres da cidade fossem eliminados por assassinato.

Enquanto eu falava, o menino suspendeu seu amassar, e, quando eu passei a narrar o que o rei fez em seu jardim, já nas palavras "em silêncio cortou", com um movimento rápido como um raio, ele arrancou a cabeça de seu homenzinho. Portanto, ele tinha me entendido e percebeu que tinha sido entendido por mim. Pude então fazer-lhe perguntas diretas, dei-lhe as informações que lhe importavam e, em pouco tempo, acabamos com a neurose.

As ações sintomáticas, que podem ser observadas em abundância quase inesgotável tanto em pessoas saudáveis quanto em enfermos, merecem nosso interesse por mais de uma razão. Para o médico, elas servem, com frequência, como valiosos indícios para se orientar em circunstâncias novas ou pouco conhecidas; para o observador do ser humano, elas revelam muitas vezes tudo, e às vezes ainda mais do que ele deseja saber. Quem está familiarizado com a sua apreciação pode ocasionalmente sentir-se como o rei Salomão, que, de acordo com a lenda oriental, entendia a linguagem dos animais. Certo dia tive de examinar um jovem que eu não conhecia na casa de sua mãe. Quando ele veio em minha direção, chamou a minha atenção uma grande mancha de clara de ovo em sua calça, reconhecível por suas bordas peculiarmente rígidas. O jovem se desculpou depois de um pequeno constrangimento e disse que havia se sentido rouco e, por isso, tinha engolido um ovo cru, e provavelmente tinha gotejado um pouco da clara de ovo escorregadia em suas roupas, e como prova ele podia indicar a casca de ovo que ainda estava visível em um pratinho no mesmo cômodo. Assim, a mancha suspeita foi explicada de maneira inocente; mas, quando a mãe nos deixou sozinhos, agradeci-lhe por ter-me facilitado tanto o diagnóstico e tomei, sem delongas, como base de nossa conversa, sua confissão de que sofria sob o desconforto da masturbação. Outra vez, fiz uma visita a uma dama tão rica quanto mesquinha e extravagante que costumava dar ao médico a tarefa de elaborar uma legião de reclamações antes de chegar à simples causa de suas condições. Quando entrei, ela estava sentada em frente a uma pequena mesa, ocupada em empilhar florins de prata em montinhos, e, ao se levantar, derrubou algumas moedas no chão. Eu a ajudei a recolhê-las e logo a interrompi na descrição de sua miséria e perguntei: Então seu nobre genro lhe custa muito dinheiro? Ela respondeu com uma negação exasperada, para pouco depois contar a lamentável história da irritação que lhe causava a extravagância do genro, mas, de fato, desde então não me chamou mais. Não posso afirmar que sempre atraímos amigos entre aqueles aos quais se comunique o significado de suas ações sintomáticas.

Outra "confissão por ato falho" é relatada pelo Dr. J. E. G. van Emden (Haia): "Quando eu estava para pagar a conta em um pequeno restaurante em Berlim, o garçom afirmou que o preço de certo prato – por causa da guerra – tinha sido aumentado em 10 centavos de marco; à minha observação sobre por que isso não tinha sido indicado na lista de preços, ele retrucou que evidentemente isso devia ter sido um descuido, mas que certamente era assim como dizia! Ao embolsar o montante, foi desajeitado e deixou cair na mesa uma moeda de 10 centavos de marco justamente para mim!!

"'Mas agora eu sei com certeza que você me cobrou a mais, quer que eu me informe no caixa?'

"'Por favor, permita-me o senhor... um momento...' e lá se foi ele.

"É claro que permiti que se retirasse e, dois minutos mais tarde, depois que ele se desculpou por ter inexplicavelmente confundido meu prato com outro, deixei com ele os 10 centavos de marco como recompensa por sua contribuição para a *Psicopatologia da vida cotidiana*."

Quem quiser observar seus semelhantes durante as refeições poderá verificar neles as mais belas e instrutivas ações sintomáticas.

Assim narra o Dr. Hanns Sachs:

"Por coincidência presenciei quando um casal idoso de parentes fazia a sua ceia. A senhora sofria do estômago e tinha de seguir uma dieta muito rigorosa. Ao homem acabaram de servir um prato de carne assada, e ele pediu à sua esposa, que não podia partilhar desse alimento, que lhe passasse a mostarda. A mulher abriu o armário, enfiou a mão lá dentro e colocou seu pequeno frasco de gotas para o estômago sobre a mesa na frente de seu marido. Naturalmente não havia nenhuma semelhança entre o vidro de mostarda, em forma de barril, e o frasquinho de gotas, a partir da qual a ação equivocada pudesse ser explicada; mesmo assim, a mulher só notou sua confusão quando seu marido, rindo, chamou sua atenção para isso. O sentido dessa ação sintomática não necessita de nenhuma explicação."

Devo ao Dr. B. Dattner (Viena) um excelente exemplo desse tipo, que foi habilmente explorado pelo observador:

"Estou almoçando num restaurante com meu colega H., doutor em Filosofia. Ele conta sobre os rigores da prova dos estagiários e menciona de passagem que, antes de completar seus estudos, havia sido contratado como secretário do embaixador, ou, mais exatamente, do ministro extraordinário e plenipotenciário do Chile. 'Mas então o ministro foi transferido, e eu não me apresentei ao recém-chegado'. E, enquanto ele pronuncia essa última frase, leva à boca um pedaço de torta, mas, como se fosse falta de habilidade, deixa-o cair do talher. Capturei imediatamente o sentido secreto dessa ação sintomática e observo, como que por acaso, ao colega não familiarizado com a psicanálise: 'Mas você deixou escapar um bom bocado' [*fetten Bissen*]. Mas ele não percebeu que as minhas palavras podiam igualmente referir-se à sua sintomática e repetiu, com uma vivacidade aparentemente singular e surpreendente, como se eu tivesse tirado literalmente a palavra de sua boca, exatamente as mesmas palavras que eu tinha pronunciado: 'Sim, foi realmente um bom bocado que eu deixei escapar', e então aliviou-se com uma exposição exaustiva de sua inabilidade, o que o levou a perder essa colocação bem remunerada.

"O sentido da ação sintomática simbólica se esclarece quando se tem em vista que meu colega sentiu escrúpulos em falar comigo, que me encontro bastante distante dele, sobre sua situação material precária, e que o pensamento que pressionava para sair vestiu-se de ação sintomática, que expressava simbolicamente aquilo que deveria ter ficado escondido, proporcionando assim ao falante um alívio a partir do inconsciente."

Os exemplos seguintes vão mostrar quanta riqueza de sentido pode resultar de uma ação, aparentemente não deliberada, de tirar ou levar algo embora.

Dr. B. Dattner: "Um colega faz uma visita a uma amiga de quem foi admirador na juventude, pela primeira vez depois do casamento dela. Ele me conta dessa visita e me expressa seu espanto por não ter conseguido ficar apenas pouco tempo em sua casa, como havia se proposto. Mas então relatou um curioso ato falho que lá lhe aconteceu. O marido de sua amiga, que participava da conversa, começou a procurar uma caixa de fósforos que certamente estava em cima da mesa quando da chegada do meu colega. Este também procurou em seus bolsos para descobrir se ele não 'a' havia acidentalmente 'inserido' lá, mas foi em vão. Depois de um longo tempo, ele de fato 'a' descobriu no bolso e percebeu que havia apenas um fósforo na caixa. – Alguns dias depois, um sonho que mostrava com insistência o simbolismo da caixa e dizia respeito à amiga de juventude confirmou minha explicação de que o colega, com sua ação sintomática, reivindicava direitos de prioridade e de figurar a exclusividade de sua posse (só havia um fósforo lá dentro)".

Dr. Hanns Sachs: "Nossa empregada gosta de comer determinada torta. Sobre esse fato, nenhuma dúvida é possível, pois é o único prato que, sem exceção, ela prepara bem. Em um domingo, ela nos trouxe justamente essa torta, colocou-a no aparador, recolheu os pratos e talheres utilizados na refeição, empilhou-os na bandeja em que ela tinha trazido a torta; no topo da pilha, ela colocou a torta novamente, em vez de servi-la a nós, e desapareceu com ela na cozinha. No início, pensamos que ela poderia ter encontrado algo a melhorar na torta, mas, como ela não reaparecia, minha esposa a chamou e perguntou: 'Betty, o que há com a torta?'. Então a menina, sem entender, pergunta: 'Por quê?'. Primeiro tivemos de lhe explicar que ela havia levado a torta de volta; ela a colocou sobre a bandeja, levou-a de volta e a guardou, 'sem perceber'. – No dia seguinte, quando nos preparávamos para comer o resto da torta, minha esposa observou que não tinha sobrado menos do que o que tinha sido deixado no dia anterior, ou seja, a moça tinha desdenhado da parte que lhe cabia de seu prato favorito. Quando perguntamos por que ela não comeu nada da torta, ela respondeu, levemente envergonhada, que não tinha sentido vontade. – A posição infantil é muito evidente nas duas situações; primeiro a desmedida da criança que não quer partilhar com ninguém a meta dos desejos, e depois a reação igualmente infantil de desafio: se vocês não me concedem isso de bom grado, podem guardá-lo para vocês, agora eu não quero mais nada".

As ações casuais ou sintomáticas que ocorrem com as coisas relativas ao casamento possuem, com frequência, o mais sério dos significados e podem forçar aquele que não quer se preocupar com a psicologia do inconsciente a acreditar em preságios. Não é um bom começo quando uma jovem esposa perde sua aliança de casamento na lua de mel, mesmo que, na maioria das vezes, ela só tenha sido extraviada e seja logo encontrada novamente. – Conheço uma senhora, agora divorciada de seu marido, que muitas vezes assinou documentos com seu sobrenome de solteira na administração de sua fortuna, muitos anos antes de realmente tê-lo recuperado. – Certa vez fui hóspede de um par de recém-casados e ouvi a jovem esposa contar, rindo, sua última vivência, de como no dia seguinte ao retorno da viagem foi procurar novamente sua irmã solteira para ir com ela fazer compras, como nos velhos tempos, enquanto o marido cuidava de seus negócios. De repente, ela notou um cavalheiro do outro lado da rua e exclamou, cutucando a irmã: Veja, lá vai o Sr. L. Ela tinha esquecido que esse senhor era seu marido há algumas semanas. Fiquei gelado com esse relato, mas não me atrevi a tirar conclusão. Essa pequena história só voltou a me ocorrer anos mais tarde, depois que esse casamento teve o desfecho mais infeliz.

Tomo a próxima observação do mais notável trabalho publicado na língua francesa de A. Maeder, em Zurique, que poderia igualmente merecer um lugar entre os exemplos de "esquecimento":

"Une dame nous racontait récemment qu'elle avait oublié d'essayer sa robe de noce et s'en souvint la veille du mariage à

huit heures du soir, la couturière désespérait de voir sa cliente. Ce détail suffit à montrer que la fiancée ne se sentait pas très heureuse de porter une robe d'épouse, elle cherchait à oublier cette représentation pénible. Elle est aujourd'hui... divorcée."

[Uma dama nos contou recentemente que se esqueceu de provar seu vestido de noiva e se lembrou disso na véspera do casamento, às 8 horas da noite; a costureira já tinha perdido a esperança de ver sua cliente. Esse detalhe bastou para mostrar que a noiva não se sentia muito feliz em usar um vestido de noiva, que estava procurando esquecer essa representação penosa. Hoje ela está... divorciada.]

Um amigo que aprendeu a notar os sinais ensinou-me que a grande atriz Eleonora Duse, em um de seus papéis, encenava uma ação sintomática que mostra claramente as profundezas de onde ela extrai a sua atuação. Trata-se de um drama de adultério; ela acabou de ter uma discussão com seu marido e agora está entregue aos pensamentos antes que seu sedutor se aproxime. Nesse curto intervalo, ela brinca com a aliança de casamento em seu dedo, tira-a para voltar a colocá-la e tira-a novamente. Ela agora está pronta para o outro.

A isso se relaciona o que Theodor Reik relata sobre outras ações sintomáticas com anéis.

"Conhecemos os atos sintomáticos que as pessoas casadas executam tirando e recolocando a aliança de casamento. O meu colega M. produziu uma série de ações sintomáticas semelhantes. Ele ganhou de uma moça que ele amava um anel de presente, com a observação de que ele não deveria perdê-lo, caso contrário ela saberia que ele não a amava mais. Ele se desdobrou no tempo que se seguiu, preocupando-se cada vez mais com a possibilidade de perder o anel. Se ele o retirasse por um tempo, por exemplo, ao se lavar, regularmente o extraviava, de modo que com frequência ele precisava de muito tempo de busca para recuperá-lo. Se ele jogasse uma carta na caixa do correio, não conseguia reprimir um leve medo de que o anel fosse arrancado do dedo pelas bordas da caixa do correio. Uma vez, realmente portou-se de maneira tão desajeitada que o anel caiu na caixa. A carta que ele estava enviando na ocasião era um texto de despedida a uma antiga amada diante da qual ele se sentia culpado. Ao mesmo tempo, avivou-se nele uma saudade dessa mulher, que entrou em conflito com a sua inclinação por seu atual objeto de amor" (*Internat. Zeitschrift f. Psychoanalyse*, III, 1915).

Com o tópico do "anel" pode-se obter novamente a impressão de como é difícil para o psicanalista descobrir algo novo que um poeta já não soubesse antes dele. No romance de Fontane *Antes da tempestade* [*Vor dem Sturm*], diz o conselheiro judicial Turgany durante um jogo de prendas: "Podem acreditar, minhas senhoras, que os segredos mais profundos da natureza são revelados na entrega de prendas". Entre os exemplos, com os quais ele corrobora sua afirmação, existe um que merece nosso interesse especial: "Eu me recordo da esposa de um professor, na idade em que alguém se torna corpulento, que vez após outra tirava sua aliança do dedo para fazer dela uma prenda. Dispensem-me de descrever a felicidade conjugal desse lar". E continua: "Na mesma reunião havia um senhor que não se cansava de depositar no colo das damas seu canivete inglês, com 10 lâminas, saca-rolhas e isqueiro, até que finalmente o monstro da lâmina desapareceu, depois de rasgar vários vestidos de seda, diante do clamor geral de indignação".

Não nos surpreenderá que um objeto tão rico de significado simbólico como um anel seja usado para atos falhos dotados de sentido, mesmo que ele não caracterize o vínculo erótico como aliança de casamento ou anel de noivado. O Dr. M. Kardos colocou à minha disposição o seguinte exemplo de um episódio desse tipo:

"Há muitos anos apegou-se a mim um homem bem mais jovem que compartilha de minhas aspirações intelectuais e mantém comigo algo de uma relação de um aluno com seu professor. Em uma determinada ocasião, dei-lhe um anel de presente, que já algumas vezes lhe deu ocasião para ações sintomáticas ou falhas, tão logo em nossas relações alguma coisa encontrasse a sua desaprovação. Recentemente, ele pôde relatar-me o caso que se segue, que é especialmente belo e transparente: ele faltou a um encontro que acontecia semanalmente, no qual costumávamos nos ver e conversar, sob um pretexto qualquer, já que lhe pareceu mais desejável ter um encontro com uma jovem dama. Na manhã seguinte, notou, mas só depois de ter saído de casa há muito tempo, que não estava usando o anel no dedo. Isso não o deixou inquieto, pois ele supôs tê-lo esquecido em casa sobre a mesinha de cabeceira, onde o colocava todas as noites, e lá iria encontrá-lo ao voltar para casa. E, de fato, foi procurar por ele logo que voltou para casa, mas em vão, e começou então a vasculhar o quarto, igualmente sem sucesso. Por fim, ocorreu-lhe que o anel havia sido colocado na mesinha de cabeceira – como, aliás, era hábito há mais de um ano – ao lado de um pequeno canivete que ele costumava carregar no bolso do colete; foi tomado então pela suspeita de que, 'por distração', ele poderia ter colocado o anel no bolso junto com o canivete. Enfiou, portanto, a mão no bolso e realmente lá encontrou o anel que estava procurando. – 'Colocar a aliança no bolso do colete' é um dito proverbial sobre o modo de guardar o anel, quando o homem tem a intenção de enganar a mulher de quem o recebeu. Portanto, seu sentimento de culpa moveu-o, em primeiro lugar, para a autopunição ('você não merece mais usar esse anel') e, em segundo lugar, à confissão de sua infidelidade, ainda que apenas na forma de um ato falho que não teve nenhuma testemunha. Só pelo desvio através do relato – que, aliás, era previsível – foi que ele chegou a confessar a pequena 'infidelidade'."

Sei também de um senhor mais velho que tomou por esposa uma moça muito jovem e, em vez de partir em viagem, decidiu passar a noite de núpcias num hotel na cidade. Mal chegou ao hotel, ele percebeu, assustado, que sua carteira, que continha toda a quantia em dinheiro destinada à viagem de lua de mel, não estava com ele, ou a havia guardado em lugar errado ou perdido. Ele ainda conseguiu alcançar por telefone o empregado, que encontrou a carteira perdida no paletó usado no casamento e a levou ao hotel, ao noivo ansioso, que, assim, havia entrado no casamento sem "posses" [*Vermögen*]. Então, na manhã seguinte, ele pôde iniciar a viagem com sua jovem esposa; durante noite, como tinha previsto o seu temor, ele próprio ficou "impotente" [*unvermögend*].

É reconfortante pensar que o "*perder*" [*Verlieren*] seja uma ação sintomática dos seres humanos de insuspeitada extensão, e, por conseguinte, é bem-vinda pelo menos para uma secreta intenção do perdedor. Com frequência, ele é apenas uma expressão do pouco apreço pelo objeto perdido ou de uma secreta aversão a ele ou à pessoa de quem ele provém, ou então a inclinação a perder se transferiu sobre esse utensílio a partir de outros objetos mais significativos, por meio de uma conexão simbólica de pensamento. A perda de coisas valiosas serve à expressão de múltiplas moções e está destinada a figurar simbolicamente um pensamento recalcado, portanto, a repetir uma advertência que se gostaria de ignorar, ou – e isso acima de tudo – a ofertar sacrifício aos obscuros poderes do destino, cujo culto ainda não se extinguiu entre nós.

Aqui estão apenas alguns exemplos para ilustrar essas teses sobre o perder:

Dr. B. Dattner: "um colega me relatou que tinha perdido inesperadamente sua lapiseira Penkala, que possuía há mais de dois anos e lhe tinha sido de grande valor por causa de sua qualidade. A análise revelou os seguintes fatos: no dia anterior, meu colega havia recebido de seu cunhado uma carta sensivelmente desagradável, cuja frase final era: 'Eu não tenho no momento nem vontade nem tempo para apoiar sua imprudência e sua preguiça'. O afeto ligado a essa carta foi tão poderoso que o colega prontamente, no dia seguinte, sacrificou a lapiseira Penkala, *um presente desse cunhado*, para não se sentir demasiadamente oprimido pela benevolência dele".

Uma senhora, conhecida minha, absteve-se de ir ao teatro, como é compreensível, durante o luto pela morte de sua mãe idosa. Faltavam apenas poucos dias para expirar o ano de luto, e ela se deixou persuadir por conhecidos a comprar um ingresso de teatro para uma apresentação particularmente interessante. Chegando à frente do teatro, descobriu que havia perdido o ingresso. Mais tarde, ela achou que teria jogado fora com a passagem do bonde, quando ela saiu do vagão. Essa mesma senhora se vangloria de nunca perder algo por negligência.

Portanto, é lícito supor que o outro caso de perda vivenciado por ela não tenha acontecido sem uma boa motivação. Chegando a uma estância curativa, ela decidiu visitar uma pensão onde havia se hospedado anteriormente. Lá ela foi acolhida como uma antiga conhecida, deram-lhe alojamento, e, quando ela quis pagar, soube que era considerada convidada da casa, o que não lhe pareceu nada correto. Permitiram que ela deixasse algo para a garota de serviço, e ela abre a bolsa para colocar um marco sobre a mesa. À noite, o empregado da pensão lhe traz uma nota de cinco marcos, achada embaixo da mesa e que, na opinião da proprietária da pensão, deveria pertencer à senhorita. Então, ela deve tê-la deixado cair da bolsa quando tirou a gorjeta para a moça. É provável que ela quisesse pagar a conta, apesar de tudo.

Otto Rank, em uma comunicação mais extensa,[84] tornou evidente,[85] com a ajuda das análises dos sonhos, a disposição sacrificial que constitui a base desse ato, assim como suas motivações de alcance mais profundo. O interessante é quando ele acrescenta que, às vezes, não só perder objetos, mas também *achá-los* pareça ser determinado. O sentido em que se deve entender isso pode ser inferido da seguinte observação dele que incluo aqui. É claro que, na perda, o objeto está dado de antemão no achar, é preciso primeiro procurá-lo.

"Uma jovem que depende materialmente de seus pais queria comprar uma bijuteria. Ela pergunta na loja o preço do objeto de seu agrado, mas soube, para sua decepção, que ele custa mais do que a soma de suas economias. E, no entanto, são apenas duas coroas, cuja falta

---

[84] O perder como ato sintomático [Das Verlieren als Symptomhandlung]. *Zentralbl. für Psychoanalyse*, I, 10-11.

[85] Outras comunicações com o mesmo conteúdo são encontradas em *Zentralblatt für Psychoanalyse*, II, e *Internat. Zeitschrift für Psychoanalyse*, I, 1913.

a separava dessa pequena alegria. Com humor deprimido, ela vai para casa à noitinha, passando pelas ruas movimentadas da cidade. Em um dos lugares mais frequentados, chamou-lhe de repente a atenção – mesmo que ela alegue estar profundamente imersa em pensamentos – um pequeno pedaço de papel caído no chão, pelo qual ela havia acabado de passar distraída. Ela se volta, apanha-o e observa, para seu espanto, que era uma nota dobrada de duas coroas. Ela pensou consigo mesma: Isso me foi enviado pelo destino, para que eu possa comprar a joia, e fez a volta alegremente para seguir esse indício. No mesmo momento, porém, ela diz para si mesma que não deveria fazê-lo, porque o dinheiro achado é dinheiro da sorte, que não se deve gastar.

"O pouco de análise necessário para entender essa ação casual provavelmente pode ser inferido da situação dada, mesmo sem informação pessoal da pessoa em questão. Entre os pensamentos que entretinham a moça enquanto caminhava para casa, ocupariam, sem dúvida, o primeiro plano os relativos à sua pobreza e restrição material, e, na verdade, como temos o direito de supor, no sentido de ver realizado o desejo de suspensão de sua situação opressora. A ideia de como se poderia chegar do modo mais fácil à quantia de dinheiro que faltava dificilmente esteve distante de seu interesse voltado à satisfação de seu modesto desejo e deve lhe ter trazido a solução mais simples do achar. Desse modo, seu inconsciente (ou pré-consciente) estava configurado para 'achar', mesmo que o pensamento de fazê-lo – por causa de outras demandas dirigidas à sua atenção ('mergulhada em pensamentos') – não se tornasse inteiramente consciente. Temos até o direito, baseados em análise de casos semelhantes, de inclusive afirmar que a 'prontidão de busca' *inconsciente* tem uma possibilidade de êxito muito maior do que a atenção dirigida conscientemente. Caso contrário, dificilmente se poderia explicar como foi que justamente essa pessoa, entre as muitas centenas de transeuntes, e, além disso, sob circunstâncias pouco propícias de iluminação noturna e da multidão densamente apertada, pôde fazer o achado surpreendente para ela mesma. Em que medida de intensidade existiu de fato essa prontidão inconsciente ou pré-consciente é mostrado pelo fato notável de que a moça, mesmo depois desse achado, portanto, depois que a posição já tinha se tornado supérflua e certamente já tinha se subtraído da atenção consciente, a moça encontrou um lenço mais adiante a caminho de casa, em um trecho escuro e solitário de uma rua suburbana."[86]

É necessário dizer que são exatamente essas ações sintomáticas que, com frequência, concedem o melhor acesso para a compreensão da vida psíquica íntima dos seres humanos.

Em relação às ações casuais esporádicas, quero comunicar um exemplo que, mesmo sem análise, admitiu uma interpretação mais profunda, que ilustra excelentemente as condições sob as quais esses sintomas podem ser produzidos de maneira inteiramente despercebida, e ao qual pode ser conectada uma observação de importância prática. Em uma viagem de verão, aconteceu de eu ter de esperar alguns dias em determinado lugar pela chegada do meu companheiro de viagem. Nesse meio-tempo, travei contato com um jovem que também parecia se sentir solitário e se dispôs a se juntar a mim. Como estávamos hospedados no mesmo hotel, foi natural

---

[86] *Internat. Zeitschrift für Psychoanalyse*, III, 1915.

que compartilhássemos todas as refeições e fizéssemos os passeios juntos. Na tarde do terceiro dia, ele me disse, de repente, que naquela noite esperava sua esposa, que chegaria no trem expresso. Isso despertou meu interesse psicológico, pois já percebera pela manhã que ele havia rejeitado minha proposta de fazermos uma excursão mais longa, e em nosso breve passeio ele não quis seguir certo caminho, por considerá-lo muito íngreme e perigoso. Durante o passeio da tarde, ele afirmou, de repente, que eu deveria estar com fome e teria de atrasar meu jantar por sua causa, pois ele só iria jantar com a esposa depois de sua chegada. Eu entendi a dica e sentei-me à mesa, enquanto ele foi para a estação. Na manhã seguinte, encontramo-nos no vestíbulo do hotel. Ele me apresentou a sua esposa e acrescentou: o senhor vai tomar café da manhã conosco, não é? Eu ainda tinha de fazer uma pequena tarefa na próxima rua e dei certeza de que voltaria logo. Quando entrei na sala onde era servido o café da manhã, vi que o casal tinha se sentado em uma pequena mesa perto da janela, e os dois ocupavam um de seus lados. No lado oposto havia apenas uma poltrona, mas sobre seu encosto estava pendurado o grande e pesado casaco do marido, cobrindo o assento. Eu entendi muito bem o sentido desse arranjo, por certo não deliberado, mas, por isso mesmo, muito mais expressivo. Ele queria dizer: Não há nenhum lugar para você aqui, não preciso de você agora. O marido não percebeu que eu parei na frente da mesa sem me sentar, mas a dama, sim, e imediatamente cutucou seu marido, sussurrando: Você tirou o lugar desse senhor.

Por esse e por outros resultados semelhantes, eu disse a mim mesmo que as ações executadas de maneira involuntária vão converter-se inevitavelmente em fonte de mal-entendidos nas relações humanas. O autor da ação, que nada sabe de uma intenção a ela vinculada, não a imputa a si mesmo e não se considera responsável por ela. O outro, ao contrário, uma vez que regularmente valoriza também essas ações de seu parceiro para extrair conclusões sobre suas intenções e atitudes, reconhece mais dos processos psíquicos do estranho do que ele próprio está disposto a admitir e acredita ter comunicado. Mas este último fica indignado quando essas conclusões extraídas de suas ações sintomáticas lhe são apresentadas, declara-as infundadas, uma vez que lhe falta a consciência da intenção ao executá-las, e se queixa de mal-entendido por parte do outro. Olhando exatamente, esse mal-entendido se baseia em uma compreensão demasiada e bastante sutil. Quanto mais "nervosos" forem dois seres humanos, mais ocasiões eles vão oferecer um ao outro para desentendimentos, cujo fundamento é tão terminantemente negado por cada um em relação à própria pessoa quanto é considerado certo para a pessoa do outro. Trata-se, sem dúvida, do castigo pela insinceridade interior o fato de os humanos permitirem que se expressem, sob o pretexto do esquecimento, das ações equivocadas e da não intencionalidade, moções que melhor seria se admitissem para si mesmos e para os outros, quando eles já não conseguem dominá-las. De fato, pode-se afirmar de maneira bem geral que cada pessoa pratica continuamente uma análise psíquica de seus semelhantes e, em consequência, aprende a conhecê-los melhor do que eles próprios se conhecem. O caminho para se observar o preceito "conhece-te a ti mesmo" [γνωθι σεαυτόν] passa pelo estudo de suas próprias ações e omissões aparentemente casuais.

Entre todos os escritores literários que ocasionalmente se pronunciaram sobre as pequenas ações sintomáticas e atos falhos ou que se serviram deles, nenhum entendeu sua natureza secreta com tamanha clareza nem deu aos fatos uma tão incrível animação como Strindberg, cuja genialidade para reconhecer esses ocorrências era certamente sustentada por uma profunda anormalidade psíquica. O Dr. Karl Weiss (Viena) chamou a atenção para o seguinte trecho de uma de suas obras (*Internat. Zeitschrift für Psychoanalyse*, I, 1913, p. 268):

"Depois de um tempo, o conde realmente chegou e se aproximou de Esther calmamente, como se a tivesse convocado para um encontro.

"– Você esperou por muito tempo? ele perguntou com sua voz abafada.

"– Seis meses, como você sabe, respondeu Esther; mas você me viu hoje?

"– Sim, agora há pouco, no bonde; e eu olhei em seus olhos, acreditando que eu falava com você.

"– Muita coisa 'aconteceu' desde a última vez.

"– Sim, e eu acreditei que tudo estava acabado entre nós.

"– Como assim?

"– Todos os pequenos mimos que recebi de você se quebraram, e, na verdade, de maneira misteriosa. E isso é um aviso antigo.

"– Não diga! Agora eu me lembro de uma porção de casos que julguei casuais. Eu ganhei certa vez uns óculos de presente de minha avó, na época em que éramos boas amigas. Eram de cristal de rocha polido, excelentes para as autópsias,[87] uma verdadeira maravilha, que eu guardava com o maior cuidado. Um dia eu *rompi* [*brach*] com a velha e ela ficou brava comigo.

---

[87] Trata-se de um médico como personagem. (N.R.)

E então, na autópsia seguinte aconteceu que as lentes caíram sem motivo. Acreditei que simplesmente tinham se quebrado; e enviei para o conserto. Mas não, elas continuaram a me recusar seus serviços; foram colocadas em uma gaveta e se perderam.

"– Não diga! É curioso como o que tem a ver com os olhos é o mais sensível. Eu tive um par de binóculos que ganhei de um amigo; adaptaram-se tão bem aos meus olhos que usá-los era um deleite para mim. Esse amigo e eu nos tornamos inimigos. Você sabe, isso acontece sem causa visível; parece que não se pode entrar em acordo. Na vez seguinte em que eu quis usar o binóculo de ópera, não consegui enxergar com clareza. A trave estava muito curta, e eu via duas imagens. Eu não preciso lhe dizer que a trave não tinha encurtado, nem a distância entre os olhos havia aumentado! Foi um milagre, desses que acontecem todos os dias e que os maus observadores não percebem. A explicação? *A força psíquica do ódio é certamente maior do que acreditamos.* – A propósito, o anel que ganhei de você perdeu a pedra – e não se deixa consertar, não se deixa. Você quer se separar de mim agora?..." (*Os quartos góticos* [*Die gotischen Zimmer*], p. 258-259).

Também no campo das ações sintomáticas, a observação psicanalítica tem de ceder a prioridade aos poetas. Só lhe resta repetir o que eles disseram há muito tempo. O senhor Wilhelm Stroß chamou minha atenção para o trecho a seguir do famoso romance humorístico *Tristram Shandy*, de Laurence Sterne (parte VI, capítulo V):

"...e não me surpreende de modo algum que Gregório de Nazianzo, quando percebeu em Juliano os gestos apressados e instáveis, tenha previsto que ele um dia se tornaria um apóstata; – ou que Santo Ambrósio tenha expulsado seu amanuense, por causa de um movimento indecente que ele fazia com a cabeça, indo para trás e para frente como um mangual. – Ou que Demócrito logo tenha percebido que Protágoras era um erudito, vendo-o amarrar um feixe de lenha e colocar os gravetos mais finos no meio. – Há milhares de aberturas imperceptíveis, prosseguiu meu pai, através das quais um olho aguçado pode descobrir a alma humana de um só golpe; e eu afirmo, ele acrescentou, que um homem sensato não pode tirar o chapéu ao entrar em um aposento, – ou tornar a pegá-lo ao sair dele, do contrário escapa-lhe algo que o delata."

Aqui ainda uma pequena coleção de variadas ações sintomáticas de pessoas sadias e neuróticas:

Um colega mais velho, que não gosta de perder no jogo de cartas, pagou certa noite sem reclamar uma grande soma, mas com um estado de ânimo curiosamente contido. Depois de sua partida, descobriu-se que ele deixou em seu lugar quase tudo o que carregava: óculos, cigarreira e lenço. Isso certamente exige tradução: Seus ladrões, vocês me saquearam bem!

Um homem que sofre ocasionalmente de impotência sexual, que tem seu fundamento na intimidade de sua relação infantil com a mãe, contou que estava acostumado a enfeitar escritos e apontamentos com um S, a letra inicial do nome de sua mãe. Ele não tolera que as cartas vindas de casa entrem em contato com outra correspondência profana em sua escrivaninha e por isso é obrigado a guardar as primeiras separadamente.

Uma jovem dama senhora abriu abruptamente a porta do consultório, onde ainda se encontrava a sua antecessora. Ela se desculpa, mencionando a sua "distração"; logo fica claro que ela havia demonstrado a curiosidade que no passado a fez entrar no quarto dos pais.

Moças que se orgulham de seus belos cabelos sabem manusear pentes e grampos tão destramente que eles soltam os fios no meio da conversa.

Alguns homens deixam cair moedas do bolso da calça durante a sessão (estando deitados), e assim pagam os honorários que julgam apropriados pela sessão de tratamento.

Quem esquece no consultório médico um objeto que trouxe consigo, como óculos, luvas e carteiras, indica com isso que não consegue se separar e que gostaria de voltar em breve. Ernest Jones diz: "*One can almost measure the success with which a physician is practicing psychotherapy, for instance, by the size of the collection of umbrellas, handkerchiefs, purses and so on, that he could make in a month*" [Quase se pode medir o êxito com que um médico pratica a psicoterapia, por exemplo, pelo tamanho da coleção de guarda-chuvas, lenços, bolsas etc. que ele consegue reunir em um mês].

As menores atividades habituais executadas com atenção mínima, tais como dar corda no relógio antes de dormir, apagar a luz antes de sair do quarto etc., estão às vezes submetidas a perturbações que demonstram, de maneira inconfundível, a influência dos complexos inconscientes sobre os "hábitos" supostamente mais intensos. Maeder conta na revista *Coenobium* sobre um médico-residente que, por causa de uma questão importante, decidiu ir à cidade certa noite, embora estivesse de plantão e não devesse deixar o hospital. Quando ele voltou, percebeu, para seu espanto, que havia luz em sua sala. Ele tinha se esquecido de apagá-la ao sair, o que nunca lhe tinha acontecido antes. Mas logo ele entendeu o motivo desse esquecimento. O diretor do hospital, que morava no prédio, iria necessariamente concluir pela luz na sala que o médico-residente estava no hospital.

Um homem assoberbado de preocupações e sujeito a irritações ocasionais assegurou-me que regularmente encontrava seu relógio sem corda pela manhã quando, na noite anterior, a vida lhe parecera muito dura e hostil. Portanto, com a omissão de deixar de dar corda no relógio, ele expressava simbolicamente que não lhe importava viver o dia seguinte.

Outro homem, que não conheço pessoalmente, escreve: "Atingido por um duro golpe do destino, a vida me pareceu tão dura e hostil que imaginei que não encontraria forças suficientes para sobreviver ao dia seguinte, e então notei que quase diariamente eu me esquecia de dar corda no meu relógio, o que antes eu não omitia, pois que eu o fazia regularmente antes de deitar quase de modo mecânico e inconsciente. Agora só raramente eu me lembrava de fazê-lo, só quando eu tinha algo importante ou cativante para o meu interesse no dia seguinte. Seria essa também uma ação sintomática? Eu não pude dar-me nenhuma explicação".

Quem se der ao trabalho, como fizeram Jung (*A psicologia da demência precoce*, 1907) ou Maeder (*Um novo caminho para a psicologia:* Freud e sua escola, 1909), de observar as melodias que cantarola para si mesmo sem intenção e com frequência sem perceber, poderá descobrir de maneira bastante regular a relação do texto com o tema que está ocupando essa pessoa.

Além disso, o determinismo mais sutil da expressão do pensamento na fala ou na escrita mereceria uma consideração cuidadosa. Em geral se acredita que se tem a opção de escolher as palavras com que se veste seus pensamentos ou a imagem com a qual se deva disfarçá-los. Uma observação mais cautelosa mostra que outras considerações decidem sobre essa escolha e que na forma do pensamento cintila um sentido mais profundo, muitas vezes não deliberado. As imagens e as maneiras de falar das quais uma pessoa se serve preferencialmente quase nunca são indiferentes ao seu julgamento, ao passo que outras revelam-se muitas vezes como alusões a um tema que naquele momento é mantido em segundo plano, mas que causou forte comoção no falante. Em certa época, em conversas teóricas, ouvi alguém utilizar repetidas vezes esta frase: "Se de repente algo nos atravessa a cabeça", mas eu sabia que ele havia recentemente recebido a notícia de que uma bala russa tinha atravessado de lado a lado o capacete que seu filho usava.

X
ERROS

Os erros de memória se distinguem do esquecimento com falha na lembrança apenas por um traço, a saber, o erro (a falha na lembrança) não ser reconhecido como tal, mas encontrar crença. Mas o uso do termo "erro" ainda parece depender de outra condição. Nós falamos de "errar" em vez de "lembrar erroneamente" toda vez que, no material psíquico a ser reproduzido, deva ser enfatizado o caráter da realidade objetiva, portanto, toda vez que deva ser lembrado algo diferente de um fato de nossa própria vida psíquica, sobretudo algo acessível à confirmação ou refutação através da lembrança de outras pessoas. Nesse sentido, a ignorância constitui o oposto ao erro de memória.

No meu livro *A interpretação do sonho*[88] (1900), fui responsável por uma série de falseamentos do material histórico e sobretudo factual que me chamaram a atenção e me deixaram espantado depois da publicação do livro. Examinando mais detidamente, descobri que não

---
[88] 8. ed. (*Ges. Werke*, v. II-III).

nasceram de minha ignorância, mas remontavam a erros de memória que a análise poderia esclarecer.

1) Na página 266 (da primeira edição), indico como o local de nascimento de Schiller a cidade de Marburgo, nome também de uma localidade na Estíria. Esse erro encontra-se na análise de um sonho que tive durante uma viagem noturna, do qual fui despertado pelo condutor que anunciava o nome da estação de Marburgo. No conteúdo do sonho, perguntava-se por um livro de Schiller. Mas a verdade é que Schiller não nasceu na cidade universitária de Marburgo, mas em Marbach, na Suábia. Além disso, sustento que eu sempre soube disso.

2) Na página 135, o pai de Aníbal foi chamado de Asdrúbal. Esse erro me foi especialmente irritante, mas foi o que mais me fortaleceu na abordagem desses erros. Sobre a história dos Barcas, poucos dos leitores do livro devem estar mais bem informados do que o autor que colocou esse erro por escrito e que o negligenciou em três correções de provas. O pai de Aníbal se chamava Amílcar Barca, Asdrúbal era o nome do *irmão* de Aníbal, e, a propósito, também o de seu cunhado e antecessor no comando.

3) Nas páginas 177 e 370, afirmo que Zeus castrou seu pai, Cronos, e o destronou. Mas adiantei essa abominação equivocadamente em uma geração; a mitologia grega a faz ser perpetrada por Cronos em seu pai, Urano.[89]

Como agora explicar que minha memória forneceu infidelidades nesses pontos, ao passo que, como podem se convencer os leitores desse livro, colocava à minha disposição o material mais remoto e incomum? E, mais ainda,

---

[89] Não é de todo um erro! A versão órfica do mito permitiu a repetição da castração de Cronos por seu filho, Zeus (Roscher. *Lexikon der Mithologie*).

que em três correções de provas realizadas com cuidado passei por esses erros como se atingido pela cegueira?

Goethe disse sobre Lichtenberg: onde ele faz uma brincadeira, há um problema oculto. Algo semelhante se pode afirmar sobre as passagens do meu livro aqui citadas: onde aparece um erro, por detrás se esconde um recalcamento. Melhor dizendo: há uma insinceridade, uma desfiguração que definitivamente se assenta sobre algo recalcado. Na análise dos sonhos ali comunicados, fui obrigado, pela própria natureza dos temas aos quais se relacionavam os pensamentos oníricos, a, por um lado, interromper a análise em algum lugar antes de completá-la, e, por outro lado, aparar as arestas de algum detalhe indiscreto através de uma leve desfiguração. Não podia proceder de outro modo, e de fato não tinha nenhuma outra escolha, se eu efetivamente quisesse apresentar exemplos e provas; minha situação coercitiva derivou-se necessariamente da propriedade dos sonhos de darem expressão ao recalcado, isto é, ao que é insuscetível de consciência. Apesar disso, ainda deve ter restado o bastante para escandalizar algumas almas mais sensíveis. Mas a desfiguração ou a ocultação de pensamentos, cuja continuação me era conhecida, não se deixou executar sem vestígios. Muitas vezes, o que eu queria reprimir conseguia, contra a minha vontade, obter acesso ao que eu havia captado e veio à luz como se fosse um erro não percebido por mim. Todos os três exemplos destacados têm o mesmo tema de base; os erros são derivados de pensamentos recalcados que se ocupavam de meu pai morto.

1) Quem lê o sonho analisado na página 266 vai em parte descobrir sem disfarce e em parte adivinhar por indícios que eu fiz uma interrupção diante de pensamentos que teriam contido uma crítica inamistosa a

meu pai. Na sequência desse fluxo de pensamentos e lembranças, há de fato uma história irritante, na qual desempenham um papel alguns livros e um amigo de negócios de meu pai, que se chama Marburgo, o mesmo nome que me despertou do sono ao ser anunciado na estação de mesmo nome na ferrovia do sul. Eu quis esconder na análise esse Sr. Marburgo de mim mesmo e dos leitores; ele retaliou, intrometendo-se onde não devia e mudando o nome do local de nascimento de Schiller de Marbach para Marburgo.

2) O erro de Asdrúbal por Amílcar, o nome do irmão no lugar do nome do pai, ocorreu justamente em um contexto que tratava das fantasias de Aníbal de meus anos de ensino médio e da minha insatisfação com o comportamento de meu pai em relação aos "inimigos de nosso povo". Eu poderia ter continuado e contado como minha relação com o meu pai foi alterada por uma visita que fiz à Inglaterra, que me possibilitou conhecer meu meio-irmão que lá vivia, filho do casamento anterior de meu pai. Meu irmão tem um filho mais velho da minha idade; portanto, as relações entre as idades não encontraram nenhum obstáculo para as fantasias de como teria sido diferente se eu não tivesse vindo ao mundo como filho de meu pai, mas de meu irmão. Essas fantasias reprimidas falsearam o trecho do texto do meu livro no ponto em que interrompi a análise, obrigando-me a colocar o nome do irmão no lugar do nome do pai.

3) Atribuo à influência dessa lembrança do mesmo irmão eu ter adiantado em uma geração a abominação mitológica do mundo dos deuses gregos. Das advertências do irmão, uma permaneceu na memória por longo tempo: "em relação à condução da sua vida, não se esqueça de uma coisa", ele me disse, "que você não pertence à

segunda, mas na verdade à terceira geração em relação a seu pai". Nosso pai casou-se novamente anos depois, e por isso era muito mais velho do que seus filhos do segundo casamento. Eu cometi o mencionado erro no livro justamente ali onde trato da piedade entre pais e filhos.

Também aconteceu algumas vezes de amigos e pacientes cujos sonhos eu relatei, ou a quem eu aludi nas análises dos sonhos, chamarem a minha atenção para o fato de as circunstâncias dos episódios vivenciados em comum terem sido narradas de modo impreciso por mim. Tratava-se novamente de erros históricos. Examinei cada um dos casos após a retificação, e de igual maneira me convenci de que minha lembrança dos fatos só foi infiel onde eu tinha intencionalmente desfigurado ou disfarçado algo na análise. De novo havia aqui *um erro despercebido como substituto de uma ocultação intencional ou um recalcamento*.

Desses erros, que surgem do recalcamento, diferenciam-se nitidamente outros que se fundamentam na efetiva ignorância. Então, por exemplo, foi por ignorância que, em uma excursão a Wachau, acreditei ter chegado à moradia do revolucionário Fischhof. Os dois lugares só têm em comum o nome; o Emmersdorf de Fischhof está localizado na Caríntia. Mas eu não sabia disso.

4) Eis aqui outro erro vergonhoso e instrutivo, um exemplo de ignorância temporária, se é que se pode dizer isso. Certo dia um paciente me lembrou de lhe entregar os dois livros prometidos sobre Veneza, com os quais ele queria se preparar para sua viagem de Páscoa. Acabei de separá-los, respondi e fui à biblioteca buscá-los. Mas, na verdade, eu tinha me esquecido de procurá-los, pois não estava muito de acordo com a viagem de meu paciente, na qual eu via uma perturbação desnecessária no tratamento e um prejuízo material para o médico.

Na biblioteca, dei então uma olhadela rapidíssima em busca dos dois livros que eu tinha em vista. *Veneza, cidade da arte* é um deles; mas, além desse, ainda devo ter uma obra histórica em uma coleção semelhante. Certo, aí está ele: *Os Médicis*, eu o pego e o levo àquele que espera, para então, envergonhado, ter de admitir o erro. É que eu sabia, na realidade, que os Médicis nada têm a ver com Veneza, mas, por um breve intervalo, não me pareceu incorreto. Agora, tenho de pôr em prática a justiça; já que frequentemente eu havia confrontado meu paciente com as suas próprias ações sintomáticas, só poderia salvar minha autoridade diante dele sendo sincero e fazendo-o conhecer os motivos secretos de minha relutância em relação à sua viagem.

Em geral, é possível ficar atônito com o fato de o ímpeto à verdade nos seres humanos ser muito mais intenso do que se costuma estimar. Além disso, talvez seja consequência de meu envolvimento com a psicanálise que eu quase já não consiga mais mentir. Sempre que tento fazer uma desfiguração, sucumbo a um erro ou a outro ato falho através dos quais se denuncia minha insinceridade, como nesse exemplo e nos anteriores.

O mecanismo do erro parece ser o mais frouxo de todos os atos falhos, ou seja, a ocorrência do erro indica, de maneira bem geral, que a atividade psíquica em questão teve de lutar com alguma influência perturbadora, sem que o tipo de erro seja determinado pela qualidade da ideia perturbadora que permaneceu na obscuridade. Contudo, complementamos nesse ponto que em muitos casos simples de lapsos verbais e na escrita cabe supor a mesma situação. Cada vez que cometemos um lapso verbal ou na escrita, temos o direito de inferir uma perturbação por meio de processos psíquicos situados fora da intenção, mas é preciso admitir que com frequência o lapso verbal e na escrita obedece às leis da semelhança, da comodidade ou da inclinação a se apressar, sem que o perturbador tenha conseguido impor uma parcela do seu próprio caráter no erro resultante do lapso verbal ou na escrita. Somente a complacência do material linguístico possibilita o determinismo do erro e também lhe estabelece o limite.

Para não citar exclusivamente meus próprios erros, quero compartilhar mais alguns exemplos, que, aliás, também poderiam ter sido incluídos entre os lapsos verbais e as ações equivocadas, o que, no entanto, não tem maior importância, dado que todas essas modalidades de atos falhos são equivalentes.

5) Proibi um paciente de telefonar para a amada com quem ele mesmo queria romper, já que cada conversa desencadeava novamente a batalha para perder o hábito. Disse-lhe que ele devia escrever-lhe sua última decisão, apesar das dificuldades para enviar-lhe cartas. Ele me visita às 13 horas para me dizer que havia encontrado um caminho para contornar essas dificuldades e entre outras coisas também pergunta se ele pode invocar minha autoridade médica. Às 14 horas ele estava ocupado escrevendo a carta de rompimento, quando de repente se interrompe e diz a sua mãe, que estava presente: Esqueci de perguntar ao professor se posso mencionar seu nome na carta, apressou-se ao telefone, pediu a ligação e perguntou: por favor, o professor já terminou a refeição e pode falar? Como resposta, ouviu um atônito: Adolf, você ficou louco?, e era a mesma voz que a meu pedido ele não deveria voltar a ouvir. Ele havia simplesmente "errado" e, em vez do número do médico, ele indicou o da amada.

6) Uma jovem dama devia fazer uma visita a uma amiga recém-casada na *Habsburger*gasse. Ela falou sobre

isso enquanto a família fazia a refeição à mesa, mas, erroneamente, ela diz que tinha de ir à *Babenberger*gasse. Outras pessoas presentes a fazem notar, rindo, o erro que ela não percebeu – ou equívoco na fala, como se preferir. É que dois dias antes havia sido proclamada a República em Viena, o negro e o amarelo haviam desaparecido, dando lugar às cores da velha Ostmark, vermelho-branco-vermelho, e os Habsburgos haviam sido depostos; a falante incorporou essa substituição no endereço da amiga. Por outro lado, existe de fato em Viena uma rua muito famosa, a Babenberger*strasse*, mas nenhum vienense a chamaria de "*Gasse*" [rua secundária, diferente de *Strasse*, "rua importante"].

7) Um professor de escola em uma casa de veraneio, um jovem muito pobre, mas majestoso, tanto cortejou a filha do proprietário de uma mansão, oriundo da cidade grande, até que a moça se apaixonou e ainda instou sua família a consentir no casamento, apesar das diferenças de posição social e de raça. Um dia, o professor escreve uma carta para o irmão, dizendo: "Linda a mocinha decerto não é, mas é muito doce, e até aí tudo estaria bem. Mas se eu poderei decidir-me a me casar com uma judia, isso eu ainda não sei dizer". Essa carta caiu nas mãos da noiva e pôs fim ao noivado, enquanto, ao mesmo tempo, o irmão ficava atônito com as declarações de amor dirigidas a ele. Meu informante garantiu-me que nesse caso houve um erro, e não uma astuta encenação. Fiquei sabendo de outro caso em que uma dama, insatisfeita com seu antigo médico, mas sem querer livrar-se dele abertamente, alcançou esse propósito por meio de uma troca de correspondência, e, pelo menos nesse caso, posso assegurar que foi um erro, e não uma esperteza consciente, que se valeu desse conhecido motivo da comédia.

8) Brill conta de uma dama que lhe pediu notícias das condições de uma conhecida de ambos, e, ao fazê-lo, ela a chamou equivocadamente por seu nome de solteira. Chamada a sua atenção para o erro, ela teve de reconhecer que não gostava do marido dessa dama e que estava bastante insatisfeita com esse casamento.

9) Um caso de erro que também pode ser descrito como "lapso verbal": um jovem pai foi ao registro civil para registrar a sua segunda filha. Perguntado sobre como se chamaria a criança, ele responde: Hanna, mas precisou ser informado pelo funcionário: Mas o senhor já tem uma filha com esse nome. Vamos concluir que a segunda filha não foi tão bem-vinda quanto fora a primeira.

10) Acrescento nesse ponto algumas outras observações sobre trocas de nomes, que, naturalmente, com o mesmo direito, teriam podido ser incluídas em outros capítulos deste livro.

Uma dama é mãe de três filhas, duas das quais estão casadas há muito tempo, enquanto a caçula ainda aguarda por seu destino. Uma senhora amiga deu o mesmo presente nos dois casamentos, um valioso conjunto de chá de prata. Então, toda vez que a conversa recai sobre o conjunto de chá, a mãe nomeia equivocadamente a terceira filha como proprietária. É evidente que esse erro expressa o desejo da mãe de também ver a última filha casada. Ela pressupõe que a filha receberia o mesmo presente de casamento.

São igualmente fáceis de interpretar os casos frequentes em que a mãe troca o nome de suas filhas, filhos ou genros.

11) Um belo exemplo de uma troca obstinada de nomes, de fácil explicação, tomei da auto-observação do Sr. J. G., durante sua permanência em um sanatório:

"À mesa de jantar (do sanatório), utilizei uma frase particularmente amável com minha vizinha de mesa durante uma conversa pouco interessante para mim e de tom inteiramente convencional. Essa senhorita, já um pouco envelhecida, não pode deixar de notar que não era o meu jeito habitual ser tão amável e galante em relação a ela – uma réplica que continha, por um lado, certo pesar e, mais ainda, uma clara alfinetada em uma senhorita conhecida de ambos, e a quem eu costumava conceder uma maior atenção. Eu entendi, é claro, instantaneamente. Na continuação dessa nossa conversa, aconteceu algo que foi extremamente embaraçoso para mim, minha vizinha teve de me chamar a atenção repetidas vezes para o fato de eu tê-la abordado pelo nome daquela senhorita que, não sem razão, era vista por ela como sua rival mais afortunada."

12) Como "erro" quero também relatar um episódio com graves antecedentes que me foi relatado por uma testemunha diretamente envolvida. Uma senhora passou a noite ao ar livre com seu marido e na companhia de dois desconhecidos. Um desses desconhecidos é amigo íntimo dessa senhora, e sobre isso os outros nada sabiam nem deveriam saber. Os amigos acompanharam o casal até a porta de casa. Enquanto esperavam a abertura da porta, começaram a se despedir. A dama curva-se diante do estranho, estende-lhe a mão e fala algumas palavras educadas. Então ela tomou o braço de seu amante secreto, volta-se para o marido e começa a se despedir dele da mesma maneira. O marido aceitou a situação, tirou o chapéu e disse com extrema cortesia: Encantado, prezada senhora. A mulher assustada solta o braço do amante e, antes que o mordomo aparecesse, ainda teve tempo de suspirar: Não, uma coisa dessas não pode acontecer! O

homem era um desses maridos que querem mover para fora do reino da possibilidade uma infidelidade de sua esposa. Ele havia jurado repetidamente que, em um caso assim, mais de uma vida estaria em perigo. Portanto, ele tinha os obstáculos internos mais fortes para perceber o desafio contido nesse erro.

13) Um erro de um dos meus pacientes que, através de uma repetição, assume o sentido contrário se torna particularmente instrutivo: o jovem excessivamente preocupado, depois de prolongadas lutas internas, conseguiu decidir-se a propor casamento à jovem que o amava há muito tempo, assim como ele a ela. Ele acompanha sua noiva até a casa, despede-se dela e sobe muito feliz em um bonde, solicitando à condutora – *duas* passagens. Mais ou menos meio ano depois, ele já estava casado, mas não conseguia adaptar-se bem à sua felicidade conjugal. Ele tem dúvidas se teria feito bem em se casar, sentia falta das antigas relações com amigos e via nos sogros todo tipo de defeitos. Uma noite ele foi buscar sua jovem esposa na casa dos pais dela, entrou no bonde com ela e deu-se por satisfeito ao solicitar uma única passagem à condutora.

14) A maneira como se pode satisfazer um desejo relutantemente por meio de um "erro" é um belo exemplo relatado por Maeder. Um colega gostaria de usufruir um dia livre, sem ser perturbado; mas precisa fazer uma visita a Lucerna, coisa que não poderia alegrá-lo, e decide ir mesmo assim, depois de muitas considerações. Para se distrair, ele passa o tempo do percurso de Zurique a Arth-Goldau lendo jornais, muda de trem na última estação e continua sua leitura. Na continuação da viagem, o condutor de inspeção descobre que ele havia embarcado em um trem errado, ou seja, naquele que retornava de Goldau a Zurique, embora ele tivesse um bilhete para

Lucerna (Nouvelles contributions à psicopatologia da vida cotidiana, *Arch. de Psych.*, VI, 1908).

15) Uma tentativa análoga, embora não totalmente bem-sucedida, de ajudar um desejo reprimido a se expressar pelo mesmo mecanismo de erro relatou o Dr. V. Tausk, sob o título "Viajando na direção errada" [*Falsche Fahrtrichtung*]:

"Eu tinha chegado a Viena em licença do *front* de batalha. Um antigo paciente ficou sabendo da minha presença e solicitou-me uma visita, porque estava doente e acamado. Atendi ao pedido e passei duas horas com ele. Ao se despedir, o paciente perguntou sobre a quantia que me devia. 'Estou aqui em licença e não estou dando consultas agora', respondi-lhe. 'Aceite minha visita como um serviço de cortesia.' O paciente ficou surpreso, já que ele provavelmente sentiu que não tinha o direito de solicitar um trabalho profissional como se fosse um serviço gratuito de amizade. Mas ele finalmente aceitou a minha resposta com a opinião respeitosa, ditada pelo prazer de poupar dinheiro, de que eu, como psicanalista, certamente estaria fazendo o que é certo. – Alguns instantes depois, fui tomado por preocupações sobre a sinceridade da minha nobreza e, cheio de dúvidas – que dificilmente permitiriam uma solução ambígua – peguei o bonde da linha X. Depois de uma curta viagem, eu teria de mudar para a linha Y. Enquanto esperava no ponto, esqueci a questão dos honorários e passei a me ocupar com os sintomas patológicos do meu paciente. Nesse meio-tempo chegou o bonde que eu esperava e entrei. Mas na parada seguinte tive de descer de novamente. É que, por engano e sem perceber, eu tinha embarcado em um bonde da linha X, e não em um da linha Y, e estava indo na direção de onde eu acabava de partir, ou seja, na direção do paciente de quem eu não quis aceitar nenhum honorário. *Mas meu inconsciente queria cobrar o honorário*" (*Internat. Zeitschr. f. Psychoanalyse*, IV, 1916-17).

16) Em um artifício muito semelhante ao do exemplo 14, consegui obter sucesso uma vez. Eu tinha prometido ao meu rigoroso irmão mais velho que nesse verão lhe faria uma visita devida há muito tempo em uma estância balneária inglesa, e, como o tempo era escasso, assumi a obrigação de viajar pelo caminho mais curto sem fazer nenhuma parada. Pedi a prorrogação de um dia para passar na Holanda, mas ele achou que poderia adiar isso para a viagem de volta. Então viajei de Munique através de Colônia para Roterdã – Hoek van Holland, de onde o navio partiria à meia-noite para Harwich. Em Colônia, eu tinha uma troca de trem; saí do meu trem para tomar o expresso para Roterdã, mas eu não conseguia descobrir onde ele estava. Perguntei para diversos funcionários da estrada de ferro, mandaram-me de uma plataforma a outra, entrei em desespero exagerado e logo pude comprovar que durante essa busca infrutífera eu devia ter perdido a conexão. Depois que isso me foi confirmado, considerei se eu deveria passar a noite em Colônia, depondo em favor disso, entre outras coisas, a devoção filial, porque, de acordo com uma antiga tradição familiar, meus ancestrais haviam um dia fugido dessa cidade durante uma perseguição aos judeus. No entanto, decidi de forma diferente, peguei um trem posterior para Roterdã, aonde cheguei tarde da noite, e assim me vi forçado a passar um dia na Holanda. Esse dia trouxe-me a realização de um desejo acalentado há muito tempo; pude ver os magníficos quadros de Rembrandt em Haia e no Rijksmuseum, em Amsterdã. Só na manhã seguinte, quando, durante minha viagem de trem pela

Inglaterra, pude reunir minhas impressões, aflorou-me a indubitável lembrança de que eu tinha visto na estação de Colônia, a alguns passos do local onde eu desci do trem e na mesma plataforma, uma grande placa: Roterdã-Hoek van Holland. Ali aguardava o trem no qual eu deveria ter continuado a viagem. Deveria ser caracterizado como inconcebível "cegueira" o fato de, apesar dessa indicação clara, eu ter ido embora apressado e ter procurado o trem em outros lugares, a menos que não se quisesse supor que era justamente minha intenção, contrariamente à orientação de meu irmão, admirar os quadros de Rembrandt já na viagem de ida. Tudo o mais, minha desorientação bem encenada, o afloramento da intenção "devotada" de pernoitar em Colônia, não foi senão uma teatralização para esconder de mim mesmo o meu propósito até que ele tivesse se cumprido inteiramente.

17) Um artifício como esse, produzido por esquecimento para realizar um desejo ao qual se havia supostamente renunciado, foi relatado por J. Stärcke de sua própria pessoa.

"Uma vez, tive de fazer uma palestra em um vilarejo, usando diapositivos, mas a palestra foi adiada por uma semana. Eu tinha respondido a carta sobre o adiamento e anotei a data alterada no meu caderno de anotações. Eu teria viajado de bom grado para o vilarejo já de tarde, assim teria tempo de pagar uma visita a um conhecido meu, escritor, que morava lá. Para o meu pesar, no entanto, não pude tirar naquela época nenhuma tarde de folga para isso. Com certa relutância desisti dessa visita.

"Quando chegou a noite da palestra, apressei-me para a estação de trem com uma maleta cheia de diapositivos. Tive de pegar um táxi para ainda conseguir alcançar o trem (muitas vezes me acontece de me atrasar tanto que tenho de pegar um táxi para conseguir alcançar o trem!). Chegando ao lugar e ao local, fiquei um tanto surpreso por não haver ninguém na estação de trem para me buscar (como é costume quando há palestras em pequenos lugarejos). De repente me ocorreu que a palestra havia sido adiada em uma semana, e que agora eu havia feito uma viagem inútil na data originalmente marcada. Depois de eu amaldiçoar do fundo do coração meu esquecimento, ponderei se eu deveria retornar para casa no próximo trem. Mas, pensando melhor, considerei que agora teria uma bela oportunidade de fazer a visita desejada, e foi o que eu fiz. Só quando já estava a caminho foi que me ocorreu que meu desejo não realizado de ter tempo suficiente para essa visita tinha preparado primorosamente o complô. Arrastar-me com a pesada maleta repleta de diapositivos e apressar-me para alcançar o trem tinham servido excelentemente para esconder ainda melhor a intenção inconsciente."

Muitos não estarão inclinados a considerar muito numerosa ou particularmente significativa a classe de erros que aqui esclareço. Mas deixo como uma questão a ser pensada se não haverá razão para estender esses mesmos pontos de vista também à avaliação dos *erros de julgamento*, incomparavelmente mais importantes, cometidos pelos seres humanos na vida e na ciência. Somente aos espíritos mais seletos e equilibrados parece ser possível preservar a imagem da realidade externa, tal como percebida, da deformação que ela costuma experimentar na passagem pela individualidade psíquica daquele que a percebe.

XI
ATOS FALHOS COMBINADOS

Dois dos últimos exemplos mencionados, meu erro que trouxe Médici para Veneza e o do jovem que sabe desafiar a proibição de conversar por telefone com sua amada – encontraram, na verdade, uma descrição inexata, e, em uma observação mais cuidadosa, eles se apresentam como fusão de um esquecimento com um erro. Posso ilustrar essa mesma fusão de modo ainda mais claro em alguns outros exemplos.

1) Um amigo me contou a seguinte vivência: "Há alguns anos aceitei ser eleito para integrar o comitê de certa sociedade literária, porque supunha que um dia essa sociedade poderia me ajudar na apresentação da minha peça dramática, e, embora sem muito interesse, participei regularmente das reuniões, que se realizavam todas as sextas-feiras. Há alguns meses, recebi então a garantia de uma apresentação no teatro de F., e, desde então, aconteceu-me de *esquecer* regularmente as reuniões dessa sociedade. Quando eu li o seu livro sobre essas coisas, envergonhei-me de meu esquecimento, repreendi-me por ser algo desprezível eu me ausentar agora que não preciso mais daquelas pessoas, e decidi com certeza não

esquecer na próxima sexta-feira. Eu me lembrei muitas vezes desse propósito até executá-lo e ficar em frente à porta da sala de reunião. Para meu espanto, ela estava fechada, a reunião já tinha acontecido; é que eu tinha me enganado quanto ao dia; já era sábado!".

2) O exemplo seguinte é uma combinação de uma ação sintomática com um extravio; chegou a mim por desvios mais distantes, mas provém de uma boa fonte.

Uma dama viaja para Roma com seu cunhado, um artista famoso. O visitante foi muito festejado pelos alemães que vivem em Roma e recebeu de presente, entre outras coisas, uma antiga medalha de ouro. A dama ficou mortificada por seu cunhado não saber apreciar suficientemente a bela peça. Depois que chegou em casa, tendo substituído sua irmã, ela descobriu, ao desfazer a mala, que trouxe consigo – ela não sabe como – a medalha. Ela o comunica imediatamente ao cunhado por carta e anuncia que enviará o objeto subtraído de volta a Roma no dia seguinte. Mas no dia seguinte a medalha foi extraviada tão habilidosamente que não pôde ser encontrada nem enviada, e então começou a se revelar para a dama o que sua "distração" significava, a saber, que ela queria ficar com a peça para si mesma.

3) Há casos em que o ato falho se repete com persistência, alterando para isso os seus meios:

Jones (*ibid.*, p. 483): por motivos desconhecidos por ele, deixou certa vez uma carta em sua escrivaninha por alguns dias, sem enviá-la. Finalmente decidiu fazê-lo, mas a carta lhe foi devolvida pelo "Dead Letter Office", porque ele havia se esquecido de escrever o endereço. Depois de endereçá-la, levou-a de volta ao correio, mas dessa vez sem selo. Então ele não pôde mais deixar de ver a relutância em enviar a carta.

4) Uma breve comunicação do Dr. Karl Weiss (Viena) ilustra de maneira muito impressionante as vãs tentativas de executar uma ação contra uma resistência interna:

"O episódio que se segue fornece uma comprovação da persistência com que o inconsciente sabe se impor quando tem um motivo para não deixar que uma intenção seja executada, e de como é difícil proteger-se contra essa tendência. Um conhecido me solicitou que eu lhe emprestasse um livro e que o levasse para ele no dia seguinte. Eu logo concordei, mas percebi um vivo sentimento de desprazer que a princípio não consegui explicar. Mais tarde me ficou claro que a pessoa em questão me devia há anos uma soma em dinheiro que não parecia pensar em pagar. Eu não pensei mais nisso, mas na manhã seguinte eu me lembrei disso com o mesmo sentimento de desprazer e imediatamente disse a mim mesmo: 'Seu inconsciente vai se empenhar para que você esqueça o livro. Mas você não quer ser descortês, e por isso vai fazer tudo para não esquecer'. Chego em casa, embrulho o livro em papel e o coloco ao meu lado na escrivaninha onde escrevo minhas cartas. Depois de algum tempo, eu saio; depois de alguns passos lembro que foram deixadas sobre a escrivaninha as cartas que eu queria levar ao correio. (Diga-se de passagem, em uma dessas cartas eu tive de escrever algo desagradável a uma pessoa que deveria ter me ajudado em uma determinada situação.) Dei a volta, peguei as cartas e tornei a sair. No bonde, ocorreu-me que eu tinha prometido a minha esposa fazer-lhe uma compra, e eu fiquei bem satisfeito com o pensamento de que o pacote seria pequeno. É aqui que, de repente, estabelece-se a associação pacote-livro e agora eu percebia que não tinha o livro comigo.

Portanto, eu não o esqueci só na primeira vez que saí, mas continuei a não vê-lo quando peguei as cartas ao lado das quais ele estava."

5) O mesmo se constata em uma observação que Otto Rank analisou exaustivamente:

"Um homem constrangedoramente ordeiro e pedantemente preciso relatou a seguinte experiência, bastante extraordinária para ele. Uma tarde, quando na rua ele quis ver as horas, percebe que havia esquecido seu relógio em casa, o que, de acordo com sua lembrança, nunca havia acontecido. Como ele tinha de estar pontualmente em um compromisso à noite e não lhe restava mais tempo para pegar seu relógio antes, ele aproveitou a visita a uma dama amiga para pedir emprestado seu relógio para a noite; isso era bastante viável, na medida em que ele já tinha o compromisso prévio de visitar essa dama na manhã seguinte, ocasião em que lhe prometeu devolver o relógio. Mas, para seu espanto, quando, no dia seguinte, ele quis devolver o relógio emprestado a sua proprietária, percebeu que esqueceu o relógio em casa; dessa vez, ele carregava consigo seu próprio relógio. Decidiu, então, firmemente devolver o relógio da dama naquela tarde, e realmente executou esse propósito. Mas, quando, ao partir, ele quis ver as horas, ficou imensamente irado e espantado ao descobrir que mais uma vez havia esquecido seu próprio relógio. Essa repetição do ato falho pareceu a tal ponto patológica para esse homem comumente tão amante da ordem que ele quis conhecer sua motivação psicológica, que prontamente se revelou através da indagação psicanalítica sobre se no dia crítico do primeiro esquecimento ele teria vivenciado algo desagradável, e sobre o contexto em que isso aconteceu. Ele contou de imediato que após o almoço, pouco antes de sair e esquecer o relógio, teve uma conversa com sua mãe, que lhe contou que um parente irresponsável que já tinha causado a ele muita preocupação e sacrifício em dinheiro tinha penhorado o próprio relógio; mas, como aquele relógio era necessário em casa, ele pediu que lhe desse o dinheiro para resgatá-lo. Essa maneira quase impositiva de tomar um empréstimo tocou o nosso homem de forma muito penosa e voltou a trazer à lembrança todos os inconvenientes que esse parente lhe tinha causado há muitos anos. De acordo com isso, sua ação sintomática revelou ter tido múltiplas determinações: em primeiro lugar, dá expressão a um movimento de pensamento que diz aproximadamente: eu não vou deixar que o dinheiro me seja extorquido dessa mesma maneira, e, se precisam de um relógio, então eu deixo o meu em casa; mas, como ele precisava dele para manter um compromisso à noite, essa intenção só pôde estabelecer-se por um caminho inconsciente, sob a forma de uma ação sintomática. Em segundo lugar, o esquecimento quer dizer mais ou menos o seguinte: os eternos sacrifícios monetários por esse imprestável acabarão me arruinando completamente, a ponto de eu ter de entregar tudo. Embora, como ele indica, o aborrecimento com essa comunicação tenha sido apenas momentâneo, a repetição da mesma ação sintomática demonstra que esse aborrecimento continuou produzindo intensos efeitos no inconsciente, como se a consciência dissesse: Essa história não sai da minha cabeça.[90] Não nos espanta, então, que o relógio pedido emprestado à dama tenha tido o mesmo destino, em face

---

[90] Esse efeito continuado no inconsciente manifesta-se às vezes na forma de um sonho que se segue ao ato falho; e outras vezes na repetição deste ou na omissão de uma correção.

dessa posição do inconsciente. Mas talvez outros motivos especiais tenham favorecido essa transferência para o 'inocente' relógio da dama. O motivo mais evidente talvez seja que ele supostamente quisesse guardá-lo como um substituto do seu próprio relógio sacrificado, e por isso ele se esqueceu de devolvê-lo no dia seguinte; talvez ele também quisesse ter o relógio como lembrança da dama. Além disso, o esquecimento do relógio da dama ofereceu-lhe a oportunidade de visitar uma segunda vez essa dama que ele admirava; é certo que ele tinha de visitá-la pela manhã por causa de outro assunto, e com o esquecimento do relógio ele parece indicar que seria uma pena usar aquela visita combinada muito tempo antes para o objetivo passageiro de devolver o relógio. Também o esquecimento por duas vezes do próprio relógio e a devolução, assim possibilitada, do relógio alheio falam a favor de que nosso homem, inconscientemente, estava tentando evitar o uso dos dois relógios ao mesmo tempo. É evidente que ele estava arranjando uma maneira de evitar essa aparência de abundância, que estaria em flagrante oposição com a penúria de seu parente; por outro lado, no entanto, ele soube com isso confrontar a sua aparente intenção de se casar com a dama, fazendo a si mesmo a advertência de que tinha obrigações indissolúveis para com sua família (sua mãe). Por último, outra razão para o esquecimento de um relógio de dama pode ser buscada no fato de que, na noite anterior, sendo solteiro, ele se sentia embaraçado diante de conhecidos por ver as horas no relógio feminino, o que ele fez apenas furtivamente, e então, para evitar a repetição da situação penosa, não quis mais levar o relógio consigo. Por outro lado, uma vez que ele tinha de devolvê-lo, também o resultado foi a ação sintomática inconscientemente consumada, que se revela como uma formação de compromisso entre moções de sentimentos conflitantes e como um triunfo duramente conquistado da instância inconsciente" (*Zentralblatt f. Psychoanalyse*, II, 5).

Três observações de J. Stärcke (*ibidem*):

6) *Extravio-quebra-esquecimento – como expressão de uma contravontade refreada*: "De uma coleção de ilustrações para um trabalho científico, um dia eu tive de emprestar algumas ao meu irmão, pois ele queria usá-las como diapositivos em uma conferência. Embora por um momento eu tenha percebido o pensamento de que preferiria não ver essas reproduções colecionadas com grande esforço exibidas ou publicadas de forma alguma antes que eu mesmo pudesse fazê-lo, prometi-lhe que procuraria os negativos das imagens desejadas e com elas confeccionaria os diapositivos. – Mas não consegui encontrar nenhum negativo. Olhei toda a pilha de caixas cheias de negativos relacionados com esse tema, passaram por minhas mãos uns bons 200 negativos um após o outro, mas os negativos que procurava não estavam lá. Suspeitei de que, na realidade, parecia que eu não queria que meu irmão desfrutasse dessas imagens. Depois de eu me ter feito consciente desse pensamento invejoso e de contestá-lo, percebi que eu tinha colocado de lado a caixa que estava em cima da pilha e que eu não a tinha examinado, e essa caixa continha os negativos procurados. Na tampa da caixa havia uma breve anotação sobre seu conteúdo, e é provável que eu tenha lhe dado uma furtiva olhada antes de colocar essa caixa de lado. Mas o pensamento invejoso parecia ainda não estar completamente derrotado, porque aconteceu todo tipo de incidente antes que os diapositivos fossem enviados. Quebrei a chapa de vidro

de uma das molduras dos diapositivos, pressionando-a muito, enquanto a segurava para limpar a parte de vidro (nunca costumo quebrar um diapositivo dessa maneira). Quando mandei fazer um novo exemplar dessa chapa, ela caiu da minha mão e só não quebrou porque estendi o pé e lhe detive a queda. Quando montava as molduras dos diapositivos, a pilha inteira voltou a cair no chão, felizmente sem quebrar nenhum. E, finalmente, passaram-se vários dias antes de eu realmente os embalar e enviar, pois todos os dias eu renovava a intenção de fazê-lo e sempre esquecia de novo."

7) *Esquecimento repetido – ação equivocada na execução final*: "Um dia eu tive de enviar um cartão-postal para um conhecido, mas adiei isso por alguns dias, o que me fez sentir a forte suspeita de que a causa fosse a seguinte: em uma carta ele me informou que no decorrer daquela semana alguém queria me visitar, alguém por cuja visita eu não estava muito ansioso. Quando a semana terminou e diminuíram as perspectivas da visita indesejada, finalmente escrevi o cartão-postal, no qual eu comunicava quando estaria livre para conversar. Quando eu estava escrevendo esse cartão, inicialmente eu queria acrescentar que eu havia sido impedido de escrever por causa do *druk werk* ('trabalho estafante' em holandês), mas no final acabei não escrevendo, porque nenhum ser humano razoável acredita mais nessa desculpa comum. Não sei se essa pequena inverdade estava destinada a se expressar, mas, quando joguei o cartão-postal na caixa do correio, coloquei-o equivocadamente na abertura inferior da caixa: '*Drukwerk*' ('impresso' em holandês)".

8) *Esquecimento e erro*. "Uma garota vai ao Rijksmuseum numa manhã de clima ótimo, para desenhar moldes de gesso. Embora ela tivesse preferido

passear com aquele tempo bom, ela decidiu ser esforçada mais uma vez e desenhar. Primeiro ela teve de comprar papel de desenho. Ela foi à loja (cerca de 10 minutos do museu), comprou lápis e outros utensílios de desenho, mas se esqueceu de comprar justamente o papel. Depois foi ao museu e, quando estava sentada em sua banqueta, pronta para começar, percebeu que estava sem nenhum papel, de modo que se vê obrigada a ir à loja novamente. Depois de buscar papel, ela realmente começa a desenhar, o trabalho caminha bem, e depois de algum tempo ouviu vindo da torre do museu um grande número de badaladas. Ela pensa: 'Já deve ser meio-dia', e continuou trabalhando até o sino da torre bater um quarto de hora ('deve ser 12h15', pensou), guardou seus instrumentos de desenho e decidiu ir passeando pelo Vondelpark até a casa da irmã, para ali tomar café (= segunda refeição holandesa). No Museu Suasso, ela vê, para seu espanto, que em vez de 12h30 era só meio-dia! – O tempo bom e atraente ludibriou sua dedicação, e por isso, quando o sino da torre deu 12 badaladas, às 11h30, ela não pensou que um sino de torre também bate a cada meia hora."

9) Como algumas das observações acima mostram, a tendência perturbadora inconsciente também pode alcançar sua intenção, repetindo com persistência o mesmo tipo de ato falho. Tomo um exemplo divertido sobre isso de um livreto, *Frank Wedekind e o teatro*, que foi publicado em Munique, pela editora Drei Masken, mas tenho de deixar ao autor do livro a responsabilidade de contar essa historieta, contada à maneira de Mark Twain:

"Na peça de um ato de Wedekind *A censura* [*Die Zensur*], declara-se na passagem mais solene da peça: '*o temor da morte é um erro de pensamento*'. O autor, que gostava muito desse trecho, solicitou ao ator no ensaio que fizesse uma pequena pausa antes da palavra *'Denkfehler'* [erro de pensamento]. À noite – o ator entregou-se plenamente ao seu papel, e até observou a pausa com exatidão, mas involuntariamente disse no mais solene dos tons: 'O temor da morte é um *Druckfehler'* [erro de impressão]. Em resposta à pergunta do ator, o autor assegurou-lhe, ao final da apresentação, que ele não tinha a menor crítica a fazer, só que o trecho em questão não era que o medo da morte é um erro de impressão, mas um erro de pensamento. – Quando *Die Zensur* foi repetida na noite seguinte, o ator disse, no trecho já sabido e na verdade novamente no tom mais solene: 'O medo da morte é um – *Denkzettel'* [lembrete]. Wedekind mais uma vez teceu ao ator elogios ilimitados, apenas observando de passagem que não era o medo da morte um lembrete, mas um erro de pensamento. – Na noite seguinte, *Die Zensur* foi encenada mais uma vez, e o ator, com quem o autor nesse meio-tempo travou amizade e trocou opiniões sobre questões artísticas, disse, quando chegou ao trecho, com a expressão mais solene do mundo: 'O temor da morte é um... *Druckzettel'* [folha impressa]. – O ator recebeu o reconhecimento incondicional do autor, o único ato ainda foi repetido muitas vezes, mas o conceito de 'erro do pensamento' teve de ser dado como liquidado pelo autor de uma vez por todas."

Rank também deu atenção às relações muito interessantes entre "Ato falho e sonho" (*Zentralbl. f. Psychoanalyse*, II, p. 266 e *Internat. Zeitschrift f. Psychoanalyse*, III, p. 158), mas às quais não se pode apreciar sem uma análise detalhada do sonho ligado ao ato falho. Sonhei uma vez, dentro de um contexto mais longo, que havia perdido minha carteira. De manhã, realmente senti falta dela ao me vestir; eu tinha me esquecido de tirá-la do bolso da calça e colocá-la em seu lugar habitual, quando eu me despi na noite anterior ao sonho. Portanto, esse esquecimento não me era desconhecido, e provavelmente estava destinado a expressar um pensamento inconsciente que estava preparado para aflorar no conteúdo do sonho.[91]

Não quero afirmar que esses casos de atos falhos combinados possam ensinar algo novo, que já não tivesse podido ser deduzido dos casos simples, mas é certo que essa mudança de forma do ato falho quando o mesmo resultado é preservado dá a vívida impressão de uma vontade que se esforça por alcançar uma meta determinada, e contradiz de uma forma muito mais enérgica a concepção de que o ato falho seja algo casual e não requeira interpretação. Também deve atrair a nossa atenção o fato de que, nesses exemplos, uma intenção consciente fracasse de maneira tão radical em impossibilitar o êxito do ato falho. Meu amigo não conseguiu ir à reunião da sociedade, e a dama se sente incapaz de se separar da medalha. Esse desconhecido que se opõe

---

[91] Não é raro que um ato falho como perder ou colocar algo em lugar errado seja desfeito por meio de um sonho em que se fica descobre onde pode ser encontrado o objeto perdido; mas isso não tem nada a ver com a natureza do oculto, desde que o sonhador e quem perdeu sejam a mesma pessoa. Uma jovem dama escreve: "Há mais ou menos quatro meses – no banco – perdi um anel muito bonito. Vasculhei em cada canto do meu quarto, mas não o encontrei. Há uma semana, sonhei que ele estava junto ao aquecedor da calefação. Naturalmente esse sonho não me deixou tranquila, e na manhã seguinte eu o encontrei realmente naquele lugar". Ela fica admirada com esse incidente e afirma que com frequência lhe acontece de se realizarem dessa maneira seus pensamentos e desejos, mas deixa de se perguntar que alteração se produziu em sua vida entre a perda e a recuperação do anel.

a essas intenções encontra outra saída depois que lhe foi bloqueado o primeiro caminho. É que, para superar o motivo ignorado, é necessário algo ainda diferente da intenção contrária consciente; seria preciso um trabalho psíquico que trouxesse o desconhecido para a consciência.

XII
DETERMINISMO, CRENÇAS NO ACASO E NA SUPERSTIÇÃO – CONSIDERAÇÕES

Como resultado geral de cada uma das discussões anteriores, podemos apresentar a seguinte visão: *Certas insuficiências de nossas operações psíquicas* – cujo caráter comum deverá ser mais bem definido logo adiante – *e certas execuções aparentemente não intencionais revelam, quando a elas se aplica o procedimento da investigação psicanalítica, estar bem motivadas e determinadas por motivos não conhecidos pela consciência.*

Para ser incluído na classe dos fenômenos que admitem essa explicação, um ato falho psíquico tem de cumprir as seguintes condições:

a) Não deve ultrapassar certa medida estabelecida, determinada por nossa avaliação, e ser caracterizada pela expressão "dentro da amplitude do normal".

b) Ela deve ter o caráter de uma perturbação momentânea e passageira. É preciso que tenhamos executado antes a mesma operação da maneira mais correta ou que nos acreditemos capazes de executá-la mais corretamente em qualquer ocasião. Se formos corrigidos por outra pessoa, temos de reconhecer de imediato a exatidão dessa correção e a inexatidão do nosso próprio processo psíquico.

c) Se chegarmos a perceber o ato falho, não devemos sentir em nós próprios nenhum resquício de uma motivação para ele, mas antes devemos ficar tentados a explicá-lo como "desatenção" ou ainda como uma casualidade.

Permanecem assim nesse grupo os casos de esquecimento [*Vergessen*] e os erros [*Irrtümer*] cometidos apesar de se saber realizar a ação, o lapso verbal [*Versprechen*], o lapso na leitura [*Verlesen*] e na escrita [*Verschreiben*], os equívocos na ação [*Vergreifen*] e as chamadas ações casuais [*Zufallshandlungen*].

A mesma composição com o prefixo "*ver-*" indica, na maioria desses fenômenos, a identidade linguística interna. Mas ao esclarecimento desses processos psíquicos assim definidos vincula-se uma série de observações que, em parte, podem despertar um interesse de maior alcance.

A) Quando expomos uma parte de nossas operações psíquicas como inexplicáveis através de representações-meta, subestimamos [*verkennen*] o alcance do determinismo na vida psíquica. Tanto aqui como em outros âmbitos, ele tem um alcance maior do que suspeitamos. No ano 1900, encontrei, em um artigo do historiador de literatura R. M. Meyer publicado no jornal *Die Zeit*, exposta e explicada com exemplos, a visão de que é impossível compor um absurdo [*Unsinn*] de modo intencional e arbitrário. E há muito tempo eu sei que não se pode fazer com que um número ocorra por livre escolha, assim como não se pode fazê-lo com um nome. Se investigamos um número formado de maneira aparentemente arbitrária, por exemplo, uma formação numérica de vários algarismos enunciada por brincadeira ou por bom humor, revela-se a sua rigorosa determinação como não acreditaríamos possível. Agora eu quero discutir brevemente um exemplo de um prenome arbitrariamente escolhido e depois analisar com mais detalhe um exemplo análogo de um número "dito sem pensar".

1) Quando eu estava preparando para publicação a história clínica [*Krankengeschichte*] de uma das minhas pacientes, ponho-me a considerar o nome que devo dar a ela no trabalho. A escolha parece muito ampla; certamente alguns nomes ficam excluídos de antemão, em primeira linha o nome verdadeiro, depois os nomes dos membros da minha própria família, com os quais eu ficaria chocado, e talvez alguns outros nomes femininos com som particularmente singular, mas, além disso, eu não deveria ter dificuldade em encontrar um nome. Seria de se esperar, e eu mesmo o esperava, que houvesse uma grande porção de nomes femininos a meu dispor. Em vez disso, emergiu um único nome e nenhum outro ao lado dele: *Dora*. Pergunto por seu determinismo. Quem mais se chama Dora? Descrente, eu gostaria de rechaçar a ocorrência que se seguiu, que dizia que esse era o nome da babá da minha irmã. Mas eu tenho tanta autodisciplina ou tanta prática em analisar que retive a ocorrência e continuei tecendo o fio. Então me ocorreu imediatamente um pequeno incidente da noite anterior, que trouxe o determinismo procurado. Eu vi na mesa na sala de jantar da minha irmã uma carta com o sobrescrito: "Para a Srta. Rosa W.". Espantado, pergunto quem tem esse nome e fico sabendo que a suposta Dora na realidade se chama Rosa, mas ela teve de deixar seu nome ao se empregar na casa, porque também minha irmã poderia achar que a interpelação de "Rosa" estivesse se referindo à sua própria pessoa. Eu disse, lamentando, pobres pessoas, nem mesmo seu próprio nome elas podem conservar! De acordo com o

que lembro agora, fiquei em silêncio por um momento e comecei a pensar em todo tipo de coisas sérias que se perdiam na obscuridade, mas que agora eu poderia facilmente tornar conscientes. No dia seguinte, quando eu estava procurando um nome para uma pessoa *que não podia conservar o seu*, não me ocorreu nenhum outro além de "Dora". A exclusividade desse nome fundamenta-se em uma sólida conexão de conteúdo, pois na história de minha paciente uma influência decisiva, também para o curso do tratamento, proveio de uma pessoa empregada em casa alheia, uma governanta.

Esse pequeno acontecimento encontrou, anos depois, uma continuação inesperada. Certa vez, quando eu expunha em minha conferência o caso clínico há muito tempo publicado da moça que agora se chamava Dora, ocorreu-me que uma das minhas duas ouvintes tinha esse mesmo nome Dora, e que eu tive de pronunciá-lo com tanta frequência nas mais diferentes conexões, e voltei-me então para a jovem colega, a quem eu também conhecia pessoalmente, com a desculpa de que eu realmente não tinha pensado no fato de ela também ter esse nome, mas estaria disposto a substituí-lo por outro na conferência. Agora eu tinha então a tarefa de escolher outro nome rapidamente, e considerei que agora só não podia chegar ao nome da outra ouvinte, pois assim daria um mau exemplo a meu colega já instruído em psicanálise. Então fiquei muito satisfeito quando me ocorreu, para substituir *Dora*, o nome *Erna*, do qual me servi na apresentação. Após a conferência, perguntei-me de onde poderia ter vindo o nome Erna, e tive de rir quando percebi que a temida possibilidade ainda assim tinha prevalecido, pelo menos em parte, na escolha do nome substituto. O sobrenome da outra senhora era *Lucerna*, do qual *Erna* é uma parte.

2) Em uma carta a um amigo, anunciei-lhe que tinha terminado de corrigir as provas de *A interpretação do sonho* e que não queria mudar mais nada na obra, "mesmo que ela contenha 2.467 erros". Imediatamente tentei explicar esse número a mim mesmo e acrescentei a pequena análise ainda como um pós-escrito à carta. Será melhor citá-la agora como eu a escrevi na época, quando me peguei em flagrante:

"Acrescento ainda rapidamente uma contribuição para a psicopatologia da vida cotidiana. Você encontra na carta o número 2.467 como uma atrevida estimativa arbitrária dos erros que serão encontrados no livro dos sonhos. Isso quer dizer: qualquer número grande, e então apareceu esse. Mas não há nada arbitrário ou indeterminado no psíquico. Portanto, você vai esperar, com direito, que o inconsciente tenha se apressado a determinar o número que foi liberado pelo consciente. Mas eu tinha justamente acabado de ler no jornal que um general E. M. havia se aposentado como comandante de artilharia. Você deve saber que esse homem me interessa. Enquanto eu servia como cadete-médico militar e ele era coronel nessa época, um dia ele entrou na enfermaria e disse ao médico: 'O senhor tem de me curar sem falta em oito dias, porque tenho trabalho a fazer pelo qual o imperador está esperando'. Naquele momento eu me propus a acompanhar a carreira desse homem, e, veja só, hoje (1899) ele a terminou, é comandante de artilharia e já está na reserva. Eu quis calcular em quanto tempo ele percorreu esse caminho, e supus que eu o tinha visto no hospital em 1882. Seriam, portanto, 17 anos. Contei isso a minha esposa, e ela observou: 'Então você também já não deveria estar aposentado?'. E eu protestei: Deus me livre! Depois dessa conversa, sentei-me à mesa para escrever para você. Mas o movimento anterior de pensamento prosseguiu e com bom motivo. A conta tinha sido calculada de modo errado; para isso eu tenho um ponto firme em minha lembrança. Comemorei minha maioridade, meu aniversário de 24 anos, na prisão militar (por ter-me ausentado sem autorização). Então isso foi em 1880; há *19* anos. Aí você tem então o número *24* de 2.467! Tome agora o número da minha idade atual, *43*, e adicione *24* anos, e você terá os *67*! Ou seja, à pergunta sobre se eu também quero me aposentar, concedi-me no desejo mais 24 anos de trabalho. É evidente que eu estava magoado por não ter eu mesmo progredido muito durante o intervalo em que acompanhei o coronel M., mas, mesmo assim, senti uma espécie de triunfo por ele já ter terminado, enquanto eu ainda tenho tudo pela frente. Por isso, pode-se dizer com razão que nem mesmo esse número 2.467, que eu disse sem intenção, deixou de ter a sua determinação a partir do inconsciente."

3) Desde esse primeiro exemplo de esclarecimento de um número escolhido de modo aparentemente arbitrário, repeti o mesmo experimento muitas vezes com o mesmo resultado; porém, a maioria dos casos tem um conteúdo tão íntimo que não é possível comunicá-lo.

Contudo, exatamente por isso não quero deixar de acrescentar aqui uma análise muito interessante de uma "ocorrência de número" que o Dr. Adler (Viena) obteve de seu informante e conhecido "completamente saudável".[92] "Ontem à noite" – assim relata esse informante – "mergulhei na *Psicopatologia da vida cotidiana*, e logo teria lido o livro todo, se não tivesse sido impedido por um incidente notável. Acontece que, quando eu li que todo número evocado à consciência de modo aparentemente

---

[92] *Psych.-Neur. Wochenschr.*, n. 28, 1905.

arbitrário tem um sentido determinado, decidi fazer um experimento. Ocorreu-me o número 1.734. *E então precipitaram-se as seguintes ocorrências: 1.734 : 17 = 102; 102 : 17 = 6.* Depois fracionei o número em 17 e 34. Eu tenho 34 anos. Considero, como creio ter-lhe dito certa vez, que os 34 anos são o final da juventude, e por isso me senti de modo miserável em meu último aniversário. No final do meu 17° ano, iniciou-se para mim um período muito bonito e interessante de meu desenvolvimento. Eu divido minha vida em períodos de 17 anos. O que significam essas divisões? A respeito do número 102, ocorre-me que o número 102 da Biblioteca Universal Reclam é a peça de Kotzebue *Misantropia e remorso* [*Menschenhass und Reue*].

"Meu estado psíquico atual é de misantropia e remorso. O número 6 da B.U. (eu conheço de cor uma multiplicidade de números) é *A culpa* [*Die Schuld*], de Müllner. Sou constantemente atormentado pelo pensamento de que por minha culpa não cheguei a ser o que poderia ter sido de acordo com minhas aptidões. Além disso, ocorreu-me que o número 34 da B.U. contém um conto do mesmo Müllner, intitulado 'O calibre' [Der Kaliber]. Eu fraciono a palavra em 'ca-libre' [*Ka-liber*]; e logo me ocorre que ela contém as palavras '*Ali*' e '*Kali*' [potássio]. Isso me lembra que certa vez fiz rimas com meu filho, Ali, de 6 anos. Pedi-lhe para procurar uma rima para Ali. Não lhe ocorreu nenhuma, e, como ele quis uma das minhas rimas, eu lhe disse: '*Ali reinigt den Mund mit hypermangansaurem Kali*' [Ali limpa a boca com permanganato de potássio]. Nós rimos muito, e Ali estava muito meigo [*lieb*]. Nos últimos dias tive de constatar com desgosto que ele '*ka (kein) lieber Ali sei*' [não era o meigo Ali].

"Então me perguntei: O que é o número 17 da B.R.?, mas não consegui trazê-lo à tona. Já que antigamente eu o sabia com toda a certeza, supus que eu quisesse esquecer esse número. Toda a reflexão foi em vão. Eu quis continuar lendo, mas lia apenas mecanicamente, sem entender uma palavra, pois o 17 estava me atormentando. Apaguei a luz e continuei procurando. Finalmente, ocorreu-me que o número 17 devia ser uma peça de Shakespeare. Mas qual? Ocorreu-me: *Hero and Leander*. Evidentemente uma tentativa ridícula da minha vontade de me distrair. Finalmente me levanto e procuro o catálogo da B.U. O n. 17 é *Macbeth*. Para minha perplexidade, tive de constatar que não sabia quase nada sobre a peça, embora eu não tenha me ocupado menos dela do que de outros dramas de Shakespeare. Só me ocorre: assassino, Lady Macbeth, bruxas, 'o belo é vil' e que, certa vez, eu tinha achado muito bonita a versão de Schiller para *Macbeth*. Sem dúvida, portanto, eu quis esquecer a peça. Ocorreu-me ainda que 17 e 34, divididos por 17, resultam em 1 e 2. Os números 1 e 2 da B.U. são o *Fausto*, de Goethe. Antigamente eu encontrava em mim muito de fáustico."

Temos de lamentar que a discrição do médico não nos tenha concedido nenhuma visão do significado dessa série de ocorrências. Adler observa que esse homem não chegou à síntese de suas discussões. Quanto a estas, dificilmente nos pareceriam merecer ser comunicadas, se em sua continuação não aflorasse algo que nos colocasse na mão a chave para compreender o número 1.734 e toda a série de ocorrências.

"Hoje de manhã tive sem dúvida uma vivência que fala muito em favor da justeza da concepção freudiana. Minha esposa, que eu acordei ao levantar à noite, perguntou-me o que eu queria afinal com o catálogo da B.U. Contei-lhe a história. Ela achava que tudo era um palavreado inútil, só aceitando – o que é muito interessante

– o *Macbeth*, contra o qual eu tinha me defendido tanto. Ela disse que não lhe ocorria absolutamente nada quando pensava em um número. Respondi: 'Vamos fazer um teste'. Ela mencionou o número 117. Eu imediatamente retruquei: '17 é uma referência ao que te contei, e, além disso, ontem eu disse que, quando uma mulher tem 82 anos, e o marido 35, há uma terrível desproporção'. Há alguns dias, tenho importunado minha mulher, dizendo que ela é uma vovozinha de 82 anos. 82 + 35 = 117."

O marido, que não soube qual era o determinismo de seu próprio número, descobriu imediatamente a solução quando sua esposa lhe deu um número supostamente escolhido de modo arbitrário. Na verdade, a mulher tinha captado muito o complexo de onde provinha o número de seu marido e escolheu seu próprio número a partir do mesmo complexo, que era certamente comum a ambas as pessoas, já que nele se tratava da relação entre a idade de ambos. Agora ficou fácil traduzir o número que ocorreu ao marido. Ele expressa, como sugere Adler, um desejo reprimido do marido, que, ao ser desenvolvido por inteiro, diria: "Para um homem de 34 anos, como eu, só convém uma mulher de 17 anos".

Para que não se menospreze excessivamente essas "brincadeiras", quero acrescentar que soube recentemente pelo Dr. Adler, ou seja, que um ano após a publicação dessa análise, o marido se divorciou de sua esposa.[93]

---

[93] Para esclarecer o *Macbeth* no número 17 da B.U., Adler me comunica que, quando a pessoa em questão estava em seu 17º ano de vida, ingressou em uma sociedade anarquista, cuja meta era o regicídio. Foi por isso, sem dúvida, que o conteúdo de *Macbeth* caiu no esquecimento. Naquela época, a mesma pessoa inventou uma escrita secreta em que as letras eram substituídas por números.

4) Esclarecimentos semelhantes fornece Adler sobre a origem de números obsessivos. Também a escolha dos chamados "números favoritos" não deixa de se relacionar com a vida da pessoa em questão nem deixa de ter certo interesse psicológico. Um homem que admitiu ter predileção particular pelos números 17 e 19 pôde indicar, depois de refletir um pouco, que aos 17 anos havia alcançado a tão almejada liberdade acadêmica, ingressando na universidade, e que, aos 19 anos, fizera sua primeira grande viagem e, logo depois, sua primeira descoberta científica. Mas a fixação dessa preferência se produziu dois lustros [10 anos][94] depois, quando esses mesmos números ganharam importância em sua vida amorosa. – De fato, mesmo os números que são usados por uma pessoa com uma frequência especial em certo contexto de maneira aparentemente arbitrária admitem ser reconduzidos, através da análise, a um sentido inesperado. Foi assim que um dia um de meus pacientes notou que, quando ficava aborrecido, ele costumava dizer: eu já te disse isso de 17 a 36 vezes, e ele se perguntou se havia alguma motivação também para isso. Em seguida lhe ocorreu que ele tinha nascido em um dia 27 do mês, ao passo que seu irmão mais novo, em um dia 26, e que ele tinha razão para se queixar de que o destino lhe tivesse roubado tanto dos bens da vida, para voltá-los a esse irmão mais novo. Assim, ele figurava essa parcialidade do destino deduzindo 10 de sua data de nascimento e adicionando-os à data do irmão. "Eu sou o mais velho, e ainda assim fui reduzido desse modo."

---

[94] *"Zwei Lustren"*, em português: "dois lustros". Lustro é uma medida de tempo, e cada lustro equivale a cinco anos, portanto, dois lustros resultam em 10 anos. (N.T.)

5) Quero me deter por mais tempo nas análises de ocorrências de número, pois não conheço quaisquer outras observações que pudessem provar de maneira tão convincente a existência de processos de pensamento altamente complexos, dos quais a consciência ainda não tem nenhuma notícia, e, por outro lado, também não conheço nenhum exemplo melhor de análise em que seja desconsiderada com tanta certeza a colaboração que se deve imputar ao médico (a sugestão). Por isso, vou comunicar a análise da ocorrência de um número de um dos meus pacientes (com o seu consentimento), de quem só preciso indicar que ele é o mais novo de uma longa série de filhos e que ainda muito jovem perdeu o pai, que admirava. Com um humor particularmente alegre, ele se deixa ocorrer o número *426.718* e se faz a pergunta: "Então, o que me ocorre em relação a isso? Primeiro um chiste que ouvi: 'Se um resfriado recebe tratamento médico, dura 42 dias, mas se o deixamos sem tratamento – 6 semanas'". Isso corresponde aos primeiros algarismos do número 42 = 6 × 7. Na hesitação que tomou conta dele após essa primeira solução, faço-o notar que o número de seis algarismos que ele escolheu continha todos os primeiros algarismos, exceto o 3 e o 5. Então ele descobre imediatamente a continuação da interpretação. "Somos sete irmãos, e eu sou o mais novo. O 3 corresponde na série dos filhos à irmã A., e o 5, ao irmão L., que eram meus dois inimigos. Quando criança, eu costumava rezar a Deus todas as noites para que ele chamasse da vida esses meus dois espíritos atormentadores. Agora me parece que nesse caso eu mesmo realizei esse desejo; 3 e 5, o irmão malvado e a irmã odiada, foram ignorados." – Se o número significa a série de seus irmãos, o que quer dizer o 18 no final? Pois vocês eram

apenas sete. – "Pensei muitas vezes que, se meu pai tivesse vivido por mais tempo, eu não teria permanecido o filho mais novo. Se tivesse chegado mais um, teríamos sido oito, e eu teria tido depois de mim uma criança menor em relação à qual eu faria o papel de irmão mais velho."

Assim ficava esclarecido o número, mas ainda devíamos estabelecer o nexo entre a primeira parte da interpretação e a segunda. Isso resultou muito fácil a partir da condição necessária para os últimos números: se meu pai tivesse vivido mais tempo. $42 = 6 \times 7$ significava o desprezo pelos médicos que não tinham sido capazes de ajudar o pai e sob essa forma expressava, portanto, o desejo de que seu pai continuasse vivendo. O número inteiro correspondia, na verdade, à realização de seus dois desejos infantis referentes ao seu círculo familiar, de que os dois irmãos malvados morressem e que chegasse depois dele um novo irmãozinho, ou, expresso mais resumidamente: Se ao menos esses dois tivessem morrido em vez do pai querido![95]

6) Um pequeno exemplo de minha correspondência: um diretor dos telégrafos em L. escreve que seu filho de 18 anos e meio, que quer estudar Medicina, já está se ocupando com a *Psicopatologia da vida cotidiana* e procurando convencer seus pais da correção de minhas elaborações. Reproduzo em seguida um dos experimentos realizados por ele, sem me pronunciar sobre a discussão ligada a ele.

"Meu filho estava conversando com minha esposa sobre a chamada casualidade e lhe explicava que ela não poderia nomear nenhuma canção ou número que

---

[95] Para simplificar, omiti algumas ocorrências intermediárias do paciente, que também eram pertinentes.

realmente lhe ocorressem 'por acaso'. Desenvolveu-se então a seguinte conversa: Filho: Diga-me qualquer número. – Mãe: 79. – Filho: O que te ocorre a respeito disso? – Mãe: Eu penso no lindo chapéu que vi ontem. – Filho: Quanto ele custava? – Mãe: 158 marcos. – Filho: Aí está: 158 : 2 = 79. O chapéu te pareceu muito caro, e você sem dúvida pensou: 'Se ele custasse a metade, eu o compraria'.

Contra esses exercícios de meu filho levantei, antes de tudo, a objeção de que as damas geralmente não sabem calcular muito bem e que também à mãe dele certamente não teria ficado claro que 79 é a metade de 158. Sua teoria, portanto, pressupunha o fato, bastante improvável, de que o subconsciente calculava melhor do que a consciência normal. 'De modo algum!', recebi como resposta; 'supondo que a mamãe não tenha feito o cálculo 158 : 2 = 79, ela pode muito bem ter visto essa equivalência em alguma ocasião; e até num sonho ela pode ter se ocupado do chapéu e ter então percebido com clareza quanto ele custaria se fosse apenas a metade.'"

7) Outra análise de números é tomada de Jones (*ibidem*, p. 478). Um senhor conhecido dele deixou que lhe ocorresse o número 986 e, depois, desafiou-o a relacioná-lo com qualquer coisa que ele pensasse. "A associação imediata da pessoa do experimento foi a lembrança de uma piada esquecida há muito tempo. Seis anos antes, no dia mais quente do ano, um jornal publicou uma nota de que o termômetro mostrava 986 graus Fahrenheit, o que era, evidentemente, um exagero grotesco de 98.6 graus F., em relação à situação real do termômetro! Durante essa conversa, estávamos sentados em frente a uma lareira muito quente, da qual ele se afastou, comentando, provavelmente com razão, que o forte calor o havia levado a essas lembranças. Mas não

me dei por satisfeito facilmente e exigi saber por que justamente essa lembrança tinha ficado gravada nele tão firmemente. Ele me contou que havia rido tanto dessa piada que se divertia com ela toda vez que ela lhe ocorria de novo. Mas, como eu não conseguia achar nada particularmente bom naquela piada, minha expectativa de um sentido secreto por trás dela só foi reforçada. Seu pensamento seguinte foi de que a representação do calor sempre significou muito para ele. O calor seria a coisa mais importante do mundo, a fonte de toda vida etc. Um entusiasmo como esse em um jovem tão prosaico exigia reflexão; pedi-lhe para continuar com suas associações. O que lhe ocorreu em seguida foi a chaminé de uma fábrica que ele podia ver do seu quarto. À noite, era frequente ele olhar fixamente a fumaça e o fogo que saíam dela, refletindo sobre o deplorável desperdício de energia. Calor, fogo, a fonte de toda vida, o desperdício de energia saindo de um alto tubo oco – não foi difícil adivinhar por essas associações que as representações de calor e fogo estavam vinculadas nele com a representação do amor, como é comum no pensamento simbólico, e que um forte complexo de masturbação havia motivado a ocorrência de seus números. Não sobrou outra opção a ele a não ser confirmar minha suposição."

Quem quiser obter uma boa impressão do modo como o material dos números é elaborado no pensamento inconsciente, remeto ao artigo de C. G. Jung "Contribuição ao conhecimento do sonho com números" (*Zentralbl. für Psychoanalyse*, I, 1911) e a outro de E. Jones, "Manipulações inconscientes de números" (*ibid.*, II, 5. 1912).

Em análises próprias dessa natureza, duas coisas me são particularmente notáveis: primeiro, a certeza francamente sonambúlica com que me lanço em direção à meta que me é desconhecida, mergulhando em um movimento calculista de pensamento que então chega de repente ao número procurado, e a rapidez com que se consuma todo o trabalho posterior; segundo, a circunstância de, no entanto, os números se colocarem tão prontamente à disposição para o meu pensamento inconsciente, apesar de eu ser um mau calculador e ter as maiores dificuldades em gravar conscientemente anos, números de residência e coisas semelhantes. Além disso, nessas operações inconscientes de pensamento com números encontro uma inclinação à superstição, cuja origem permaneceu desconhecida para mim por um longo tempo.[96]

---

[96] O Sr. Rudolf Schneider, em Munique, levantou uma objeção interessante contra a força probatória dessas análises de números (Sobre a investigação freudiana das ocorrências de números [Zu Freuds analytischer Untersuchung des Zahleneinfalles]. *Internat. Zeitschr. für Psychoanalyse*, 1920, Heft 1). Ele tomava números dados, por exemplo, o primeiro que lhe saltava à vista ao abrir uma obra de história, ou propunha a outra pessoa um número escolhido por ele, e observava então se também em relação a esse número imposto surgiam ocorrências aparentemente determinantes. Isso era realmente o que acontecia; em um dos exemplos comunicados, que se referia a ele mesmo, as ocorrências revelaram um determinismo tão abundante e pleno de sentido como em nossas análises de números que surgem espontaneamente; enquanto, no experimento de Schneider, o número que era dado de fora não necessitava de determinismo algum. Num segundo experimento com uma pessoa estranha, é evidente que ele facilitou demais, pois o número que ele deu para ela foi 2, para o qual toda pessoa consegue encontrar o determinismo através de algum material. – R. Schneider conclui então duas coisas de suas experiências: em primeiro lugar, "o psíquico possui em relação aos números as mesmas possibilidades de associação que em relação aos conceitos"; em segundo lugar, o surgimento de associações determinantes para as ocorrências espontâneas de números prova absolutamente que esses números tenham se originado dos pensamentos descobertos em sua "análise". A primeira conclusão está então correta. É tão fácil associar algo apropriado a um dado número quanto a uma palavra pronunciada, na verdade, talvez seja

E não nos surpreenderá descobrir que não apenas os números, mas também as ocorrências de palavras de outra natureza revelam-se regularmente bem determinadas à investigação analítica.

8) Um belo exemplo de derivação de uma palavra obsessiva, isto é, persecutória encontra-se em Jung (*Diagnost. Assoziationsstudien*, IV, p. 215). "Uma dama contou-me que por vários dias estava-lhe constantemente à boca a

---

até mais fácil, já que a possibilidade de vinculação dos poucos signos de número é particularmente grande. Assim nos encontraríamos simplesmente na situação do chamado experimento de associação, estudado desde os mais variados ângulos pela escola de Bleuler e Jung. Nessa situação, a ocorrência (reação) é determinada pela palavra dada (palavra-estímulo). Mas essa reação poderia ser de natureza ainda muito diversa, e os experimentos de Jung demonstraram que nem mesmo a distinção posterior é deixada ao "acaso", mas que os "complexos" inconscientes participaram do determinismo quando foram tocados pela palavra-estímulo. – A segunda conclusão de Schneider vai longe demais. Do fato de que para os números dados (ou palavras) surjam ocorrências adequadas não se segue nada, no que diz respeito à derivação de números (ou palavras) de emergência espontânea, além do que já era levado em consideração antes do conhecimento desse fato. Essas ocorrências (palavras ou números) poderiam ser indeterminadas ou estar determinadas pelos pensamentos que se produzem na análise ou por outros pensamentos que não se revelaram na análise, caso em que a análise nos teria conduzido por um caminho errado. Só precisamos nos livrar da impressão de que esse problema com os números seria diferente do que com as ocorrências de palavra. Uma investigação crítica do problema e também uma justificativa da técnica psicanalítica das ocorrências não estão no propósito deste livro. Na prática analítica, parte-se do pressuposto de que a segunda das possibilidades mencionadas se verifica e é aplicável na maioria dos casos. As investigações de um psicólogo experimental ensinaram que ela é de longe a mais provável (*Poppelreuter*). (Veja a propósito as notáveis constatações de Bleuler em seu livro: *O pensamento autístico-indisciplinado* [*Das autistisch-undisziplinierte Denken*] etc., 1919, cap. 9: Das probabilidades do conhecimento psicológico [Von den Wahrscheinlichkeiten der psychologischen Erkenntnis].)

palavra '*Taganrog*', sem que ela tivesse alguma ideia sobre de onde ela vinha. Eu perguntei à dama a respeito dos acontecimentos carregados de afetos e desejos recalcados do passado recente. Depois de alguma hesitação, contou-me que gostaria muito de ter um 'roupão' [*Morgenrock*], mas o marido não tinha nisso o interesse que ela desejava. '*Morgenrock: Tag-an-Rock*' [roupão: roupa do dia], vê-se o parentesco parcial de sentido e de som. A determinação da forma russa vem do fato de que quase na mesma época a dama tinha conhecido uma personalidade de *Taganrog*."

9) Ao Dr. E. Hitschmann devo a resolução de outro caso em que, estando alguém em uma determinada localidade, um verso se lhe impôs repetidamente como ocorrência, sem que se divisassem nem sua origem nem suas relações.

"Narração de E., doutor em Direito: há seis anos viajei de Biarritz para San Sebastian. A linha férrea cruza o rio Bidasoa, que nesse ponto define a fronteira entre França e Espanha. Sobre a ponte tem-se uma bela vista, de um lado, sobre um amplo vale e os Pireneus; e, do outro lado, o mar distante. Era um belo e resplandecente dia de verão, tudo estava inundado de Sol e luz, eu estava em uma viagem de férias e me alegrava por estar chegando à Espanha – e então me ocorreram os versos: 'Mas a alma já está livre, flutuando no mar de luz' [*Aber frei ist schon die Seele, schwebet in dem Meer von Licht*].

"Eu me lembro de que naquela época comecei a pensar de onde eram esses versos e não consegui me lembrar; pelo ritmo, as palavras tinham de ter vindo de um poema, mas este tinha escapado inteiramente à minha lembrança. Acredito que depois, quando os versos por repetidas vezes me passaram pela cabeça, perguntei a várias pessoas sobre eles sem conseguir averiguar coisa alguma.

"No ano passado, regressando de uma viagem à Espanha, passei pelo mesmo trecho da linha ferroviária. Era uma noite escura como o breu e estava chovendo. Olhei pela janela para ver se já estávamos chegando ao posto da fronteira e percebi que estávamos na ponte sobre o Bidasoa. Imediatamente me voltaram à memória os versos citados acima e novamente não pude me lembrar de sua origem.

"Vários meses depois, em casa, caíram em minhas mãos os poemas de Uhland. Abri o volume e meu olhar pousou sobre os versos: 'Mas a alma já está livre, flutuando no mar de luz' [*Aber frei ist schon die Seele, schwebet in dem Meer von Licht*], que configuram o final de um poema: 'O peregrino' [Der Waller]. Eu li o poema e me lembrei então bastante obscuramente de tê-lo conhecido certa vez há muitos anos. A cena da ação se passa na Espanha, e essa me pareceu configurar a única relação entre os versos citados e o local da linha férrea descrito por mim. Fiquei apenas parcialmente satisfeito com a minha descoberta e continuei folheando o livro mecanicamente. Os versos 'Mas já está livre... etc.' [*Aber frei ist schon... etc.*] eram os últimos de uma página. Ao folheá-la, encontrei na página seguinte um poema com o título: 'A ponte sobre o Bidasoa'.

"Observo ainda que o conteúdo desse último poema me pareceu ser quase mais estranho que o do primeiro, e que seus primeiros versos dizem: 'Na ponte de Bidasoa está um santo grisalho pela idade, à direita abençoa as montanhas espanholas, à esquerda abençoa o cantão francês' [*Auf der Bidassoabrücke steht ein Heiliger altersgrau, Segnet rechts die span'schen Berge, segnet links den fränk'schen Gau*]."

B) Talvez essa visão do determinismo dos nomes e números aparentemente escolhidos de maneira arbitrária possa contribuir para aclarar outro problema. Contra a suposição de um total determinismo psíquico, muitas pessoas, como se sabe, invocam um sentimento particular de convicção em favor da existência de uma vontade livre. Esse sentimento de convicção existe e também não cede à crença no determinismo. Como todos os sentimentos normais, ele tem de ter alguma coisa que o justifique. Mas, até onde eu pude observá-lo, ele não se manifesta nas grandes e importantes decisões voluntárias; nessas ocasiões, tem-se muito mais a sensação da compulsão psíquica, e de bom grado a invocamos ("Aqui eu fico, não sei fazer de outro modo"[97]). Em contrapartida, é justamente nas decisões indiferentes e insignificantes que se prefere assegurar que teria sido igualmente possível agir de forma diferente, que se agiu por uma vontade livre, e não motivada. De acordo com nossas análises, não é preciso contestar a legitimidade do sentimento de convicção da vontade livre. Se introduzimos a distinção entre a motivação vinda do consciente e motivação oriunda do inconsciente, esse sentimento de convicção nos informa que a motivação consciente não se estende a todas as nossas decisões motoras. *Minima non curat praetor* [O pretor não se ocupa de minúcias]. Mas o que assim é deixado livre por um lado recebe sua motivação de outro lado, do inconsciente, e desse modo se realiza o determinismo no psíquico completamente sem lacuna.[98]

---

[97] Famosa frase de Lutero em sua Dieta de Worms, de 1521. (N.R.)

[98] Esses pontos de vista sobre o rigoroso determinismo de ações psíquicas aparentemente arbitrárias já trouxeram abundantes frutos para a psicologia – e talvez também para a prática do direito. Nesse sentido, Bleuler e Jung tornaram inteligíveis as reações no chamado experimento de associação, no qual a pessoa investigada responde com uma palavra enunciada a ela com outra que sobre essa lhe ocorre

C) Mesmo que, pela própria natureza da situação, o pensamento consciente tenha de renunciar ao conhecimento sobre a motivação dos atos falhos discutidos, seria desejável descobrir uma prova psicológica da existência dessa motivação; e de fato é provável, por razões que derivam de um conhecimento mais preciso do inconsciente, que essas provas sejam descobertas em algum lugar. Existem realmente dois campos em que se podem comprovar fenômenos que parecem corresponder a um conhecimento inconsciente e, portanto, deslocado dessa motivação:

I) Um traço marcante e geralmente observado na conduta dos paranoicos é que eles conferem a maior importância aos pequenos detalhes, comumente negligenciados por nós, do comportamento dos outros, interpretam-nos e os transformam em base para extensas conclusões. Por exemplo, o último paranoico que examinei concluiu que havia um comum acordo ao seu redor, pois, na estação, quando ele partia em viagem, as pessoas tinham feito certo movimento com uma mão. Outro observou a maneira como as pessoas andavam na rua, como manejavam as bengalas etc.[99]

A categoria do que é casual, do que não requer motivação, que o homem normal considera uma parte de

---

(palavra-estímulo e reação), e mede-se então o tempo transcorrido (tempo de reação). Jung mostrou em seus *Estudos associativos diagnósticos* [*Diagnostischen Assoziationsstudien*] (1906) quão sutil é o reagente que possuímos para os estados psíquicos no experimento de associação assim interpretado. Dois discípulos do professor de direito penal H. Gross em Praga, Wertheimer e Klein, desenvolveram a partir desses experimentos uma técnica para "diagnósticos de averiguação de fatos" em casos criminais, cujo exame tem ocupado psicólogos e juristas.

[99] Partindo de outros pontos de vista, tem-se imputado ao "delírio de referência" esse modo de julgar manifestações não essenciais e casuais de outras pessoas.

suas próprias operações psíquicas e de seus atos falhos, é, portanto, rechaçada pelo paranoico na aplicação às manifestações psíquicas dos outros. Tudo o que ele observa nos outros é pleno de significado, tudo é interpretável. Como ele chega a isso? Aqui, como em tantos casos semelhantes, ele provavelmente projeta na vida psíquica dos outros o que está inconscientemente presente na sua. Na paranoia, pressionam-se à consciência muitas coisas cuja presença inconsciente em normais e neuróticos só pode ser demonstrada por meio da psicanálise.[100] Em certo sentido, portanto, o paranoico tem razão nisso, pois ele reconhece algo que escapa ao indivíduo normal, sua visão é mais aguda do que uma capacidade normal de pensar, mas o deslocamento para outras pessoas torna inválido o seu conhecimento. Por isso, não se espere de mim que justifique as diversas interpretações paranoicas. Mas a parcela de justificação que concedemos à paranoia por essa concepção sobre as ações casuais nos vai facilitar o entendimento psicológico do sentimento de convicção que, no paranoico, liga-se a todas essas interpretações. *É que há algo de verdadeiro nisso*; também aqueles nossos erros de julgamento que não se podem caracterizar como patológicos adquirem o sentimento de convicção que lhes é próprio exatamente da mesma maneira. Esse sentimento é justificado para certa parte do movimento errôneo de pensamento ou para a fonte de onde ele provém, e depois é estendido por nós ao restante do contexto.

---

[100] Por exemplo, as fantasias dos histéricos sobre maus-tratos sexuais e cruéis e que a análise torna conscientes coincidem eventualmente até nos mínimos detalhes com as queixas de perseguição dos paranoicos. É notável, mas não incompreensível, que nos deparemos com o conteúdo idêntico também como realidade nas encenações dos perversos para a satisfação de seus apetites.

II) Outro indício do conhecimento inconsciente e deslocado da motivação no caso de atos casuais e falhos encontra-se no fenômeno da superstição. Quero esclarecer meu ponto de vista por meio da discussão da pequena situação que foi, para mim, o ponto de partida dessas considerações.

Tendo retornado das férias, meus pensamentos se voltaram de imediato aos pacientes que devem me ocupar no novo ano de trabalho que se inicia. Meu primeiro destino era uma dama muito velha, a quem eu tratava (veja acima, capítulo VIII, item G) há muitos anos com as mesmas manipulações médicas duas vezes ao dia. Por causa dessa uniformidade, com muita frequência alguns pensamentos inconscientes conseguiram expressar-se no caminho para a paciente ou durante o atendimento. Ela tem mais de 90 anos; portanto é natural que se pergunte, no início de cada ano, quanto tempo ela ainda tem de vida. No dia a que estou me referindo, eu tinha pressa e tomei um coche que devia me levar até a casa dela. Cada um dos cocheiros do ponto de carruagens situado em frente à minha casa sabe o endereço da senhora idosa, porque cada um deles me levou até lá muitas vezes. No entanto, hoje aconteceu de o cocheiro não parar na frente da casa dela, mas diante de uma casa com o mesmo número em uma rua paralela, próxima e realmente muito semelhante. Percebi o erro e censurei reclamei com o cocheiro, que se desculpou. Haveria algum significado no fato de eu ter sido levado à frente de uma casa onde não encontraria a velha senhora? Para mim, certamente não, mas, se eu fosse *supersticioso*, veria nesse incidente um presságio, um sinal do destino de que este seria o último ano da senhora idosa. Muitos são os presságios que a história conservou e que não tiveram por fundamento um simbolismo melhor que esse. É evidente que eu declaro esse episódio uma causalidade sem outro sentido.

Bastante diferente teria sido o caso se eu tivesse feito o caminho a pé e, depois, "mergulhado em pensamentos" ou "distraído", tivesse chegado à casa da rua paralela em vez da casa certa. Isso eu não explicaria como uma casualidade, mas como uma ação com propósito inconsciente e que requer ser interpretada. É provável que eu desse a esse "erro no trajeto" [*Vergehen*] a interpretação de que eu tinha a expectativa de que em breve eu não iria mais encontrar a dama.

Eu me diferencio, portanto, de um supersticioso pelo seguinte:

Não acredito que um acontecimento de cuja consecução minha vida psíquica não tenha participado possa me ensinar algo oculto a respeito da configuração futura da realidade; mas acredito que uma manifestação não intencional de minha própria atividade psíquica me revele, no entanto, algo oculto que, por sua vez, pertença apenas à minha vida psíquica; acredito, na verdade, em um acaso externo (real), mas não em uma casualidade interna (psíquica). Com o supersticioso acontece o contrário: ele nada sabe sobre a motivação de suas ações casuais e de seus atos falhos, e acredita que existam casualidades psíquicas; em compensação, ele está propenso a atribuir ao acaso exterior um significado que vai se manifestar no acontecimento real e a ver no acaso um meio pelo qual se expressa algo que para ele se esconde fora. As diferenças entre mim e o supersticioso são duas: primeira, ele projeta para fora uma motivação que eu procuro dentro; segunda, o acaso ele interpreta por meio de um acontecimento que eu reconduzo a um pensamento. Mas o que está oculto para ele corresponde ao inconsciente em mim, e é comum a nós dois a compulsão a não considerar o acaso como acaso, mas a interpretá-lo.[101]

Suponho agora que esse desconhecimento consciente e esse conhecimento inconsciente da motivação das contingências psíquicas sejam uma das raízes psíquicas da superstição. *Porque* o supersticioso nada sabe da motivação das próprias ações casuais, e porque o fato dessa motivação pressiona por um lugar em seu reconhecimento, ele se vê forçado a alojá-la por deslocamento no mundo exterior. Se existe essa conexão, ela dificilmente estará limitada a esse caso particular. Acredito, de fato, que uma grande parte da concepção mitológica do mundo que se estende até as mais modernas religiões nada mais seja do que *psicologia projetada para o mundo exterior*. O obscuro

---

[101] Acrescento nesse ponto um belo exemplo, em que N. Ossipow discute a distinção entre os pontos de vista supersticioso, psicanalítico e místico (Psicanálise e superstição [Psychoanalyse und Aberglauben]. *Internationale Zeitschrift für Psychoanalyse*, VIII, 1922). Ele havia se casado em uma cidade provinciana da Rússia e imediatamente depois viajou com sua jovem esposa para Moscou. Em uma estação, duas horas antes de chegar ao destino, veio-lhe o desejo de ir até a saída da estação e dar uma olhada na cidade. De acordo com a sua expectativa, o trem permaneceria por tempo suficiente, mas, quando ele voltou, depois de alguns minutos, o trem com sua jovem esposa já havia partido. Em casa, quando sua antiga ama soube do incidente, ela disse, balançando a cabeça: "Desse casamento não sairá nada adequado". Na época, Ossipov riu daquela profecia. Mas quando, cinco meses depois, divorciou-se de sua esposa, ele não pôde deixar de entender seu abandono do trem, *a posteriori*, como um "protesto inconsciente" contra o seu casamento. A cidade em que lhe sucedeu esse ato falho ganhou anos mais tarde um grande significado para ele, pois nela vivia uma pessoa com quem o destino iria mais tarde ligá-lo estreitamente. Essa pessoa, e mesmo o fato de sua existência, eram-lhe na época completamente desconhecidos. Mas a explicação *mística* de sua conduta seria a de que ele abandonou naquela cidade o trem para Moscou e sua esposa porque o futuro quis indicar o que lhe estava reservado em relação a essa pessoa.

reconhecimento (percepção endopsíquica, por assim dizer) de fatores psíquicos e das relações[102] do inconsciente espelha-se – é difícil dizê-lo de outra maneira, e aqui a analogia com a paranoia tem de vir em auxílio – na construção de uma *realidade para além dos nossos sentidos*, que a ciência deve voltar a transformar em *psicologia do inconsciente*. Poderíamos ousar resolver dessa maneira os mitos do paraíso e do pecado original, de Deus, do bem e do mal, da imortalidade etc., transpondo a *metafísica* em *metapsicologia*. O abismo entre o deslocamento do paranoico e o do supersticioso é menor do que parece à primeira vista. Quando os seres humanos começaram a pensar, foram forçados, como bem se sabe, a resolver o mundo exterior antropomorficamente, em uma multiplicidade de personalidades concebidas à sua semelhança; as casualidades que eles interpretavam supersticiosamente eram, portanto, ações e manifestações de pessoas, e nisso eles se comportavam exatamente como os paranoicos, que tiram conclusões dos sinais insignificantes que os outros lhes oferecem, e também como todas as pessoas saudáveis que, com direito, tomam as ações casuais e não intencionais de seus semelhantes como base para a estimativa do seu caráter. A superstição aparece muito fora de lugar apenas em nossa visão de mundo moderna, científica, mas de modo algum ainda acurada; mas na cosmovisão de épocas e povos pré-científicos a superstição era justificada e consequente.

O romano que desistia de um empreendimento importante se o voo dos pássaros lhe fosse desfavorável tinha, portanto, relativa razão; agia de modo consequente em relação às suas premissas. Mas, se ele se afastasse do

---

[102] O qual, naturalmente, nada tem do caráter de um reconhecimento.

empreendimento por ter tropeçado na soleira da sua porta ("*un Romain retournerait*" [um romano retornaria]), então ele também era absolutamente superior a nós, incrédulos, era um melhor conhecedor de alma do que nós nos esforçamos a ser. Pois esse tropeção devia lhe provar a existência de uma dúvida de uma corrente contrária em seu interior, cuja força, no momento da execução, poderia subtrair-se da força de sua intenção. É que de fato só se tem certeza do êxito pleno quando todas as forças anímicas se unem na aspiração da meta desejada. O que respondeu *Guilherme Tell*, de Schiller, que tanto hesitou em atirar na maçã sobre a cabeça de seu filho, quando o administrador lhe perguntou por que escondia uma segunda flecha?

> Com esta segunda flecha eu atravessaria o senhor,
> se eu tivesse atingido meu querido filho,
> E a *do senhor*, certamente eu *não* teria errado.

> [Mit diesem zweiten Pfeil durchschoss ich – Euch,
> Wenn ich mein liebes Kind getroffen hätte,
> Und Euer – wahrlich, hätt' ich nicht gefehlt.]

D) Quem teve a oportunidade de estudar as moções anímicas escondidas dos seres humanos por meio da psicanálise também pode dizer algo novo sobre a qualidade dos motivos inconscientes que se expressam na superstição. Reconhece-se com a maior nitidez nos neuróticos, com frequência muito inteligentes, afetados por pensamentos e estados obsessivos, que a superstição provém de moções hostis e cruéis reprimidas. A superstição é, em grande parte, expectativa de infortúnio, e quem, com frequência, deseja o mal aos outros, mas, em consequência de uma educação para o bem, tenha recalcado esses desejos no inconsciente será particularmente propenso a esperar o castigo por essa maldade inconsciente como um infortúnio que ameaça de fora.

Ao admitirmos que não esgotamos de modo algum a psicologia da superstição com essas observações, por outro lado precisamos ao menos questionar se devemos contestar inteiramente as raízes reais da superstição, se de fato não existem pressentimentos, sonhos proféticos, experiências telepáticas, manifestações de forças sobrenaturais e coisas semelhantes. Estou longe de pretender condenar cabalmente todos esses fenômenos, sobre os quais estão disponíveis tantas observações detalhadas até mesmo de homens que se sobressaem intelectualmente, e que seria melhor transformar em objetos de investigações posteriores. Cabe até esperar que uma parte dessas observações chegue a ser esclarecida por nosso incipiente reconhecimento dos processos psíquicos inconscientes, sem necessidade de mudanças radicais nas opiniões que hoje sustentamos.[103] Se ficassem provados ainda outros fenômenos, por exemplo, os afirmados pelos espíritas, empreenderíamos justamente as modificações de nossas "leis" do modo exigido pelas novas experiências, sem nos confundirmos com a coerência das coisas do mundo.

No quadro dessas discussões, só posso responder às questões aqui levantadas de maneira subjetiva, ou seja, de acordo com minha experiência pessoal. Infelizmente, tenho de confessar que me encontro entre aqueles

---

[103] E. Hitschmann. Crítica da clarividência [Zur Kritik des Hellsehens]. *Wiener Klinische Rundschau*, 1910, n. 6; Um poeta e seu pai: contribuições sobre psicologia da conversão religiosa e de fenômenos telepáticos [Ein Dichter und sein Vater: Beitrag zur Psychologie religiöser Bekehrung und telepathischer Phänomene]. *Imago*, IV, 1915-16.

indivíduos indignos diante dos quais os espíritos suspendem sua atividade e o suprassensível foge, de modo que nunca fui colocado na situação de vivenciar por mim mesmo algo que me estimulasse a crer em milagres. Como todos os seres humanos, tive premonições e experimentei infortúnios, mas os dois se esquivaram, de modo que nada se seguiu às premonições, e o infortúnio se abateu sobre mim sem ser anunciado. Na época em que, ainda jovem, morei sozinho em uma cidade estrangeira, muitas vezes ouvia meu nome ser chamado de repente por uma voz inconfundível, inequívoca e querida, e então anotava o momento exato da alucinação e, preocupado, perguntava àqueles que ficaram em minha terra o que havia acontecido naquele momento. Não havia acontecido nada. Em compensação, posteriormente continuei trabalhando com meus pacientes, imperturbável e sem nenhum pressentimento, enquanto meu filho corria perigo de vida devido a uma hemorragia. Tampouco pude reconhecer qualquer um dos pressentimentos relatados pelos pacientes como um fenômeno real. Contudo, devo confessar que nos últimos anos tive algumas experiências singulares que facilmente teriam encontrado explicações pela suposição da transferência telepática de pensamentos.

A crença em sonhos proféticos tem muitos seguidores porque pode se apoiar no fato de muitas coisas serem realmente formadas no futuro da maneira como o desejo as construiu anteriormente em sonho.[104] Só que há pouco de surpreendente nisso, e entre o sonho e a realização podem-se ainda comprovar em geral amplas divergências que a credulidade do sonhador prefere negligenciar. Um belo exemplo de um sonho que com

---

[104] Ver Freud. Sonho e telepatia (*Imago*, VIII, 1922. v. XIII *GW*).

razão poderia ser chamado de profético me foi trazido certa vez por uma paciente inteligente e confiável para uma análise minuciosa. Ela contou que uma vez sonhou ter encontrado um antigo amigo e médico de família em frente a determinada loja em certa rua, e que quando, na manhã seguinte, ela foi ao centro da cidade, ela realmente o encontrou no lugar indicado no sonho. Observo que essa coincidência milagrosa não provou sua importância por meio de nenhuma experiência subsequente, portanto não se podia justificá-la a partir do futuro.

Um exame cuidadoso constatou que não havia nenhuma prova de que a dama tivesse se lembrado do sonho já na manhã que se seguiu à noite do sonho, ou seja, antes do passeio e do encontro. Ela não pôde argumentar nada contra uma figuração dos fatos que retirava do episódio tudo o que era milagroso e deixava apenas um problema psicológico interessante. Ela passou pela rua em certa manhã, encontrou seu antigo médico de família em frente a uma loja e, então ao vê-lo, sentiu a convicção de ter sonhado com esse encontro na noite anterior naquele mesmo lugar. A análise pode indicar, então, com grande probabilidade como ela chegou a esse sentimento de convicção, o qual, de acordo com regras gerais, não pode impedir certo direito à credibilidade. Um encontro em determinado lugar após alguma expectativa anterior equivale, de fato, a um encontro amoroso. O antigo médico de família despertou nela a lembrança dos velhos tempos, em que encontros com uma *terceira* pessoa, também amiga do médico, tinham sido muito significativos para ela. Desde então ela havia mantido contato com esse senhor, e no dia anterior ao alegado sonho ela esperou em vão por ele. Se eu pudesse comunicar com mais detalhe as relações aqui presentes, ser-me-ia fácil mostrar que a ilusão do sonho profético ao ver o amigo dos velhos tempos equivale mais ou menos ao seguinte comentário: "Oh, doutor! O senhor me faz lembrar agora dos velhos tempos, em que eu nunca precisava esperar em vão por N. quando tivéssemos marcado um encontro".

Nessa "coincidência notável" de encontrar uma pessoa em quem se estava justamente pensando, observei em mim mesmo um exemplo simples e de fácil interpretação que provavelmente constitui um bom modelo para acontecimentos semelhantes. Poucos dias depois de me terem concedido o título de professor,[105] que confere muita autoridade em países de organização monarquista, estava eu em um passeio pelo centro da cidade quando, de repente, meus pensamentos se voltaram para uma fantasia infantil de vingança dirigida contra um determinado casal. Meses antes, eles haviam me chamado para ver sua filhinha, em quem havia se configurado um interessante fenômeno obsessivo em conexão com um sonho. Manifestei um grande interesse pelo caso, cuja gênese eu acreditava discernir; entretanto, meu tratamento foi rejeitado pelos pais, e eles me deram a entender que pensavam em recorrer a uma autoridade estrangeira que curava por meio de hipnotismo. Fantasiei então que, após o fracasso total dessa tentativa, os pais me pediriam que iniciasse meu tratamento, pois agora tinham plena confiança em mim etc., mas eu respondia: Sim, claro, agora que eu também me tornei professor, vocês têm

---

[105] A palavra *"Professor"*, nos países de língua alemã, equivale a um título acadêmico superior ao de doutor; algo como "professor emérito", ou "professor titular". A profissão de professor é designada como *"Lehrer"*, para professores não acadêmicos (tal como *"teacher"*, em inglês), e *"Dozent"*, para professores universitários. (N.R.)

confiança em mim. O título nada alterou em minhas aptidões; se vocês não precisaram de mim enquanto eu era docente, também podem prescindir de mim como professor. – Nesse ponto, minha fantasia foi interrompida pela sonora saudação: "Quanta honra, senhor professor", e, quando ergui os olhos, vi que passava por mim exatamente o mesmo casal do qual eu acabara de me vingar através da recusa de sua proposta. A reflexão seguinte destruiu a aparência de algo milagroso. Eu tinha caminhado em direção a esse casal por uma rua larga, reta e quase deserta, e talvez à distância de 20 passos deles, com um furtivo olhar vislumbrei e reconheci suas imponentes personalidades, mas – seguindo o modelo de uma alucinação negativa – eliminei essa percepção por motivos de sentimento que então se fizeram valer na fantasia que emergiu de maneira aparentemente espontânea.

Seguindo Otto Rank, eis outra "resolução de uma aparente premonição":

"Há algum tempo, eu mesmo vivenciei uma curiosa variação daquela 'coincidência notável' de encontrar uma pessoa em quem justamente se estava pensando. Pouco antes do Natal, fui ao Banco Austro-Húngaro para trocar 10 coroas novas de prata que eu pretendia presentear. Imerso em fantasias ambiciosas ligadas ao contraste entre meu escasso pecúlio e as pilhas de dinheiro armazenadas no edifício do banco, entro na ruela estreita onde ele ficava. Na frente da porta, vi um automóvel estacionado e muita gente entrando e saindo. Pensei comigo mesmo: os funcionários terão tempo justamente para as minhas poucas coroas; em todo caso, vou resolver isso rapidamente, vou entregar a nota a ser trocada e dizer: Por favor, dê-me *ouro*! – Na hora percebi meu erro – eu deveria pedir *prata*, é claro – e despertei de minhas fantasias. Eu já estava a apenas alguns passos da entrada e vi, caminhando em minha direção, um jovem que pensei reconhecer, mas, por causa da minha miopia, ainda não conseguia reconhecer com segurança. Quando ele se aproximou, eu o reconheci como um colega de escola do meu *irmão*, de nome *Gold* ['ouro' em alemão], de cujo *irmão*, que era um escritor famoso, eu esperava ampla ajuda no começo da minha carreira literária. Mas ela não aconteceu, e com ela também o esperado sucesso material com o qual se ocupou minha fantasia no caminho até o banco. Portanto, mergulhado em minhas fantasias, devo ter percebido inconscientemente a aproximação do Sr. Gold, o que se afigurou em minha consciência, que estava sonhando com o sucesso material, na forma de eu decidir pedir ouro ao caixa, em vez de prata, de menor valor. Por outro lado, entretanto, o fato paradoxal de que meu inconsciente seja capaz de perceber um objeto que meus olhos só consigam reconhecer depois é explicável em parte por prontidão do complexo (Bleuler), que estava orientado ao que é material e, desde o começo, contra o meu melhor saber, guiou meus passos para aquele edifício onde só há troca de ouro e papel-moeda" (*Zentralblatt fur Psychoanalyse*, II, 5).

À categoria do milagroso e do infamiliar [*unheimlich*] pertence também a singular sensação, que se tem em alguns momentos e situações, de já ter vivenciado exatamente o mesmo, de já ter estado antes naquele mesmo lugar, sem que se consiga, apesar do esforço, lembrar claramente a ocasião anterior que assim se manifesta. Sei que estou apenas seguindo o uso linguístico coloquial, quando chamo de sensação aquilo que nesses momento se move na pessoa; trata-se sem dúvida de um julgamento, e na verdade de um juízo de percepção, mas esses casos têm um caráter bem peculiar e não devemos desconsiderar que aquilo que se procura nunca é lembrado. Não sei se esse fenômeno do *"déjà vu"* pode ser tomado a sério como prova de uma existência psíquica anterior do indivíduo; mas certamente os psicólogos têm lhe dedicado seu interesse e se empenhado em solucionar o enigma pelos mais diversos caminhos especulativos. Nenhuma das tentativas de explicação apresentadas parece-me certa, porque nenhuma considera qualquer outra coisa que não sejam os fenômenos concomitantes e as condições favorecedoras do fenômeno. Aqueles processos psíquicos que, de acordo com minhas observações, são os únicos responsáveis pela explicação do *"déjà vu"*, a saber, as fantasias inconscientes, ainda hoje são omitidas pelos psicólogos de maneira geral.

Penso que seja injusto caracterizar como ilusão a sensação de já ter vivenciado isso alguma vez. É que nesses momentos realmente se toca em algo que já se vivenciou alguma vez, só que isso não pode ser lembrado conscientemente, porque nunca foi consciente. A sensação de *"déjà vu"* corresponde, em suma, à lembrança de uma fantasia inconsciente. Existem fantasias inconscientes (ou sonhos diurnos), assim como há criações conscientes do mesmo tipo, que cada um conhece por sua própria experiência.

Eu sei que o assunto mereceria o mais exaustivo tratamento, mas só quero trazer aqui a análise de um único caso de *"déjà vu"* em que a sensação se caracterizou por uma intensidade e tenacidade particulares. Uma senhora com agora 37 anos afirma se lembrar da maneira mais nítida que, com a idade de 12 anos e meio, visitou pela primeira vez algumas amigas de escola no campo e, quando entrou no jardim, teve imediatamente a sensação de já ter estado ali uma vez; e essa sensação se repetiu quando ela entrou nos aposentos da casa, a tal ponto que acreditou saber de antemão qual seria o cômodo seguinte, que aparência teria etc. Mas está totalmente excluído e refutado pela averiguação que ela fez junto aos pais que esse sentimento de familiaridade pudesse ter sua fonte em uma visita anterior à casa e ao jardim talvez em sua primeira infância. A senhora que fez esse relato não estava em busca de nenhuma explicação psicológica, mas via na emergência dessa sensação um indício profético da importância que essas mesmas amigas iriam adquirir mais tarde para a sua vida sentimental. No entanto, o exame das circunstâncias em que o fenômeno aflorou nela mostra-nos o caminho para outra concepção. Quando fez aquela visita, ela sabia que as meninas tinham um único irmão que estava seriamente doente. Ela também chegou a vê-lo nessa visita, achou-o com um aspecto muito ruim e pensou consigo mesma que ele morreria em breve. Acontece que alguns meses antes seu próprio irmão único estivera perigosamente doente por causa de uma difteria; enquanto ele esteve doente, ela foi afastada da casa dos pais e morou com uma parente por semanas. Ela acreditava que o irmão a tinha acompanhado nessa visita ao campo, e achava inclusive que essa teria sido a sua primeira grande excursão após a doença; mas a sua lembrança era estranhamente imprecisa nesses pontos, enquanto todos os outros detalhes, e especialmente o vestido que ela usava naquele dia, estavam muito nítidos diante de seus olhos. Para o especialista, não será difícil concluir a partir desses indícios que, naquela época, a expectativa de que seu irmão iria morrer tinha desempenhado um papel importante na menina e que nunca havia se tornado consciente, ou após a feliz superação da doença sucumbiu a um enérgico recalcamento. Se fosse outro o caso, ela teria de ter usado outro vestido, ou seja, roupa de luto. Então, com as amigas, ela encontrou uma situação análoga, o único irmão corria o perigo de morrer logo, o que, pouco depois, aconteceu de fato. Ela devia ter lembrado conscientemente que ela mesma havia passado por essa situação alguns meses antes; em vez de se lembrar disso, o que foi impedido pelo recalcamento, ela transferiu o sentimento da lembrança para os lugares, o jardim e a casa, e foi capturada pelo "*falso reconhecimento*" [*fausse reconnaissance*] de já ter visto tudo aquilo antes exatamente igual. Do fato do recalcamento podemos concluir que a expectativa anterior da morte de seu irmão não estaria muito distante do caráter de uma fantasia de desejo. Ela teria permanecido então como a filha única. Em sua neurose posterior, ela sofria da maneira mais intensa com o medo de perder seus pais, por trás do qual a análise, como de costume, pôde descobrir o desejo inconsciente de mesmo conteúdo.

As minhas próprias vivências fugazes de "*déjà vu*" eu pude derivar de maneira semelhante da constelação de sentimentos do momento. "Essa seria novamente uma ocasião para despertar aquela fantasia (inconsciente e desconhecida) que se formou em mim naquela época, e naquela época se formou como desejo de melhorar a situação." Essa explicação de "*déjà vu*" só foi apreciada até agora por um único observador. O Dr. Ferenczi, a quem a terceira edição deste livro deve tantas contribuições valiosas, escreve-me o seguinte sobre o assunto: "Convenci-me de que, tanto em mim como em outras pessoas, o inexplicável sentimento de familiaridade deve ser reconduzido a fantasias inconscientes das quais somos inconscientemente lembrados em uma situação atual. Em um de meus pacientes isso ocorreu de maneira aparentemente diferente, mas na realidade foi inteiramente análogo. Esse sentimento retornava nele com bastante frequência, mas provou regularmente se originar de um *pedaço de sonho esquecido* (*recalcado*) da noite anterior. Parece, então, que o '*déjà vu*' não apenas pode provir de sonhos diurnos, mas também de sonhos noturnos".

Soube depois que Grasset (1904) deu a esse fenômeno uma explicação que se aproxima muito da minha.

Em 1913, descrevi em um pequeno artigo outro fenômeno que se aproxima muito do "*déjà vu*".[106] Trata-se do "*déjà raconté*", a ilusão de já ter comunicado algo particularmente interessante quando ele aflora durante o tratamento psicanalítico. Nesses casos, o paciente afirma com todos os sinais de certeza subjetiva já ter contado determinada lembrança há muito tempo. O médico, contudo, está certo do contrário e geralmente pode convencê-lo de seu erro. A explicação para esse interessante ato falho é, sem dúvida, a de o paciente ter tido o impulso e o propósito de fazer essa comunicação, mas deixar de executá-lo, e agora colocar a lembrança do primeiro como substituto do segundo, ou seja, a execução do propósito.

Semelhante exposição de fatos e provavelmente também do mesmo mecanismo mostram os chamados "supostos atos falhos" de Ferenczi.[107] Acreditamos ter esquecido, extraviado ou perdido algo – um objeto – e podemos nos convencer de não termos feito nada parecido e de que tudo está em ordem. Por exemplo, uma

---

[106] Sobre *fausse reconnaissance* (*déjà raconté*) no trabalho psicanalítico [Über fausse reconnaissance (*déjà raconté*) während der psychoanalytischen Arbeit]. (*Internationale Zeitschrift für Psychoanalyse*, I, 1913. v. X *GW*.)

[107] *Internationale Zeitschrift für Psychoanalyse*, III, 1915.

paciente retorna ao consultório do médico com a motivação de querer pegar o guarda-chuva que deve ter deixado lá, mas o médico observa que ela está com esse guarda-chuva – na mão. Portanto, houve um impulso para esse ato falho, e ele foi suficiente para substituir sua execução. Exceto por essa diferença, o suposto ato falho equivale ao real. Mas é, por assim dizer, mais barato.

E) Quando recentemente tive oportunidade de apresentar a um colega de formação filosófica alguns exemplos de esquecimento de nomes com sua análise, ele se apressou em objetar: Isso é muito bonito, mas em mim o esquecimento de nomes acontece de outra maneira. É evidente que a questão não pode ser tratada com tamanha facilidade; não acredito que meu colega já tenha alguma vez pensado em uma análise de esquecimento de nomes; ele também não soube dizer de que outra maneira isso acontecia com ele. Mas sua observação toca em um problema que talvez muitas pessoas se inclinem a situar em primeiro plano. Será que a solução dada aqui para os atos falhos e casuais tem validez geral, ou apenas em certos casos, e, se for o último caso, quais são as condições em que é lícito utilizá-las para explicar fenômenos que também poderiam produzir-se de alguma outra forma? Para responder essa questão, minhas experiências me decepcionam. Só posso desaconselhar que se tome como raro o contexto que assinalamos, pois, em todas as vezes em que o coloquei à prova em mim mesmo e em meus pacientes, ele se deixou comprovar com segurança tal como nos exemplos comunicados, ou pelo menos surgiram boas razões para supô-lo. Não é de surpreender que não seja em todas as vezes que se consegue descobrir o sentido oculto da ação sintomática, pois a magnitude das resistências internas que se opõem à solução entram em conta como fator decisivo. Também não se é capaz de interpretar cada sonho próprio ou de pacientes; para se comprovar a validez da geral da teoria, basta que se consiga penetrar em apenas um trecho da extensão do contexto oculto. O sonho que se mostra refratário à tentativa de solucioná-lo no dia seguinte muitas vezes permite que seu segredo seja arrancado uma semana ou um mês depois, quando uma alteração real que teve lugar nesse meio-tempo já tiver reduzido as valências psíquicas em disputa recíproca. O mesmo vale para a solução dos atos falhos e sintomáticos; o exemplo de lapso de leitura de "Em um barril pela Europa" (na p. 153) deu-me a oportunidade de mostrar como um sintoma a princípio insolúvel torna-se acessível à análise quando se relaxou o *interesse real* pelos pensamentos recalcados.[108] Enquanto persistiu a possibilidade de meu irmão obter o cobiçado título antes de mim, o mencionado lapso de leitura resistiu a todos os repetidos esforços de análise; depois que se constatou que essa precedência era improvável, clareou-se de repente o caminho que levava à sua solução. Seria, então, incorreto afirmar que, de todos os casos que resistem à análise, estes tenham sido formados por um mecanismo psíquico diverso do que foi aqui revelado; para essa suposição, é necessário

---

[108] Aqui se enlaçam problemas muito interessantes de natureza *econômica*, questões que consideram o fato de os cursos psíquicos terem por meta o ganho de prazer e a anulação do desprazer. Já é um problema econômico saber como se torna possível recuperar, pelo caminho de associações substitutivas, um nome que foi esquecido por um motivo de desprazer. Um excelente trabalho de Tausk (Desvalorização do motivo para o recalcamento através de recompensa [Entwertung des Verdrängungsmotivs durch Rekompense]. *Internationale Zeitschrift für Psychoanalyse*, I, 1913) mostra com bons exemplos como o nome esquecido se torna novamente acessível quando se consegue incorporá-lo em uma associação acompanhada de prazer, capaz de contrabalançar o desprazer que se espera da reprodução.

algo mais do que provas negativas. Também é desprovida de qualquer valor comprobatório a presteza, talvez presente em todas as pessoas saudáveis em geral, a acreditar em outra explicação para os atos falhos e sintomáticos; ela é, como é óbvio, uma manifestação das mesmas forças anímicas que produziram o segredo e que, por isso, intervêm em favor de sua preservação e revoltam-se contra a sua elucidação.

Por outro lado, não devemos negligenciar o fato de que os pensamentos e as moções recalcados não conseguem expressão em atos falhos e sintomáticos de maneira autônoma. A possibilidade técnica para tal descarrilamento das inervações tem de estar dada independentemente deles; esta será então explorada de bom grado pela intenção do recalcado de alcançar uma vigência consciente. Quais são as relações estruturais e funcionais que se colocam à disposição de uma intenção como essa no caso do ato falho linguístico as investigações detalhadas dos filósofos e filólogos têm se empenhado em determinar. Se nas condições do ato falho e sintomático fizermos uma distinção entre o motivo inconsciente e as relações fisiológicas e psicofísicas que vêm ao seu encontro, permanece em aberto a questão de saber se, dentro do campo de variação da saúde, existem ainda outros fatores capazes de produzir, tal como o faz o motivo inconsciente e em lugar dele, os atos falhos e sintomáticos através do caminho dessas relações. Não é minha tarefa responder a essa pergunta.

Nem mesmo é minha intenção exagerar ainda mais as diferenças entre a concepção psicanalítica e a popular dos atos falhos, que já são suficientemente grandes. Eu preferiria assinalar casos em que essas diferenças perdem muito sua nitidez. Nos exemplos mais simples e mais discretos de lapsos verbais ou na escrita, em que haja apenas uma contração de palavras ou uma omissão de palavras e letras, caem por terra as interpretações mais complexas. Do ponto de vista da psicanálise, é preciso afirmar que nesses casos se revelou algum tipo de perturbação da intenção, mas não se pode indicar de onde veio essa perturbação nem o que ela pretendia. É que ela não conseguiu outra coisa a não ser anunciar a sua existência. Nos mesmos casos, vemos então também entrarem em ação os benefícios do ato falho que jamais questionamos, através de relações de valor fonético e associações psicológicas próximas. Contudo, constitui uma justa demanda científica que esses casos rudimentares de lapsos verbais ou na escrita sejam julgados de acordo com os casos mais expressivos, cuja investigação produz conclusões tão inequívocas sobre a causação dos atos falhos.

F) Desde a discussão sobre os lapsos verbais, temos nos contentado em demonstrar que os atos falhos possuem uma motivação oculta, e com a ajuda da psicanálise abrimos o caminho para o conhecimento dessa motivação. Até agora temos deixado quase sem considerar a natureza geral e as peculiaridades dos fatores psíquicos que ganham expressão nos atos falhos, ou pelo menos ainda não tentamos defini-los mais de perto ou examinar sua legitimidade. Tampouco vamos tentar agora uma resolução completa do assunto, porque os primeiros passos logo nos teriam ensinado que é melhor penetrar nesse campo por outro lado.[109] Podemos colocar aqui várias perguntas que quero pelo menos mencionar e circunscrever em seu âmbito. 1) De que conteúdo e de qual origem são

---

[109] Este escrito foi mantido com o caráter inteiramente popular, visando apenas, através de uma acumulação de exemplos, aplanar o caminho para o necessário pressuposto de processos anímicos *inconscientes e, ainda assim, eficazes* e evitar todas as considerações teóricas sobre a natureza desse inconsciente.

os pensamentos e as moções que se insinuam por meio de atos falhos e casuais? 2) Quais são as condições que compelem e habilitam um pensamento ou uma moção a se servirem desses episódios como meio de expressão? 3) Deixam-se comprovar relações constantes e inequívocas entre a natureza dos atos falhos e as qualidades daquilo que se expressa através deles?

Começo por reunir algum material para responder à última pergunta. Na discussão dos exemplos de lapsos verbais, achamos necessário ir além do conteúdo da fala pretendida, e tivemos de procurar a causa da perturbação na fala fora da intenção. E essa causa estava evidente em uma série de casos e era conhecida pela consciência do falante. Nos exemplos aparentemente mais simples e transparentes, era outra versão do mesmo pensamento, uma que soava igualmente autorizada, a que perturbava a expressão desse pensamento, sem que fosse possível indicar por que uma sucumbia, enquanto a outra conseguia penetrar (contaminações de Meringer e Mayer). Em um segundo grupo de casos, o motivo para que uma das versões sucumbisse foi uma consideração que não se provou suficientemente forte para conseguir uma contenção total (*"zum Vorschwein gekommen"*). A versão retida era também claramente consciente. Só em relação ao terceiro grupo pode-se afirmar sem restrições que nesse caso o pensamento perturbador era diferente do intencionado, e aqui parece possível traçar uma distinção essencial. O pensamento perturbador se conecta com o perturbado através de associações de pensamento (perturbação por contradição interna), ou então ele lhe é essencialmente alheio, e através de uma associação *externa* e estranha é que se conecta justamente a palavra perturbada com o pensamento perturbador, que *com frequência* é inconsciente. Nos exemplos que eu trouxe de minhas psicanálises, a fala inteira está sob a influência de pensamentos que se tornaram ativos, mas que ao mesmo tempo são inteiramente inconscientes, que se denunciam através da própria perturbação (Klapper*schlange* – Kleopatra) ou expressam uma influência indireta, possibilitando que as diversas partes da fala conscientemente intencionada se perturbem umas às outras (*Ase natmen*, por trás do qual estão a *rua Hasenauer* e as reminiscências de uma francesa). Os pensamentos retidos ou inconscientes, dos quais decorre a perturbação da fala, são das mais diversas origens. Essa visão geral, portanto, não nos revela nenhuma generalização.

O exame comparativo dos exemplos de lapsos de leitura e na escrita leva aos mesmos resultados. Como nos lapsos verbais, alguns casos parecem dever sua origem a um trabalho condensador não motivado (por exemplo, o *Apfe*). Mas nós gostaríamos de saber se não teriam de ser preenchidas algumas condições particulares para que tenha lugar uma condensação como essa, que é regular no trabalho do sonho, mas constitui uma deficiência em nosso pensamento de vigília, porém, dos exemplos mesmos não extraímos nenhuma conclusão sobre isso. No entanto, eu objetaria se disso se concluísse que não existe nenhuma outra condição além de, por exemplo, o relaxamento da atenção consciente, já que sei a partir de outro lugar que são justamente os desempenhos automáticos que se caracterizam pela correção e pela confiabilidade. Eu preferiria enfatizar que aqui, assim como é tão frequente na biologia, as relações normais ou próximas do normal são objetos menos propícios para a investigação do que as patológicas. Tenho a expectativa de que o que permanece obscuro na explicação dessas perturbações mais leves seja iluminado pelo esclarecimento de perturbações mais graves.

Tampouco nos lapsos leitura e na escrita faltam exemplos que permitam discernir uma motivação mais distante e complicada. "Em um barril pela Europa" é uma perturbação de leitura que se esclarece pela influência de um pensamento remoto e essencialmente alheio que brota de uma moção recalcada de inveja e ambição, e que utilizou a "variação" da palavra "*Beförderung*" ["promoção" ou "transporte"] para estabelecer um vínculo com o tema indiferente e inocente que estava sendo lido. No caso de *Burckhard*, o próprio nome é uma "troca" desse tipo.

É inegável que as perturbações das funções da fala ocorram com mais facilidade e coloquem menos exigências às forças perturbadoras do que as perturbações em outras funções psíquicas.

Situamo-nos em outro terreno quando examinamos o esquecimento em sentido estrito, isto é, o esquecimento de vivências passadas (o esquecimento de nomes próprios e de palavras estrangeiras, tal como se encontram nos capítulos I e II, e o de propósitos poderiam ser distinguidos desse esquecimento *sensu strictiori* respectivamente como "desaparecer da lembrança" e "omissão"). As condições fundamentais do processo normal de esquecimento são desconhecidas.[110] Devemos também nos lembrar de que

---

[110] Sobre o mecanismo do esquecimento em sentido estrito, posso oferecer as seguintes indicações: o material da lembrança está sujeito em geral a duas influências, a condensação e a desfiguração. A desfiguração é a obra das tendências dominantes da vida psíquica e se volta, sobretudo, contra os traços de lembranças que conservaram eficiência afetiva e se mostraram mais resistentes à condensação. Os traços que se tornaram indiferentes sucumbem sem defesa ao processo de condensação, entretanto, podemos observar que, além disso, as tendências deslocadoras se saciam do material indiferente

nem tudo que se considera esquecido de fato o está. Nossa explicação só tem a ver aqui com os casos em que o esquecimento desperta em nós uma estranheza, na medida em que ele infringe a regra de que esquecemos o que não tem importância, mas o que é importante fica preservado pela memória. A análise dos exemplos de esquecimento que parecem requerer de nós um esclarecimento especial revela como motivo do esquecimento, em todos os casos, um desprazer de lembrar de algo que pode despertar sensações penosas. Chegamos à suposição de que esse motivo anseia manifestar-se na vida psíquica de maneira geral, mas outras forças que exercem seu efeito em sentido contrário o impedem de se estabelecer regularmente. O alcance e a importância desse desprazer da lembrança em relação a impressões penosas parecem ser merecedores do mais cuidadoso exame psicológico; e, além disso, não se pode separar desse contexto mais amplo a questão de saber quais as condições particulares

---

sempre que ficam insatisfeitas ali onde queriam se expressar. Como esses processos de condensação e desfiguração se estendem por longos períodos, durante os quais todas as vivências recentes atuam na remodelação do conteúdo da memória, acreditamos que seja o tempo que torna as lembranças incertas e imprecisas. É muito provável que, no que concerne ao esquecimento, não se possa falar de uma função direta do tempo. – No caso dos traços de lembranças recalcados, pode-se constatar que mesmo nos mais longos períodos de tempo eles não sofreram nenhuma alteração. O inconsciente é absolutamente atemporal. O caráter mais importante e também mais assombroso da fixação psíquica é que, por um lado, todas as impressões são conservadas da mesma maneira como foram recebidas, mas, além disso, em todas as formas que adotaram nos desenvolvimentos posteriores, uma relação que não se pode ilustrar por nenhuma comparação tomada de outra esfera. Segundo a teoria, cada estado anterior do conteúdo da memória poderia ser recuperado para a lembrança, mesmo que seus elementos tenham trocado há muito tempo todos os vínculos originários por outros novos.

que possibilitam em cada caso esse esquecimento, que é um anseio universal.

No esquecimento de propósitos, outro fator passa para o primeiro plano; o conflito apenas suposto no recalcamento do que era penoso lembrar torna-se aqui palpável, e na análise dos exemplos se reconhece regularmente uma contravontade que se opõe ao propósito, sem anulá-lo. Assim como nos atos falhos discutidos anteriormente, também aqui se reconhecem dois tipos de processos psíquicos; ou a contravontade se volta diretamente contra o propósito (em intenções de alguma importância), ou é essencialmente estranha ao próprio propósito e estabelece uma conexão com ele por meio de uma associação *externa* (no caso de propósitos quase indiferentes).

O mesmo conflito domina os fenômenos dos equívocos na ação. O impulso que se manifesta na perturbação da ação é com frequência um impulso contrário, mas com frequência ainda maior é absolutamente estranho, e só aproveita a oportunidade da execução da ação para expressar-se, perturbando-a. Os casos em que a perturbação resulta de uma contradição interna são os mais importantes e afetam também os desempenhos mais importantes.

Nas ações casuais ou sintomáticas, o conflito interno passa a ser menos importante. Essas manifestações motoras, que a consciência despreza ou ignora por completo, servem assim para a expressão de uma ampla variedade de moções inconscientes ou contidas; em sua maioria, elas figuram simbolicamente fantasias ou desejos.

Em relação à primeira questão, sobre que origem teriam os pensamentos e as moções que se expressam nos atos falhos, pode-se dizer em uma série de casos que se demonstra facilmente que os pensamentos perturbadores provêm de moções reprimidas da vida psíquica. Impulsos e sentimentos egoístas, invejosos e hostis, sobre os quais recai a pressão da educação moral, não raro se valem, nas pessoas saudáveis, dos atos falhos como o caminho para manifestarem de algum modo o seu poder, cuja presença é inegável, mas que não é reconhecido pelas instâncias psíquicas superiores. O consentimento nesses atos falhos e casuais equivale em boa parte à cômoda tolerância do que é imoral. Entre essas moções reprimidas, as variadas correntes sexuais não desempenham papel insignificante. É um acidente do material que justamente em meus exemplos elas apareçam tão raramente entre os pensamentos que a análise descobre. Como tive de submeter à análise exemplos tomados sobretudo de minha própria vida psíquica, a escolha foi parcial desde o início e voltada à exclusão do sexual. Em outras ocasiões, os pensamentos perturbadores parecem brotar de objeções e considerações altamente inocentes.

Estamos agora em vias de responder à segunda questão sobre as condições psicológicas que estão em vigor para compelir um pensamento a encontrar a sua expressão não em uma forma completa, mas, por assim dizer, de modo parasitário, como modificação e perturbação de outro pensamento. Os exemplos mais notáveis de atos falhos sugerem que essas condições devam ser buscadas em uma relação à susceptibilidade de vir à consciência, no caráter mais ou menos com que trazem a marca do "recalcado". Porém, se perseguimos esse caráter através da série de exemplos, ele se dissolve em indícios cada vez mais vagos. A inclinação a passar por alto em algo que nos faz perder tempo – a ponderação de que o pensamento em questão realmente não vem ao caso para o assunto pretendido – parece desempenhar, como motivos para fazer retroceder um pensamento que logo fica destinado a se expressar através da perturbação de outro, o mesmo papel que a condenação moral de uma rebelde moção de sentimento ou que a proveniência de itinerários de pensamento inteiramente inconscientes. Não é dessa maneira que será obtida uma compreensão da natureza geral do condicionamento dos atos falhos e casuais. Um único fato significativo será apreendido dessas investigações; quanto mais inocente for a motivação do ato falho e quanto menos chocante, e, portanto, menos insusceptível à consciência for o pensamento que nele se expressa, mais fácil será a solução do fenômeno quando se voltar a atenção para ele; os mais leves casos de lapsos verbais são notados de imediato e corrigidos espontaneamente. Quando se trata de motivação advinda de moções realmente recalcadas, faz-se necessária para sua solução uma análise cuidadosa que pode às vezes até esbarrar em dificuldades ou fracassar.

É, portanto, inteiramente justificado que tomemos o resultado dessa última investigação como um indício de que a explicação satisfatória das condições psicológicas dos atos falhos e casuais deva ser obtida por outro caminho e a partir de outra perspectiva. Portanto, queira o paciente ver nessas discussões a demonstração das linhas de fratura ao longo das quais esse tema foi resgatado de maneira bastante artificial de um contexto mais amplo.

G) Algumas palavras que devem ao menos indicar a direção para esse contexto mais amplo. O mecanismo dos atos falhos e casuais, tal como viemos a conhecê-lo através da utilização da análise, mostra em seus pontos mais essenciais uma conformidade com o mecanismo da formação do sonho que discuti no capítulo intitulado "O trabalho do sonho" [Die Traumarbeit] de meu livro sobre a interpretação do sonho. Aqui como lá encontram-se as condensações e formações de compromisso (contaminações);

a situação é a mesma, a saber, pensamentos inconscientes conseguem expressar-se por caminhos não habituais e através de associações externas, como modificação de outros pensamentos. As inconsistências, os absurdos e os erros de conteúdo do sonho, em consequência dos quais é difícil reconhecer no sonho um produto de uma operação psíquica, originam-se do mesmo modo, é claro que com um aproveitamento mais livre dos recursos existentes, como os erros comuns de nossa vida cotidiana; tanto aqui como lá, *a aparência de uma função incorreta se resolve através da peculiar interferência de duas ou mais operações corretas*. Dessa reunião cabe extrair uma importante conclusão: o modo peculiar de trabalho, cuja mais notável operação reconhecemos no conteúdo dos sonhos, não deve ser reconduzido ao estado de sono da vida anímica, uma vez que temos nos atos falhos testemunhos tão abundantes de sua ação eficaz também na vida de vigília. O mesmo contexto também nos impede de ver na profunda desintegração da atividade anímica, nos estados patológicos da função, a condição desses processos psíquicos que nos parecem anormais e estranhos.[111]

Só poderemos apreciar corretamente o singular trabalho psíquico, que engendra tanto o ato falho como as imagens do sonho, quando soubermos que os sintomas psiconeuróticos, em especial as formações psíquicas da histeria e da neurose obsessiva, repetem em seu mecanismo todos os traços essenciais desse modo de trabalho. Nesse ponto, portanto, eu conectaria a continuação de nossas investigações. Mas, para nós, há ainda um interesse particular em considerar os atos falhos, casuais e sintomáticos

---

[111] Ver *A interpretação do sonho* [*Die Traumdeutung*], p. 362. (8. ed., p. 414. *Ges. Werke*, v. II-III).

à luz dessa última analogia. Se os equipararmos às operações das psiconeuroses, aos sintomas neuróticos, duas afirmações que retornam com frequência, a saber, que a fronteira entre a norma e a anormalidade nervosas é fluida e que todos somos um pouco nervosos, adquirem sentido e fundamento. *Antes* mesmo de qualquer experiência médica, é possível construir diversos tipos dessas doenças nervosas meramente insinuadas – de *formes frustes* [formas gastas] das neuroses: são casos em que os sintomas são poucos ou ocorrem raramente ou sem gravidade, casos, portanto, em que a atenuação recai sobre o número, a intensidade e a dispersão temporal dos fenômenos patológicos; talvez nunca se adivinhasse justamente o tipo que com maior frequência parece mediar a transição entre a saúde e a doença. Com efeito, o tipo que apresentamos, cujas manifestações patológicas são os atos falhos e sintomáticos, caracteriza-se pelo fato de situar os sintomas nas operações psíquicas de importância mínima, ao passo que tudo aquilo que pode reivindicar maior valor psíquico se produz livre de perturbação. Alojar os sintomas de uma maneira contrária a essa, sua emergência nas operações individuais e sociais mais importantes, de modo que sejam capazes de perturbar a recepção de alimento e a relação sexual, o trabalho profissional e a sociabilidade, é próprio dos casos graves de neurose e os caracteriza melhor do que, por exemplo, a multiplicidade ou a vivacidade de suas manifestações patológicas.

    Mas o caráter comum a todos os casos, tanto os mais leves quanto os mais graves, do qual também participam os atos falhos e casuais, está na *rastreabilidade dos fenômenos a um material psíquico incompletamente reprimido, o qual, apesar de repelido pela consciência, ainda assim não foi despojado de toda a capacidade de se expressar.*

Zur Psychopathologie des Alltagslebens
(Über Vergessen, Versprechen, Vergreifen, Aberglaube und Irrtum)

1901 Primeira publicação: *Monatsschrift für Psychiatrie und Neurologie*, t. X, v. 1; julho: p. 1-32; t. X, v. 2, agosto: p. 95-143.

1904 Em forma de livro: *Zur Psychopathologie des Alltagslebens*. Berlim: Karger. 92p.

1907 2ª ed. Idem. Edição revista e ampliada. 132p.

1910 3ª ed. Idem. Edição revista e ampliada. 149p.

1912 4ª ed. Idem. Edição revista e ampliada. 198p.

1917 5ª ed. Idem. Edição revista e ampliada. 232p.

1919 6ª ed. Leipzig e Viena: Internationaler Psychoanalytische Verlag. Edição revista e ampliada. 312p.

1920 7ª ed. Leipzig, Viena e Zurique: Internationaler Psychoanalytische Verlag. Edição revista e ampliada. Edição revista e ampliada. 334p.

1922, 1923 8ª e 9ª ed. Idem. Reimpressão.

1924, 1929 10ª e 11ª ed. Idem. Edição revista e ampliada. 305p.

1924 *Gesammelte Schriften*, t. IV, p. 11-310.

1941 *Gesammelte Werke*, t. IV, p. 5-310.

Nenhum outro título de Freud obteve tantas reedições em alemão e tantos acréscimos. A coleção de exemplos que confirmam ou desdobram os pontos de vista apresentados cresce vertiginosamente de edição em edição. Seja com exemplos próprios, seja com aqueles fornecidos por colegas e discípulos, a *Psicopatologia da vida cotidiana* nunca cessou de ser alimentada, pelo menos até a versão definitiva, publicada em 1924. Entre a primeira edição e a última, o livro mais que triplicou de volume: de cerca de 90 páginas na primeira edição até um total de mais de 300, na edição consagrada na *Gesammelte Werke*, que tomamos por base nesta tradução. Se considerarmos que os primeiros esboços deste trabalho remontam a 1898, quando foi publicado o artigo "Sobre o mecanismo psíquico do esquecimento", retomado nas primeiras páginas desta obra, podemos dizer — sem exagero — que o presente livro foi escrito e reescrito ao longo de um quarto de século. Conforme nota James Strachey, contudo, as hipóteses fundamentais foram estabelecidas firmemente ainda na primeira edição, publicada em dois números consecutivos da *Revista Mensal de Psiquiatria e Neurologia*, nos meses de julho e agosto de 1901. A única ressalva a essa observação é o acréscimo, a partir da terceira edição, publicada em 1907, dos capítulos III ("O esquecimento de nomes e sequências de palavras" e XI ("Atos falhos combinados"), ausentes nas edições anteriores.

Freud se deleitava com os achados da *Vida cotidiana*, maneira carinhosa com a qual se referia privadamente à sua obra. Assim como nos sonhos, o inconsciente e suas formações se mostram na banalidade da vida ordinária, e não apenas em fenômenos psicopatológicos. Nesse sentido, o título *Psicopatologia da vida cotidiana* contém, ao mesmo tempo, um paradoxo e uma aposta: o paradoxo de aplicar a "ciência dos fenômenos patológicos da vida psíquica" (a psicopatologia) a fenômenos triviais, não patológicos, perceptíveis na vida ordinária de todos e de cada um; uma aposta de que as fronteiras entre o normal e o patológico são mais artificiais e tênues do que se costuma supor. O inconsciente manifesta-se na superfície de nossas experiências mais comuns, como esquecimentos, lapsos, atos falhos, ações equivocadas, erros e assim por diante. Nada disso pode ou deve ser remetido a alguma patologia, transtorno ou distúrbio, ainda que os mecanismos subjacentes sejam os mesmos que formatam nossos sintomas.

Esquematicamente, a *Psicopatologia da vida cotidiana* organiza-se em 3 grandes blocos de problemas. O primeiro é constituído pelos capítulos I a IV, que gravitam em torno da memória e do esquecimento; um segundo bloco engloba os capítulos V e VI, que tratam propriamente falando de lapsos ligados à linguagem, à leitura e à escrita; o capítulo VII retoma o tema do esquecimento, fazendo uma ponte com o terceiro bloco, composto pelos capítulos VIII a XI, que abordam o domínio da ação, examinando ações equivocadas, ações sintomáticas e erros, além das combinação destes; finalmente, fechando o volume, o capítulo XII trata, em termos propriamente metapsicológicos, dos temas do determinismo, do acaso e da superstição, que subjazem a toda a construção precedente. A estratégia é semelhante à da *A intepretação do sonho*, que também consagra o último capítulo à especulação metapsicológica, constituindo um salto em relação aos capítulos precedentes, predominantemente recheados de exemplos e de materiais. Não por acaso, aliás, a palavra "metapsicologia" ocorre pela primeira vez no capítulo final desta *Psicopatologia*.

Do ponto de vista da casuística, alguns dos exemplos paradigmáticos de esquecimentos e de atos falhos são apresentados aqui. O esquecimento de Signorelli está para a vida cotidiana assim como o sonho da injeção de Irma está para o sonho. A *Psicopatologia da vida cotidiana*, junto com *A intepretação do sonho* e com *Os chistes e sua relação com o inconsciente*, contém o essencial da doutrina freudiana do inconsciente, privilegiando as relações indiscutíveis entre mecanismos psíquicos e mecanismos linguísticos.

POSFÁCIO

Vera Iaconelli

Com a subjetividade achatada na espessura de uma imagem e em busca de respostas sobre si na Inteligência Artificial, ao sujeito contemporâneo tem restado a saída pelo sofrimento e pelo sintoma. Cada vez mais surdo às formações do inconsciente na *vida cotidiana*, o adoecimento se tornou a principal via de acesso à sua verdade. Basta olharmos os números do mal-estar expresso pelo uso indiscriminado de drogas para depressão, ansiedade e para as infindáveis síndromes que surgem a cada dia. Nunca o sofrimento ordinário humano foi tão mal assistido como na atualidade, transformando a dor do viver em sintoma e reduzindo seu tratamento à medicalização.

Sob o jugo das ideias de *empreendedor de si*, de que o adoecimento é assunto de foro privado e pregando que somos senhores de nosso destino, o imaginário neoliberal no qual chafurdarmos fez da história tábula rasa: recalcou a descoberta freudiana do determinismo psíquico trazida à luz há mais de 120 anos. Em tempos nos quais nos fiamos mais na instabilidade de nossa imagem refletida do que na verdade do sujeito, a presente obra freudiana é um oásis de encantamento e humildade no encontro com o inconsciente em suas várias manifestações.

Lembremos que Freud começa a jornada que desemboca na invenção da psicanálise a partir do tratamento da neurose. Começa, portanto, enfrentando sintomas graves, que desafiavam a racionalidade médica ao causar enorme sofrimento aos pacientes e suas famílias. Da escuta sensível e corajosa daquilo que ninguém queria escutar, Freud, acompanhado num primeiro momento por Josef Breuer, foi capaz de elucidar as causas e esboçar um tratamento para um adoecimento que até então era enigmático. Ao relatar os casos de pacientes acometidos por sintomas incapacitantes, a associação entre formações do inconsciente e sintoma eximia o campo da dita normalidade.

A proximidade temporal entre *A interpretação do sonho* (1900), *Psicopatologia da vida cotidiana* (1901) e *O chiste e sua relação com o inconsciente* (1905) revela o período no qual Freud privilegiou o mergulho no tema do inconsciente, mudando para sempre a interpretação do comportamento humano. Entre os sonhos, a curiosa nomeação de *psicopatologia cotidiana* e os chistes, temos o amplo espectro das formações do inconsciente, que, acrescido dos sintomas, dará o panorama geral da mais importante descoberta freudiana.

Embora o texto freudiano já apontasse para o fato de que entre patologia e normalidade há apenas uma questão de grau, restava demonstrá-lo. E ele o faz interpretando outras manifestações, como sonhos, atos falhos, esquecimentos, lapsos e chistes, para revelar que obedecem à mesma lógica do sintoma.

Em *Psicopatologia da vida cotidiana*, Freud se esmera em exemplificar sua tese com uma vasta coleção de eventos psíquicos como: esquecimentos de nomes próprios, de palavras estrangeiras, de sequências de palavras; sobre lembranças da infância e encobridoras; deslizes da fala, da leitura e da escrita; o esquecimento de impressões e intenções; a ação equivocada; ações casuais e sintomáticas; erros, falhas combinadas. Embora apresente fenômenos variados, ele demonstra como todos são fruto do determinismo psíquico e do retorno do recalcado.

O título, no qual se juntam *psicopatologia* e *vida cotidiana*, conjuga o pretenso mundo dos *normais* com aquilo que era tido como exclusivo dos doentes. Inventário de exemplos espirituosos, dramáticos ou ternos e, acima de tudo, surpreendentes, do caráter determinante do inconsciente na vida ordinária, a escrita desta obra mal esconde o prazer de Freud em desfilar as situações nas quais somos obrigados a admitir não sermos regidos pela razão como queremos crer. Se não acolhemos, escutamos e damos melhor destino às formações do inconsciente tão brilhantemente descritas por Freud, aqui cabe ao sintoma revelar o desejo do sujeito.

Ao trazer as formações do inconsciente para a banalidade do dia a dia, descolando-as do campo dos neuróticos e dos lunáticos, o autor segue ferindo o narcisismo dos que ainda não reconhecem que *o eu não é senhor em sua própria morada*.

Leitores das primeiras edições passaram a contribuir enviando relatos para serem acrescidos ao acervo de *Psicopatologia da vida cotidiana* ao longo das edições seguintes, demonstrando como o movimento psicanalítico, ainda que polêmico, encontrava cada vez mais adeptos. Com isso provavam também que esse texto excepcional abriu as portas para que o leigo reconhecesse em si mesmo as formações do próprio inconsciente fora do tratamento analítico.

A obra cumpre funções imprescindíveis: difundir a descoberta do inconsciente para o público leigo – trata-se do primeiro sucesso editorial de Freud, o mais traduzido, mais reeditado e o mais acessível –, demonstrar como entre patologia e normalidade a diferença é de grau, e desferir um golpe a mais nas pretensões de neutralidade do sujeito racional.

O encontro com o estrangeiro em nós, como todo encontro às cegas, pode revelar ódio, ciúmes, rivalidade, mesquinhez ou amor, e nos obriga a ser humildes diante do que somos capazes de saber sobre a nossa verdade mais íntima.

Lançamento ansiosamente aguardado, por fazer parte da já renomada coleção Obras Incompletas de Sigmund Freud, *Psicopatologia da vida cotidiana* é texto obrigatório para todos que queiram adentrar a aventura psicanalítica como profissionais, mas também como sujeitos em busca de si mesmos.

OBRAS INCOMPLETAS
DE SIGMUND FREUD

A tradução e a edição da obra de Freud envolvem múltiplos aspectos e dificuldades. Ao lado do rigor filológico e do cuidado estilístico, ao menos em igual proporção, deve figurar a precisão conceitual. Embora Freud seja um escritor talentoso, tendo sido agraciado com o Prêmio Goethe, entre outros motivos, pela qualidade literária de sua prosa científica, seus textos fundamentam uma prática: a clínica psicanalítica. É claro que os conceitos que emanam da Psicanálise também interessam, em maior ou menor grau, a áreas conexas, como a crítica social, a teoria literária, a prática filosófica, etc. Nesse sentido, uma tradução nunca é neutra ou anódina. Isso porque existem dimensões não apenas linguísticas (terminológicas, semânticas, estilísticas) envolvidas na tradução, mas também éticas, políticas, teóricas e, sobretudo, clínicas. Assim, escolhas terminológicas não são sem efeitos práticos.

A tradução de Freud – autor tão multifacetado – deve ser encarada de forma complexa. Sua tradução não envolve somente o conhecimento das duas línguas e de uma boa técnica de tradução. Do texto de Freud se traduz também o substrato teórico que sustenta uma prática clínica amparada nas capacidades transformadoras da palavra. A questão é que, na estilística de Freud e nas suas opções de vocabulário, via de regra, forma e conteúdo confluem. É fundamental, portanto, proceder à "escuta do texto" para que alguém possa desse autor se tornar "intérprete".

A coleção Obras Incompletas de Sigmund Freud não pretende apenas oferecer uma nova tradução, direta do alemão e atenta ao uso dos conceitos pela comunidade psicanalítica brasileira. Ela pretende ainda oferecer uma nova maneira de organizar e de tratar os textos.

Gilson Iannini
Editor e coordenador da coleção

Pedro Heliodoro
*Coordenador da coleção
e coordenador de tradução*

Conselho editorial
*Ana Cecília Carvalho
Antônio Teixeira
Claudia Berliner
Christian Dunker
Claire Gillie
Daniel Kupermann
Edson L. A. de Sousa
Emiliano de Brito Rossi
Ernani Chaves
Glacy Gorski
Guilherme Massara
Jeferson Machado Pinto
João Azenha Junior
Kathrin Rosenfield
Luís Carlos Menezes
Maria Rita Salzano Moraes
Marcus Coelen
Marcus Vinícius Silva
Nelson Coelho Junior
Paulo César Ribeiro
Romero Freitas
Romildo do Rêgo Barros
Sérgio Laia
Tito Lívio C. Romão
Vladimir Safatle
Walter Carlos Costa*

VOLUMES TEMÁTICOS
I - Psicanálise
- O interesse pela Psicanálise [1913]
- História do movimento psicanalítico [1914]
- Psicanálise e Psiquiatria [1917]
- Uma dificuldade da Psicanálise [1917]
- A Psicanálise deve ser ensinada na universidade? [1919]
- "Psicanálise" e "Teoria da libido" [1922-1923]
- Breve compêndio de Psicanálise [1924]
- As resistências à Psicanálise [1924]
- "Autoapresentação" [1924]
- Psico-Análise [1926]
- Sobre uma visão de mundo [1933]

II - Fundamentos da clínica psicanalítica
Publicado em 2017 | Tradução de Claudia Dornbusch
- Tratamento psíquico (tratamento anímico) [1890]
- Carta a Fließ 242 [133] [16 de abril de 1900]
- O método psicanalítico freudiano [1904 (1905)]
- Sobre psicoterapia [1905 (1904)]
- Sobre Psicanálise "selvagem" [1910]
- Recomendações ao médico para o tratamento psicanalítico [1912]
- Sobre a dinâmica da transferência [1912]
- Sobre o início do tratamento [1913]
- Lembrar, repetir e perlaborar [1914]
- Observações sobre o amor transferencial [1915 (1914)]
- Sobre *fausse reconnaissance* (*déjà raconté*) durante o trabalho psicanalítico [1914]
- Caminhos da terapia psicanalítica [1919 (1918)]
- A questão da análise leiga: conversas com uma pessoa imparcial [1926]
- Análise finita e infinita [1937]
- Construções em análise [1937]

III - Conceitos fundamentais da Psicanálise
- Cartas e rascunhos
- O mecanismo psíquico do esquecimento [1898]
- Lembranças encobridoras [1899]
- Formulações sobre dois princípios do acontecer psíquico [1911]

- Algumas considerações sobre o conceito de inconsciente na Psicanálise [1912]
- Para introduzir o narcisismo [1914]
- As pulsões e seus destinos [1915]
- O recalque [1915]
- O inconsciente [1915]
- A transferência [1917]
- Além do princípio de prazer [1920]
- O Eu e o Isso [1923]
- Nota sobre o bloco mágico [1925]
- A decomposição da personalidade psíquica [1933]

IV - Sonhos, sintomas e atos falhos

- Sobre o sonho [1901]
- Manejo da interpretação dos sonhos [1911]
- Sonhos e folclore [1911]
- Um sonho como meio de comprovação [1913]
- Material de contos de fadas em sonhos [1913]
- Complementação metapsicológica à doutrina dos sonhos [1915]
- Uma relação entre um símbolo e um sintoma [1916]
- Os atos falhos [1916]
- O sentido do sintoma [1917]
- Os caminhos da formação de sintoma [1917]
- Observações sobre teoria e prática da interpretação de sonhos [1922]
- Notas posteriores à totalidade da interpretação dos sonhos [1925]
- Inibição, sintoma e angústia [1925]
- Revisão da doutrina dos sonhos [1933]
- As sutilezas de um ato falho [1935]
- Distúrbio de memória na Acrópole [1936]

V - Histórias clínicas

Publicado em 2022 | Tradução de Tito Lívio Cruz Romão

- Fragmento de uma análise de histeria (caso Dora) [1905]
- Análise da fobia de um garoto de 5 anos (caso Pequeno Hans) [1909]
- Observações sobre um caso de neurose obsessiva (caso Homem dos Ratos) [1909]
- Observações psicanalíticas sobre um caso de paranoia relatado de forma autobiográfica [*dementia paranoides*] (caso Schreber) [1912 (1911)]
- Da história de uma neurose infantil (caso Homem dos Lobos) [1918]

VI - Histeria, neurose obsessiva e outras neuroses

- Cartas e rascunhos
- Sobre o mecanismo psíquico dos fenômenos histéricos [1893]
- Obsessões e fobias: seu mecanismo psíquico e sua etiologia [1894]
- As neuropsicoses de defesa [1894]
- Observações adicionais sobre as neuropsicoses de defesa [1896]
- A etiologia da histeria [1896]
- A hereditariedade e a etiologia das neuroses [1896]
- A sexualidade na etiologia das neuroses [1898]
- Minhas perspectivas sobre o papel da sexualidade na etiologia das neuroses [1905]
- Atos obsessivos e práticas religiosas [1907]
- Fantasias histéricas e sua ligação com a bissexualidade [1908]
- Considerações gerais sobre o ataque histérico [1908]
- Caráter e erotismo anal [1908]
- O romance familiar dos neuróticos [1908]
- A disposição para a neurose obsessiva: uma contribuição ao problema da escolha da neurose [1913]
- Paralelos mitológicos de uma representação obsessiva visual/plástica [1916]
- Sobre transposições da pulsão, especialmente no erotismo anal [1917]

VII - Neurose, psicose, perversão

Publicado em 2016 | Tradução de Maria Rita Salzano Moraes

- Cartas e rascunhos
- Sobre o sentido antitético das palavras primitivas [1910]
- Sobre tipos neuróticos de adoecimento [1912]
- Comunicação de um caso de paranoia que contraria a teoria psicanalítica [1915]
- Luto e melancolia [1917]
- "Bate-se numa criança" : contribuição para o estudo da origem das perversões sexuais [1919]
- Sobre a psicogênese de um caso de homossexualidade feminina [1920]
- Sobre alguns mecanismos neuróticos no ciúme, na paranoia e na homossexualidade [1922]
- Uma neurose demoníaca no século XVII [1923]
- O declínio do complexo de Édipo [1924]
- Neurose e psicose [1924]
- A perda da realidade na neurose e na psicose [1924]

- O problema econômico do masoquismo [1924]
- A negação [1925]
- Fetichismo [1927]

VIII - Arte, literatura e os artistas
Publicado em 2015 | Tradução de Ernani Chaves
- Personagens psicopáticos no palco [1942 (1905-1906)]
- O poeta e o fantasiar [1908]
- Uma lembrança de infância de Leonardo da Vinci [1910]
- O motivo da escolha dos cofrinhos [1913]
- O Moisés, de Michelangelo [1914]
- Transitoriedade [1915]
- Alguns tipos de caráter a partir do trabalho psicanalítico [1916]
- Uma lembrança de infância em *Poesia e verdade* [1917]
- O humor [1927]
- Dostoiévski e o parricídio [1927]
- Prêmio Goethe [1930]

IX - Amor, sexualidade e feminilidade
Publicado em 2018 | Tradução de Maria Rita Salzano Moraes
- Cartas sobre a bissexualidade [1898-1904]
- Sobre o esclarecimento sexual das crianças [1907]
- Sobre teorias sexuais infantis [1908]
- Contribuições para a psicologia da vida amorosa [1910-1918]:
  a) Sobre um tipo particular de escolha de objeto nos homens [1910]
  b) Sobre a mais geral degradação da vida amorosa [1912]
  c) O tabu da virgindade [1918]
- Duas mentiras infantis [1913]
- A vida sexual humana [1916]
- Desenvolvimento da libido e as organizações sexuais [1916]
- Organização genital infantil [1923]
- O declínio do complexo de Édipo [1924]
- Algumas consequências psíquicas da distinção anatômica entre os sexos [1925]
- Sobre tipos libidinais [1931]
- Sobre a sexualidade feminina [1931]
- A feminilidade [1933]
- Carta a uma mãe preocupada com a homossexualidade de seu filho [1935]

X - Cultura, sociedade, religião: *O mal-estar na cultura* **e outros escritos**
Publicado em 2020 | Tradução de Maria Rita Salzano Moraes
- A moral sexual "civilizada" e doença nervosa moderna [1908]
- Considerações contemporâneas sobre guerra e morte [1915]
- Psicologia de massas e análise do Eu [1921]
- O futuro de uma ilusão [1927]
- Uma vivência religiosa [1927]
- O mal-estar na cultura [1930]
- Sobre a conquista do fogo [1932]
- Por que a guerra? [1933]
- Comentário sobre o antissemitismo [1938]

VOLUMES MONOGRÁFICOS

- **As pulsões e seus destinos [edição bilíngue]**
  Publicado em 2013 | Tradução de Pedro Heliodoro
- **Sobre a concepção das afasias**
  Publicado em 2013 | Tradução de Emiliano de Brito Rossi
- **Compêndio de Psicanálise e outros escritos inacabados**
  Publicado em 2014 | Tradução de Pedro Heliodoro
- **O infamiliar [*Das Unheimliche*] (edição bilíngue). Seguido de "O Homem da Areia" (de E. T. A. Hoffmann)**
  Publicado em 2019 | Tradução de Ernani Chaves e Pedro Heliodoro
- **Além do princípio de prazer (edição bilíngue)**
  Publicado em 2020 | Tradução de Maria Rita Salzano Moraes
- **O delírio e os sonhos na "Gradiva" de Jensen. Seguido de "Gradiva" (de W. Jensen)**
- **Três ensaios sobre a teoria sexual**
- **Psicopatologia da vida cotidiana**
  - Publicado em 2023 | Tradução de Elizabeth Brose
- **O chiste e sua relação com o inconsciente**
- **Estudos sobre histeria**
- **Cinco lições de Psicanálise**
- **Totem e tabu**
- **O homem Moisés e a religião monoteísta**
- **A interpretação do sonho**

Gilson Iannini

Professor do Departamento de Psicologia da UFMG, ensinou no Departamento de Filosofia da UFOP por quase duas décadas. Doutor em Filosofia (USP) e mestre em Psicanálise (Universidade Paris 8.). Autor de *Estilo e verdade em Jacques Lacan* (Autêntica, 2012) e organizador de *Caro Dr. Freud: respostas do século XXI a uma carta sobre homossexualidade* (Autêntica, 2019).

Pedro Heliodoro

Psicanalista, germanista, tradutor. Professor adjunto na área de Alemão no Departamento de Língua e Literatura Estrangeiras da UFSC. Entre 2011 e 2018 foi Professor da Área de Alemão – Língua, Literatura e Tradução (USP). Doutor em Psicanálise e Psicopatologia (Universidade Paris 7). Autor de *Versões de Freud* (2012) e coorganizador de *Tradução e psicanálise* (2013).

Elizabeth Robin Zenkner Brose

Psicanalista. Graduada em Letras, mestre e doutora em Linguística e Letras pela PUCRS. Estágio doutoral na Universität zu Köln, na Alemanha. Pós-doutora em Psicologia Clínica, no IP-USP. Autora de *A máscara de múltiplas faces* (2009) e coautora de *Leitura e literatura: teoria e prática* (2009).

Maria Rita Salzano Moraes

Professora do Departamento de Linguística Aplicada da Unicamp. Doutora em Linguística e mestre em Linguística Aplicada pela mesma universidade. Tradutora.

Vera Iaconelli

Psicóloga, psicanalista, mestre e doutora em Psicologia pela USP, membro do Departamento de Psicanálise do Instituto Sedes Sapientiae e membro de Escola do Fórum do Campo Lacaniano SP. É escritora, diretora do Instituto Gerar de Psicanálise e colunista do jornal *A Folha de S.Paulo*.

Copyright © 2023 Autêntica Editora
Copyright desta organização © 2023 Gilson Iannini e Pedro Heliodoro

Título original: *Zur Psychopathologie des Alltagslebens (Über Vergessen, Versprechen, Vergreifen, Aberglaube und Irrtum)*

Todos os direitos reservados pela Autêntica Editora Ltda. Nenhuma parte desta publicação poderá ser reproduzida, seja por meios mecânicos, eletrônicos ou em cópia reprográfica, sem a autorização prévia da Editora.

EDITOR DA COLEÇÃO
Gilson Iannini

EDITORAS RESPONSÁVEIS
Rejane Dias
Cecília Martins

ORGANIZADORES
Gilson Iannini
Pedro Heliodoro

NOTAS
Elizabete Brose
Maria Rita Salzano Moraes
Pedro Heliodoro

REVISÃO
Aline Sobreira

PROJETO GRÁFICO
Diogo Droschi
(sobre Sigmund Freud's Study / Authenticated News)

CAPA
Alberto Bittencourt

DIAGRAMAÇÃO
Waldênia Alvarenga

Dados Internacionais de Catalogação na Publicação (CIP)
(Câmara Brasileira do Livro, SP, Brasil)

Freud, Sigmund, 1856-1939
    Psicopatologia da vida cotidiana : sobre esquecimentos, lapsos verbais, ações equivocadas, superstições e erros / Sigmund Freud ; tradução Elizabeth Brose. -- 1. ed.; 2. reimp. -- Belo Horizonte : Autêntica, 2025. -- (Obras Incompletas de S. Freud.)

    Título original: Zur Psychopathologie des Alltagslebens (Über Vergessen, Versprechen, Vergreifen, Aberglaube und Irrtum)
    ISBN 978-65-5928-242-5

    1. Associação de ideias 2. Memória 3. Psicologia patológica I. Título II. Série.

23-145396   CDD-150

Índices para catálogo sistemático:
1. Psicologia 150

Aline Graziele Benitez - Bibliotecária - CRB-1/3129

GRUPO AUTÊNTICA

Belo Horizonte
Rua Carlos Turner, 420
Silveira . 31140-520
Belo Horizonte . MG
Tel.: (55 31) 3465 4500
www.grupoautentica.com.br
SAC: atendimentoleitor@grupoautentica.com.br

São Paulo
Av. Paulista, 2.073 . Conjunto Nacional
Horsa I . Salas 404-406 . Bela Vista
01311-940 . São Paulo . SP
Tel.: (55 11) 3034 4468

Este livro foi composto com tipografia Bembo Std e impresso
em papel Off-White 70 g/m² na Gráfica Santa Marta.